KB248595

분배정의와 기본소득

권정임 · 곽노완 · 강남훈 지음

진인진

분배정의와 기본소득

1판 1쇄 발행 | 2020년 6월 25일
2판 1쇄 발행 | 2020년 11월 25일

저　　자 | 권정임·곽노완·강남훈
편　　집 | 배원일·김민경
발행인 | 김태진
발행처 | 진인진
등　　록 | 제25100-2005-000003호
주　　소 | 경기도 과천시 별양상가 1로 18 614호(별양동 과천오피스텔)
전　　화 | 02-507-3077-8
팩　　스 | 02-507-3079
홈페이지 | http://www.zininzin.co.kr
이메일 | pub@zininzin.co.kr

ⓒ 진인진 2020
ISBN 978-89-6347-449-6 93300

* 책값은 표지 뒤에 있습니다.
* 이 책은 2017년 대한민국 교육부와 한국연구재단의 지원을 받아 수행된 연구(NRF-2017S1A3A2066659)를
  바탕으로 출간되었습니다.

목차

· · · ·

기본소득 논의에서 분배정의의 의미

기본소득의 정의(definition)와 기본소득 논의 약사

기본소득이란 모든 개인에게 무조건적으로, 그리고 정기적으로 지급되는 현금/현물소득이다.[1] 기본소득은 시민소득(citizens income), 대중교부금(demogrant) 등으로 불리기도 한다. 기본소득이라는 표현을 처음 쓴 사람은 옥스포드 대학 교수였던 조지 콜(George D. H. Cole, 1889-1959)이다. 1953년에 그가 출간한 저서『사회주의 사상사』(*A History of Socialist Thought*)에서 밀(J. S. Mill)에 대해 설명하는 가운데 처음 등장한다(Van Parijs/Vanderborght, 2017: 8).

기본소득에 대한 이론적인 주장은 18, 19세기로 거슬러 올라간다. 페인(Th.

---

1 기본소득을 '현금소득'으로 한정하자는 의견도 있다. 기본소득이 기존의 사회서비스를 대체하려는 의도가 없음을 분명히 하고자 하는 의도에서다. 그렇지만 이 저서에서는 현물기본소득이라는 범주를 사용하는 것이 기본소득의 정의(definition)에 부합한다고 본다. 나아가 이 범주의 사용을 통해 기존의 사회서비스를 오히려 업그레이드할 수 있다고 본다. 이에 대해서는 이 저서 6장 2절 주)185에서 상론된다.

Paine), 스펜스(Th. Spence), 푸리에(Fourier), 밀(J. S. Mill) 같은 학자들이 주장하였다. 이후 기본소득은 1차 세계대전 직후에는 영국을, 60년대에는 미국을, 70년대부터 80년대 중반까지는 유럽을 중심으로 논의되었다. 1986년 기본소득유럽네트워크가 조직되었다. 이를 모태로 2004년에 기본소득지구네트워크(Basic Income Earth Network, BIEN)가 결성되었다.[2] 지구적인 기후위기와 제4차 산업혁명 등을 배경으로 기본소득에 대한 관심과 논의는 현재 전 지구적인 차원에서 확산·심화되고 있다. 이는 2년에 한 번에 열리던 BIEN 주최 국제학술대회가 2016년 이후 매년 열리고 있다는 사실로도 예시된다.

우리나라에서는 2007년부터 이론적 논의가 활성화되었다. 2016년 서울에서 개최된 BIEN 주최 국제학술대회와 2017년 대통령선거를 기점으로, 기본소득에 대한 관심과 지지는 정치권으로 본격적으로 확산되기 시작하였다. 그 결과 기본소득은 이론적인 의제로서만이 아니라 정치적인 의제로도 확고히 자리매김하였다. 실제로 경기도는 2019년 현재 연간 백만 원의 청년기본소득을 우선 만 24세 청년을 대상으로 도입하고 있다. 이 청년기본소득은 점진적으로 더 많은 연령대에게도 지급될 예정이다. 또한 경기도는 농가의 세대주만이 아니라 그의 배우자를 포함하여 농민 개개인에게 지급되는 농민기본소득 또한 2020년 하반기부터 도입할 예정이다. 이는 현재 전남 해남군, 경북 봉화군 등에서 지급되는 농민수당의 한계를 뛰어넘는다. 농민수당은 농가 세대주에게만 지급되기 때문이다. 그 결과 농가 여성 대부분이 수령에서 배제되기 때문이다.

---

2 기본소득 논의의 역사에 대해서는 판 빠레이스/판더보의 2017년 공저 『기본소득』 4장을 참조하라.

기본소득 논의에서 분배정의의 의미

기본소득은 다양한 이유로 주장된다.

우선 기본소득은 보다 좋은 삶과 사회를 위해 중요한 특정한 도덕적 가치나 이념을 진작시킨다거나 또는 그 실현을 위해 필요하다는 이유로 옹호된다. 예를 들어 판 빠레이스(Ph. Van Parijs)는 무엇보다 자유를 위해 기본소득을 주장한다. 많은 생태주의자들은 생태친화적인 삶과 사회를 위해 기본소득을 주장한다. 기본소득을 지급하게 되면, 가장 강력한 반생태적인 이데올로기. 곧 경제가 양적으로 성장해야만 고용이 창출되어 사람들의 삶과 사회의 유지가 가능하다는 이데올로기가 약해지리라는 것이다. 또 여성주의자들을 비롯한 많은 사람들은 젠더 평등을 위해 기본소득을 주장한다. 이외에도 사회 정의, 경제적 기본 보장(basic security), 연대(Guy Standing, 2019: 5 이하) 등이 기본소득을 통해 실현되거나 진작되는 가치로 거론된다.

기본소득은 다양한 정책적 효과를 이유로도 옹호된다. 예를 들어 기본소득은 빈곤을 완화하고 (재)교육기금이나 창업기금으로 활용될 수 있다. 이를 통해 대규모 실업을 비롯하여, 4차 산업혁명 같은 기술변화에 따른 사회경제의 급격한 변화가 초래하는 충격을 완화할 수 있다. 이런 맥락에서 기본소득은 경제정책, 노동정책, 부동산 정책, 조세정책, 사회복지정책 등을 망라하는(이건민, 2017: 48) 종합정책이기도 하다.

그런데 기본소득은 특정한 유형의 소득, 곧 모두에게 무조건적으로 지급되는 소득이다. 이는 기본소득에 대한 논의가 일차적으로는 기본소득이라는 특정한 소득을 모두가 분배받는 것이 정의로운가라는 차원에서 정당화되어야 함을 의미한다. 즉 소득과 "자원에의 정당한 접근"과 관련되는 "사회적 정의"(홀츠아이트너, 2009: 17), 또는 그 일부인 분배정의 차원에서 정당화되어야 함을 의미한다.

스탠딩은 기본소득의 가장 중요한 근거로 사회 정의를 제시(Standing, 2017:

45)한다. 이는 바로 위와 같은 이유에 기인할 것이다. 그는 무엇보다 사회 정의의 실현을 위해 기본소득의 지급을 요청한다. 그에게 기본소득은 단순히 "빈곤 해결을 위한 더 나은 수단이 아니"다(같은 책: 326). 그렇지만 이러한 사실이 빈곤 해결에 대해서도 기본소득이 현존하는 선별적 복지체제 보다 효과적임을 부인하는 것은 아니다. 기본소득을 지급할 경우 복지사각지대가 사라진다. 행정 비용이 감소한다는 측면에서 더 효율적이다. 나아가 소득이 있어도 지급되므로 기존의 복지 수혜층에게 노동유인을 제공한다. 그 결과 당사자와 다른 성원의 삶 모두를 개선할 수 있다.

판 빠레이스는 무엇보다 '자유'를 위해 기본소득을 주장한다. 그렇지만 그는 동시에 "원할 수 있는 것을 하기 위한 수단"(Van Parijs, 1995: 5)을 동반하는 그의 '실질적 자유'가, 자원과 소득에 대한 분배정의에 기초하여 통합되어야 함을 잘 인식하고 있다(Van Parijs/Vanderborght, 2017: 5장 참조).

정의와 분배정의

앞에서 논의했듯이 기본소득을 주장하기 위해서는 무엇보다 사회정의, 보다 구체적으로는 분배정의 차원에서 기본소득이 정당화되어야 한다. 사회정의가 소득과 자원에 대한 정당한 접근과 관련된다면, 분배정의란 무엇인가? 나아가 '정의'란 무엇인가?

고대 희랍어로 '정의', '디카오시네'(dikaiosynē, δικαιοσύνη)란 원래 행위의 올바름이라는 의미에서의 '올곧음'을 의미한다. 독일어 '정의'에서도 이러한 어원은 확인된다. '정의로운'을 의미하는 독일어 '게레히트'(gerecht)는 이 용어가 처음 도입된 8세기경에는 '반듯한'을 의미하는 '게라데'(gerade)나 '올바른'을 의미하는 '리히티히'(richitig) 등의 의미로 사용되었다. 11세기 이후 '법 감정에 상 응하는'이라는 뜻이 추가되었다. 정의를 의미하는 라틴어 '유스티치아'(justitia) 와 영어와 불어, 곧 '저스티스'(justice) 역시 의미상 '법'과 밀접하게 관련되어 있 다(홀츠라이트너, 2009: 10).

법의 올바름을 전제할 때, 법이 명시하는 규율에 따르는 행위는 올바른 행 위다. 이런 측면에서 '정의'가 '법'과 밀접하게 연관되는 것은 당연하다. 그런데 인간의 삶과 행위는 법에 의해 규제되는 영역에만 제한되어 영위되지 않는다. 이런 맥락에서 '정의'는 넓게는 법이나 사회적 규범, 관례를 통해 사회적으로 요 청되는 올바른 행동을 총칭한다고 할 수 있다. 또한 좁게는, '정의로운 사람'이 라는 표현이 보여주듯, 인간의 특정한 도덕적 품성상태라고 할 수 있다. 아리스 토텔레스는 이 좁은 의미에서의 '정의'를 "사람들로 하여금 정의로운 것들을 실 천할 수 있는 사람이 되게 하고, 실제로 정의로운 행위를 하며, 정의로운 것들을 바라게 만드는 품성상태"(아리스토텔레스, 2009: 159)로 규정한다.

다른 한편 '정의'는 인간 삶의 다양한 영역, 따라서 다양한 사회 영역과 연 관되어 규정될 수 있다. 아리스토텔레스는 이러한 '정의'를 "부분적인 정의"(같은 책: 167)라고 부른다. 그는 부분적인 정의를 삶과 사회의 영역에 따라 분배정의, 시정적(corrective) 정의, 교환적 정의, 정치적 정의로 분류한다(같은 책: 167-184). 그에게 '분배정의'는 '소득과 부'를 분배하기 위한 올바른 기준이며, '시정적 정 의'란 "손해의 시정"(같은 책: 172)을 위한 올바른 기준이다. '교환적 정의'란 공동 체 내부의 '교환'의 올바른 기준이다. 또 '정치적 정의'란 "공동체 구성원들 사이 에 성립"(같은 책: 182)하는 정의, 즉 공동체를 형성하고 운영해 가는 정치적 행위 에서의 올바른 기준이다.

부분적 정의에 대한 아리스토텔레스의 이러한 분류는 오늘날의 분류와 크 게 차이나지 않는다. 예를 들어 홀츠라이트너(Holzleitner)는 부분적 정의를 크 게 정치적 정의, 사회정의, 시정적 정의[3] 및 절차적 정의로 분류한다. 사회정의

---

3   한글 번역서에는 "교정적 정의"로 번역되어 있다(Holzleitner, 2009: 17). 용어의 통일성과 일관

는 다시 분배정의와 교환정의로 세분된다.

홀츠라이트너에 의하면 '정치적 정의'란 "지배관계의 정당성"과 관련된다 (Holzleitner, 2009: 17). 근대 이후의 민주주의 사회를 전제할 때, 정치적 정의의 대상은 지배(domination, Herrschaft)라기 보다 통치(governance, Governance) 관계의 정당성이라고 보는 것이 더 적절할 것이다. 그에 따르면 정치적 정의는 "정치제도의 정당한 확립과 정치권력의 제약에 관한 문제"를 다룬다(같은 글). 구체적으로는 국가 또는 정치 공동체의 과제와 역할, 국민에게서 위임받은 권력자의 권리/의무 및 시민 또는 국민의 정치적 권리/의무 등이 정치적 정의의 대상으로 포함된다(같은 글).

홀츠라이트너에 따르면 '사회정의'란 "자원에의 정당한 접근"(같은 글)과 관련된다. 그런데 그는 '자원'을 사실상 '소득과 부'까지 포괄하는 것으로 이해하고 있다. 이런 맥락에서 사회정의란 '자원 또는 소득과 부', 줄여서 '자원/소득'에 대한 접근과 관련되는 정의라고 할 수 있다. 그에 따를 때, 자원/소득에 대한 접근의 주요 통로는 크게 두 가지다. 하나는 '분배'이고 다른 하나는 '교환'이다.[4] 분배정의의 대상이 자원/소득의 분배라면, 교환적 정의의 대상은 교환이라고 할 수 있다. 따라서 분배정의가 자원/소득의 분배에서의 정의라면, 교환적 정의는 교환에서의 정의라고 할 수 있다.

그런데 홀츠라이트너는 분배정의의 대상으로 자원/소득만이 아니라 "정치적 권리와 의무"까지 명시한다.[5] 그에 의하면 이는 정당한 교환과 경쟁의 조건을 만들기 위해서 필요하다(같은 책: 18). 『국제 윤리학 백과사전』 또한 분배정의의 대상으로 "재화"(goods), 곧 자원/소득만이 아니라 "권리"까지 포함한다(Rain-

---

성을 위해 이 저서에서는 '시정적 정의'라는 표현을 선택한다.

4 홀츠라이트너는 '분배'에 '배분'(allocation)도 포함한다. 경제학에서는 배분은 자원(resource)과 관련시키고, 분배는 소득(income) 또는 부(wealth)와 관련시킨다. 이 글에서도 '분배'와 '배분'을 엄격하게 구분하지 않는다.

5 이런 측면에서 '정치적 권리/의무'는 정치적 정의의 대상이자 분배정의의 대상이다.

bolt, 2013: 2866). 특정한 정치적 권리와 의무, 예를 들어 노예가 되지 않을 인신의 자유 등은 자원/소득의 접근에 영향을 미친다. 이를 고려할 때, 분배정의는 정치적 권리/의무를 비롯하여 정치 공동체의 규범체계와 밀접하게 연관·통합되어 있다고 말할 수 있다. 따라서 분배정의에 대한 연구를 보다 체계적이고 깊이 있게 진행하기 위해서는, 이를 정치 공동체 및 그 규범체계에 대한 연구와 통합하여 진행할 필요가 있다. 이때 자원/소득의 분배에서의 정의가 '좁은 의미에서의 분배정의'라면, 정치적 권리/의무를 비롯한 정치 공동체의 규범체계와 통합된 분배정의는 '통합적 의미에서의 분배정의'라고 할 수 있다. 문맥상 오해의 여지가 없거나 특별한 설명이 부가되지 않는 한, 이 저서에서 '분배정의'는 자원/소득의 분배에서의 정의, 곧 좁은 의미에서의 분배정의를 의미한다.

홀츠라이트너가 제시하는 다른 부분적 정의는 시정적 정의와 절차적 정의다. 그는 '시정적 정의'는 "부정의한 상황의 조정"으로, '절차적 정의'는 "정의 문제에 관한 갈등들을 해결하는 방법"으로 규정한다(Holzleitner, 같은 책: 17).

판 빠레이스와 판더보는 "협동적 정의"(cooperative justice) 역시 부분적 정의의 하나로 유형화한다. 이는 "협동에서 발생하는 잉여"를 포함하여 "협동의 부담과 혜택"을 "공정하게" 분배하기 위해 준수해야 하는 정의다(Van Parijs/Vanderborght, 2017: 103).

이 저서의 목적과 내용

이 저서의 목적은 무엇보다 분배정의 관점에서 기본소득을 연구하여 기본소득이 분배정의로서 요청됨을 보이는 것이다. 이러한 연구는 이 저서에서 크게 두 방식으로 진행된다.

첫 번째 연구방식은 기존의 다양한 기본소득론들을 분배정의 관점에서 비판적으로 연구하는 것이다. 그런데 기본소득론들 중에 분배정의를 명확하게 제시하고 이에 기초하여 기본소득을 주장하는 이론은 드물다. 또 기본소득의 주요 정당화 근거로 제시되는 근거가 분배정의가 아닌 경우도 적지 않다. 따라서 기존 기본소득론을 분배정의 관점에서 연구하기 위해 이 저서에서는 우회로를 택한다. 즉 기본소득을 정당화하는 주요 근거로 제시하는 가치나 이념을 중심으로 기존의 기본소득론들을 유형화한다. 이어서 각 유형에 속하는 대표적인 이론들을 선정하여 이들을 분배정의 관점에서 비판적으로 연구한다.

I부에서 진행되는 이러한 연구에서 기본소득론들이 주장하는 기본소득의 주요 근거는 크게 '평등'과 '자유' 및 '평등, 자유, 효율성'의 통합형으로 분류된다. 이러한 분류에 따라 1장 '기본소득과 평등'에서는 페인(Th. Paine), 샤를리에(J. Charlier), 밀(J. S. Mill) 및 콜(G. D. H Cole)을 중심으로, 기본소득 논의가 시작되던 18세기부터 20세기 초반까지 '평등'에 기초하여 기본소득을 정당화하고자 했던 기본소득론을 비판적으로 개괄할 것이다.

2장 '기본소득과 자유'에서는 기본소득의 가장 중요한 근거로 '자유'를 제시하는 기본소득론을, 자유지상주의와 페팃의 신공화주의를 중심으로 비판적으로 개괄한다. 그런데 '자유'는 '인권'에 대한 논의와 연계되기도 한다. 이는 '자유'에 근거하는 기본소득에 대한 요청이 '인권' 또는 '시민권'의 차원에서도 주장될 수 있음을 의미한다. 따라서 2장의 마지막 절에서는 라벤토스(D. Raventós)를 중심으로 이에 대해 비판적으로 살펴본다.

I부의 마지막 장인 3장 '기본소득과 평등, 자유, 효율성'에서는 현대 기본소득론의 전개와 발전에 가장 많은 영향을 미친 두 이론가, 즉 미드(J. Meade)와 판 빠레이스(Ph. Van Parijs)의 기본소득론을 비판적으로 연구한다. 이들의 기본소득론에는 '평등', '자유' 및 '효율성'이라는 세 종류의 가치가 고유하게 통합되어 있다. 따라서 3장의 제목을 위와 같이 택했다.

두 번째 연구 방식은 I부에서의 연구를 배경으로 분배정의 및 그 원칙에 대한 연구를 전개하는 것이다. II부에서 진행되는 연구는 특정한 방식의 분배를 요구하는 분배정의론과 그 원칙이 정치 공동체에서 수용되기 위한 조건에 대한 물음에서 출발한다. 그 결과 특정 분배정의론이 무엇보다 정치 공동체의 근본가치나 이념 또는 헌정적(constitutional) 가치와 일관되어야 함을 보인다. 그래야만 해당 공동체의 거의 모든 성원들에 의해 올바른 분배정의론과 분배정의 원칙으로 인정받을 수 있기 때문이다, 물론 이 분배정의론과 원칙은 논리적으로 일관되고 강한 설득력을 지녀야 할 것이다. 또한 해당 정치 공동체의 생태적·경제적 역량과 조건 내에서 실행가능해야 할 것이다.

이러한 문제의식에 기초하여 II부의 첫 번째 장인 4장 '정치 공동체와 분배정의'에서는 현대 헌정 민주주의적인 정치 공동체의 이념적 기원을 찾는다. 이어서 17세기부터 진행된 근대 유럽의 계몽주의 해방 기획, 곧 '자유'와 '평등'이라는 근본가치에 기초하는 정치 공동체에 대한 기획을 이러한 현대 헌정 민주주의 정치 공동체의 이념적 기원으로 제시한다.

계몽주의 해방 기획에서 로크적인 전통이 '자유'와 '평등'을 형식적으로 보장하고자 하는 전통이라면, 루소적인 전통은 '자유'와 '평등'을 실질적으로 보장하고자 하는 전통이라고 할 수 있다. 루소적인 전통은 다시 두 형태로 나뉜다. 첫 번째는 공유지(commons), 곧 "공동체 성원들이 평등한 권리를 갖는 자연적·역사적·사회경제적 자원 내지 재화"(곽노완, 2016: 195)[6]에 대한 "공동향유", 즉 "공유"(곽노완, 2010a: 155, 2010b: 85)에 기초하는 전통이다. 두 번째는 공유지에 대한 평등한 분할소유에 기초하는 전통이다. 두 번째 전통에 기초하는 분배정의론은 특히 현대 자유주의적 평등주의 계열의 대표적인 두 철학자, 즉 롤스(Rawls)와 드워킨(Dworkin)이 대변한다. 따라서 4장의 후반부에서는 이 두 철학자의 분배정의론을 비판적으로 연구한다.

---

6   '공유지' 개념에 대해서는 이 저서 1장 2절 중 '콜의 기본소득론과 필요의 원리' 및 5장 2절 '공유지(commons)'에서 상론된다.

5장에서는 롤스와 드워킨, 나아가 공유지에 대한 평등한 분할소유에 기초하는 분배정의론의 한계를 극복할 수 있는 대안으로 공유지의 공유에 기초하는 분배정의론이 연구된다. 사실 이 관점은 I부에서 고찰하는 많은 기본소득론자들이 명시적 또는 묵시적으로 전제하는 관점이기도 하다. 따라서 공유지에 대한 공유에 기초하는 분배정의론에 대한 5장에서의 연구는 이들의 이론에 대한 비판적 계승이라는 형태로 진행되지 않는다. 오히려 근대의 해방적 정치 공동체 기획의 근본이념, 곧 '자유'와 '평등'에서 추론하는 형태로 전개된다. 그 결과 기본소득이 분배정의로서 요청됨을 보일 것이다. 또한 이 분배정의를 실현하기 위해 '공유'가 새로운 형태의 소유권으로 법제화될 필요가 있음을 보일 것이다.

6장에서는 기본소득을 분배정의로서 실현하기 위한 방안이 모색된다. 그 결과 공유지의 재공유화와 새로 생겨나는 공유지의 공유화의 적절한 정도(degree)가 분배정의와 효율성 간의 균형과 조화를 달성하는 일종의 자동조절기제에 의해 조절되리라는 것을 보인다. 또한 이렇게 되는 것이 바람직하다는 것을 보인다. 이렇게 조절되는 기본소득이 지급될 때, '자유'와 '평등'은 모두에 대해 지속가능하게 또한 실질적으로 보장될 것이다. 이런 측면에서 이 저서에서 지지하는 분배정의와 기본소득 기획은 저 근대의 해방 기획을 계승·발전하고 있다.

이 저서에서 사용된 기존 문헌들에 대해

이 저서의 일부는 세 저자가 기존에 발표한 논문들의 수정·보완에 기초하고 있다. 이 부분들은 본문에서 각주로 미리 표시하였다. 그렇지만 이 저서의 기본 논리와 구조는 이 저서에만 고유한 것이다. 그리고 전체 내용과 분량의 반 이상은 완전히 새로 집필한 것이다.

이 저서는 2017년 대한민국 교육부와 한국연구재단의 지원을 받아 수행된 연구다(NRF-2017S1A3A2066659). 한국연구재단과 한신대학교 SSK 연구팀(송주명, 안현효, 서정희, 이준형, 구지훈)을 비롯하여 이 저서의 집필에 도움을 주신 모든 분들께 감사드린다.

I부

다양한 기본소득론과 분배정의

18, 19세기 기본소득에 대한 체계적인 논의가 시작되던 시기에 기본소득은 토지로 대표되는 자연에 대한 모두의 평등한 권리에 기초하여 주장되었다. 자연은 특정 개인이나 집단이 창출한 것이 아니므로 모두의 공유라는 것이다. 그런데 인간은 모두 평등하다. 따라서 모두가 이 공유지를 평등하게 사용·향유할 권리를 갖고 있다는 것이다. 이때 각자가 자신의 노동을 통해 생산에 기여함으로써 얻는 기여소득 역시 정의로운 소득으로서 주장된다. 이런 측면에서 초기 기본소득론이 명시적·묵시적으로 전제하는 분배정의는 '평등'의 보장, 정확히 말해서, 공유지를 모든 인간이 평등하게 사용·향유할 권리의 보장과 기여소득의 보장이라고 할 수 있다. 전자에 의해 기본소득이 정당화된다면, 후자에 의해 개인들의 개별소득이 정당화된다.

오늘날에 이르기까지 가장 많은 기본소득 이론가들이 전제하는 분배정의 역시 초기 기본소득론자들과 유사하게 '평등'과 '기여'에 기초한다. 물론 기본소득에 대한 논의가 정교해져 가면서 분배정의에 대한 논의 역시 정교해져 갔다. 그 결과 한편에서는 자연만이 아니라 사회적으로 창출된 재산으로 공유지의 외연이 넓어지기도 하였다. 다른 한편에서는 분배정의 원칙, 특히 '공유지에 대한 평등한 권리'에 따른 분배원칙에 '필요(needs)'에 따른 분배원칙이나 '시민권'(citizenship)에 따른 분배원칙 같은 다른 원칙이 결합하기도 하였다. 1장 '기본소득과 평등'에서는 페인(Th. Paine), 샤를리에(J. Charlier), 밀(J.S. Mill) 및 콜(G. D. H Cole)을 중심으로, 기본소득 논의가 시작되던 18세기부터 20세기 초반까지 '평등'에 기초하여 기본소득을 정당화하고자 했던 기본소득론의 이러한 흐름을 비판적으로 개괄할 것이다.

다른 한편 기본소득은 모두의 '자유의 보장'을 위해 주장되기도 한다. 따라서 2장 '기본소득과 자유'에서는 기본소득의 가장 중요한 근거로 '자유'를 제시하는 기본소득론을, 자유지상주의와 페팃의 신공화주의를 중심으로 비판적으로 개괄한다. 그런데 '자유'는 '인권'에 대한 논의와 연계되기도 한다. 이는 '자유'에 근거하는 기본소득에 대한 요청이 '인권' 또는 '시민권'의 차원에서도 주장될 수 있음을 의미한다. 2장의 마지막 절에서는 라벤토스(D. Raventós)를 중심으로 이에 대해 비판적으로 살펴본다. 이러한 고찰을 통해 자유 또는 인권/시민권이 기본소득을 주장하는 정치적인 근거는 될 수 있지만, 분배정의 관점에서 기본소득의 근거가 될 수는 없음을 보일 것이다.

  I부의 마지막 장인 3장 '기본소득과 평등, 자유, 효율성'에서는 현대 기본소득론의 전개와 발전에 가장 많은 영향을 미친 두 이론가, 즉 미드(J. Meade)와 판 빠레이스(Ph. Van Parijs)의 기본소득론을 비판적으로 연구한다. 이들의 기본소득론에는 '평등', '자유' 및 '효율성'이라는 세 종류의 가치가 고유하게 통합되어 있다.

제1장
기본소득과 평등

1. 페인에게서 평등한 공유권과 기본소득: 비판적 재구성

빈곤대책을 정부가 수립하고 관리해야 한다는 구상은 1571년에 집필된 토마스 모어(Thomas More)의 유토피아에서 최초로 제시된다(Füllsack, 2002: 103). 모어의 친구 바이브스(Juan Luis Vives, 1492-1540)는 모어보다 한 걸음 더 나아간다. 그는 가난한 사람들만이 아니라 모두를 위해 국가가 최소소득을 보장할 것을 주장한다(같은 글). 그러나 모어와 바이브스의 제안은 모두 수령자의 노동의지를 조건으로 하는 것이었다. 이런 맥락에서 이들의 제안은 기독교적인 자비 논리와 범죄예방을 근거로 유럽에서 실시된 공공부조 또는 사회부조 제도(Van Parijs/Vanderborght, 2017: 135 이하)의 기원을 이룬다고 할 수 있다.[7]

---

7   사회부조란 빈곤문제에 대한 사후 대책으로 재산조사를 전제로 지급되는 생존권적 급여다. 급여의 형태는 현금, 현물, 서비스를 포괄한다. 정부의 일반세금을 통해 재원이 충당되며, 보장하는 대표적인 사회적 위험의 범주에는 빈곤, 교육, 의료, 주거, 긴급한 사회적 위험 등이 포함된다(김교성 외, 2018: 234 이하).

노동의지를 요청하지 않으면서 모든 개인에게 정기적으로 지급되는 소득, 곧 기본소득은 페인[8]이 1796년에 출간한 『농업에서의 정의』(*Agrarian Justice*)에서 최초로 체계적으로 제안한다. 여기서 그는 전국적 기금을 창출하여 이를 다음 두 가지 방식으로 전국의 모든 사람에게 분배할 것을 제안한다. 첫째 그는 모두가 21세가 되었을 때 모두에게 15파운드를 지급할 것을 제안한다. 둘째 그는 50세 이상의 살아있는 모든 개인에게 죽을 때까지 매년 10파운드를 지급할 것을 제안한다(Paine, 1796: 107). 오늘날의 관점에서 볼 때 첫 번째 방식은 성인으로서의 삶을 시작하는 시점에 모두에게 동일한 재산을 주는 기본재산(basic endowment)이라고 할 수 있다. 두 번째 방식은 50세 이상의 모든 개인에게 지급되는 기본소득이라고 할 수 있다. 그는 기금의 대부분인 약 80%를 기본재산이 아니라 기본소득의 지급을 위해 사용하고자 했다.

　　이처럼 페인은 기본소득과 기본재산을 명시적으로 주장함으로써 후대에 큰 영향을 미치게 된다. 이러한 영향은 그가 제시하는 기본소득과 기본재산의 근거에 의해 한층 강화된다.

　　페인에 따를 때 기본소득과 기본재산을 위한 기금은 "지대"로 마련된다. 그에 의하면 "미개간의 자연 상태였을 때 땅이 인류의 공동 재산이었고 앞으로도 계속 그럴 것임은 부인할 수 없는 사실이다"(같은 책: 104). "개인의 재산이 되는 것은 토지 자체가 아니라 발전이 이룬 가치일 뿐이다. 그러므로 경작 토지의 소유자는 누구나 자신이 소유한 토지에 대해 공동체에 지대(나는 그 관념을 표현하는 더 나은 용어를 찾지 못했다)를 내야 한다"(같은 책: 104). "문명 상태에서는 어떤 사람도 자연 상태보다 나쁜 조건에 처하지 않도록 해야 한다." 그러기 위해서는 지대, 곧 "재산 형성 과정에서 흡수된 자연적 상속에 해당하는 몫"(같은 책: 109)을 모두에게 평등하게 분배하여야 한다는 것이다.

8　실천적 지식인이었던 페인은 미국 혁명과 프랑스 혁명 모두에서 두각을 나타내었다고 한다. 그의 생애와 사상에 대해서는 『녹색평론』 147호 숀 모너핸(Sean Monohan)의 글을 보라.

결국 페인은 토지-지대에 기초하여 모두에게 기본소득과 기본재산을 평등하게 분배하고자 한다. 즉 그는 미경작지, 곧 "공동재산"에서 나오는 부를 공유부로 설정하여 이를 모두에게 평등하게 분배하고자 한다. 나아가 이러한 자신의 의도의 정당성을 "정의", 정확하게 말하자면 자원/소득의 분배와 관련된다는 측면에서 '분배정의'를 통해 근거 짓는다.

"내가 바라는 것은 자선이 아니라 권리이며, 은혜가 아니라 정의다"(같은 책: 115).

이에 따를 때 공유부에 대해 모두는 평등한 권리를 갖는다.

그런데 서구 사상사에서 토지를 공동재산 또는 공유지로 보는 관념은 페인에게서 유래하는 것이 아니다. 서구에서 이러한 관념의 주된 기원은 자연을 신이 인류를 위해 창조한 '선물'로 보는 기독교 전통이다. 따라서 이러한 관념은 기독교만큼 오래된 것이다. 이런 맥락에서 이미 4세기에 성 암브루시어스(St. Ambrose)가 이러한 관념을 명시하였다는 사실은 우연이 아니다(Van Parijs/Van-derborght, 2017: 71).[9] 그러나 페인의 경우와는 달리, 이러한 사유 모두가 공유지와 거기서 유래하는 공유부에 대한 모두의 평등한 권리라는 결론으로 귀결되지는 않는다. 예를 들어 로크 역시 기독교의 영향 아래 토지를 인류 모두에게 공동으로 주어진 "공동의 것"으로 본다. 그렇지만 그는 이로부터 미개간지에서 유래하는 부에 대한 1/n의 몫을 주장하지 않는다. 그 이유는 그가 토지에 노동이 투하되어야만 부가 창출되므로 노동하는 자만이 부를 분배받을 자격이 있다고 보기 때문이다. 즉 그가 이런 의미에서 노동중심주의적이기 때문이다. 그에 따르

---

9   예를 들어 성 암브로시우스는 다음과 같이 말하였다. "땅은 부자와 빈민을 가릴 것 없이 모든 인간을 위해 창조된 것입니다. 그런데 어째서 당신은 토지를 혼자서만 소유할 권리를 주장하는 것입니까?"(Van Parijs/Vanderborght, 2017: 71에서 재인용).

면 신은 "근면하고 합리적인 사람들의 사용을 위해" 이러한 공동의 대상을 하사하신 것이다.

> "신께서는 이 땅을 모든 인류에게 공동의 것으로 주시면서 또한 모든 인간에게 노동하도록 명령하셨다. 또한 인간은 본래 아무것도 없는 상태에 처해 있었으므로 노동을 하지 않을 수 없었다."(Locke, 1690: §32, §33)

이처럼 로크에게서 "공동의 것"이라는 관념은 노동과 무관한 독립적인 소득의 근거가 아니다. 물론 그는 "공동의 것"으로서의 토지 관념에 근거하여 기독교의 자선에 대한 의무를 정당화한다(Van Parijs/Vanderborght, 2017: 71). 그러나 이때 베풀어지는 '자선'에 대해서도 그는 강제노역까지 포함하는 노동의무를 조건으로 제시한다.[10] 페인의 시대에, 심지어 오늘날까지 공유지와 노동 및 부의 관계에 대한 우세한 견해는 페인적인 관점보다는 로크적인 관점이라고 할 수 있다.

그런데 페인이 토지-지대를 기본재산과 기본소득이라는 이중적인 형태로 분배하고자 한 사실에 기초하여 페인 역시 로크의 노동중심주의를 공유하고 있다는 비판이 있을 수 있다. 즉 그가 토지를 "공동재산"으로 인정하지만 부의 창출은 오직 노동이 결합될 때만 가능하다는 이유로, 공동재산에서 나오는 부는 원칙적으로 오직 노동하는 자에게만 분배될 수 있다는 전제를 공유한다는 비판이 있을 수 있다. 이에 대해 살펴보자.

페인에게 기본재산은 토지 소유 시스템의 도입으로 인해 잃게 된 공동의 상속재산에 대한 보상이다(Paine, 1796: 118). 곧 토지 사유화로 인해 당대 사회의 중요한 생산수단이었던 토지를 획득할 기회가 희소해진 것에 대한 보상이

---

10 심지어 로크는 당대 사회의 실업문제를 해결하기 위한 정책으로 실업자들을 "채찍질"이나 "감금" 등을 통해 "노동"하게끔 훈육하는 정책을 제안하였다(Locke, 1697: 271 이하).

다. 이는 그가 제시하는 기본재산의 양을 통해서도 추론된다. 1인당 15파운드라는 기본재산의 양은 당시 젊은 부부가 소와 몇 에이커의 토지를 경작할 농기구를 구입하여 토지를 경작할 수 있는 정도다(같은 책: 116). 이런 맥락에서 그는 자신의 기본재산 제도를 통해 단지 공동재산 또는 생산수단을 평등하게 분배하는 것을 의도했을 뿐이라는 해석이 가능하다. 즉 그가 궁극적으로는 각자가 자신의 생산수단으로 '노동'할 것을 요청한다는 것이다. 이러한 해석은 그가 50세 이상의 사람들과 장애인들에게는 기본소득을 지급하고자 한다는 사실로도 강화될 수 있다. 이때 그가 무엇보다 노동능력 문제로 기본소득을 지급하고자 하기 때문이다.[11]

그러나 이러한 비판은 페인이 평등하게 분배하고자 했던 것이 무엇보다 토지라는 공동재산 자체 보다 토지를 사용·향유할 '기회'였다고 해석할 때, 더 이상 적절하지 않다.[12] 페인에 따르면 토지-지대란 "재산 형성 과정에서 흡수된 자연적 상속에 해당하는 몫"(같은 책: 109)이다. 이 정의에서도 시사되듯이, '자연적 상속에 해당하는 몫'은 사유화된 토지를 활용하여 창출된 노동생산물과 통합된다. 따라서 토지가 노동을 통해 생산적으로 사용되어야만 '자연적 상속에 해당하는 몫'이 현실화되어 모두가 향유할 수 있게 된다. 이런 측면에서 토지의 평등한 분배와 관련하여 실제로 문제가 되는 것은, 토지를 사용할 기회의 평등한 분배 및 토지 사용을 통해 현실화되는 '자연적 상속에 해당하는 몫'의 평등한 향유라고 할 수 있다.

어쩌면 페인 시대의 미국에서는 토지를 페인이 제안한 기본재산제도에 따

---

11 "어느 나라에나 눈이 멀고 사지를 못 쓰는 탓에 생계를 꾸려나갈 능력이 없는 사람들이 있다. 하지만 늘 그렇듯이 눈이 먼 사람들은 주로 쉰 살이 넘은 노인들이므로 노인 계층을 위한 대책에 포함된다."(Paine 1796: 114).

12 넓은 의미에서 공유지의 '향유'란 공유지의 생산적 사용을 포함한 모든 유형의 사용과 소비를 총괄한다. 그러나 문맥에 따라 이 저서에서 공유지의 '향유'는 공유지의 생산적 사용을 제외한 좁은 의미로도 사용된다. 다른 한편 '공유지의 사용'이란 공유지의 생산적 사용을 의미한다.

라 평등하게 분배하는 것이 가능했을지도 모른다. 따라서 페인은 자신이 평등하게 분배하고자 하는 것이 토지를 사용할 기회라는 사실을 부각할 필요가 없었을지도 모른다. 그렇지만 원칙적인 차원에서 토지의 평등한 분배는 불가능하다. 토지 소유자가 사망할 때 "자연적 상속에 해당하는 몫", 곧 토지-지대는 징수되지만(같은 책: 109),[13] 사유화된 토지 자체는 상속된다는 점과 미래세대에 대한 평등한 분배만을 고려하더라도 토지는 점점 희소해 질 수 밖에 없기 때문이다. 이러한 정황은 노동의지의 유무에 앞서 토지를 사용할 기회 자체가 모두에게 평등하게 주어지는 것이 점점 어려워짐을 의미한다. 이런 상황에서 토지를 사용할 기회를 평등하게 분배하고 토지 사용을 통한 생산물에 구현되는 '자연적 상속에 해당하는 몫'을 모두가 평등하게 향유하는 방법은, 판 빠레이스를 비롯한 현대의 많은 기본소득론자들이 주장하듯, 토지에 대해 사용료 또는 지대를 부가하고 이를 모두에게 평등하게 분배하는 것이라고 할 수 있다. 이때 이 사용료 또는 지대의 크기는 원칙적으로 '자연적 상속에 해당하는 몫'과 최소한 같아야 할 것이다.

이러한 추론은 그의 토지 공동소유 기획이 '토지를 사용·향유할 기회에 대한 평등한 권리'에 근거함을 함축한다. 그는 이 권리를 실현하기 위해 기본재산과 기본소득을 제안한다. 이는 그가 살았던 시대와 사회의 특수성, 곧 인구수에 비하여 토지가 충분하였다는 정황에 기인한다고 보인다. 그러나 토지가 희소한 상황에서 기본재산제도는 토지를 사용·향유할 기회평등의 실현을 위해 적절하다고 보이지 않는다. 이런 맥락에서 그가 토지를 사용·향유할 기회의 평등이라는 관점에서 전개할 수 있는 일관된 정책은 기본소득이라고 할 수 있다.

이처럼 페인의 기획이 '토지를 사용·향유할 기회에 대한 평등한 권리'에 근거한다고 해석할 때, 이는 나아가 그의 이론에 내재하는 문제점을 비판하고

---

13   페인은 자연적 상속에 해당하는 토지-지대를 토지 소유자가 사망한 뒤 징수하는 것을 가장 바람직하다고 본다. 이 경우 현재의 토지 소유자들에게 아무 피해도 주지 않고, 정부의 징수에도 영향을 주지 않는다는 것이다(Paine, 같은 책: 109).

정정하는 효과를 갖게 된다. 사실 페인은 아무런 근거도 제시하지 않으면서 토지를 "공동재산"으로 주장한다. 그러나 재산이란 사회적으로 형성되는 것이다. 즉 재산이란 사회적으로 인정받는 근거나 필요에 기초하여 법과 제도를 통해 특정 개인이나 집단의 소유권이 보장되는 대상이다. 사실 토지를 비롯한 자연이 원래부터 인류의 공동재산으로 존재하는 것은 아니다. 같은 맥락에서 페인이 주장하는 토지에 대한 인류의 공동재산권 역시 원래부터 존재하는 것은 아니다. 인류의 평등을 전제로, 또한 자연은 그 누구도 생산하지 않았다는 사실에 기초하여, 우리 인간은 자연을 사용·향유할 평등한 기회에 대한 권리를 주장할 수 있을 뿐이다. 또한 이 권리를 가장 잘 보장하고 구현하기 위해 토지를 '공동재산'으로 법제화 또는 제도화할 것을 주장할 수 있을 뿐이다. 페인의 기획이 '토지를 사용·향유할 기회에 대한 평등한 권리'에 근거한다고 해석할 때, 이는 토지를 공동재산으로 설정하고자 하는 그의 의도에 대한 분배정의 관점에서의 '근거'가 될 수 있다. 이런 측면에서 이 해석은 그의 주장을 비판적으로 변형하여 보다 일관되게 한다.

다른 한편 그가 "토지의 개선에서 나온 가치"를 "개인의 재산"으로 본다는 사실이 보여주듯, 그는 노동이 부를 산출한다는 사실 또한 부정하지 않는다. 이런 맥락에서 그에게는 노동 또는 기여에 따른 소득분배 또한 정의롭다. 이 점까지 고려할 때, 그에게서 정의, 엄밀히 말해서 자원/소득의 분배와 관련되는 분배정의는 다음 두 가지로 요약된다.

첫째, 누군가의 기여로 창출된 부나 소득은 당사자의 소유다.

둘째, 그 누구의 기여로도 돌릴 수 없는 자원/소득은 모두의 공유다. 이러한 자원/소득에 대해 모두는 평등하게 사용·향유할 기회를 갖는다라는 의미에서의 공유권을 갖는다. 따라서 모두는 기본소득에 대한 권리를 갖는다.

나아가 그는 다음과 같은 진술을 통해 이처럼 모두가 공유권을 갖는 자원/소득, 곧 공유지가 토지로 대변되는 자연으로만 한정되지 않고 사회에 의해 창출된 부까지 포괄한다는 점을 시사한다.

"개인 재산은 사회의 결과물이므로 한 개인이 사회의 도움 없이 개인의 재산을 획득하기란 토지를 송두리째 만들어내는 것처럼 불가능한 일이다. (...) 그러므로 자신의 손으로 만들어내는 것을 제외한 모든 개인 재산의 축적은 사회 속에서 살아감으로써 가능한 것이다. 또한 개인은 정의, 감사, 문명의 원칙에서 혜택을 입고 있으므로 축적의 일부분을 부의 원천인 사회에 환원하는 것은 당연하다."(같은 책: 119).

결국 페인은 공유지를 평등하게 사용·향유할 기회에 대한 모두의 평등한 권리, 곧 평등한 공유권을 분배정의로서 요청한다. 또한 이에 기초하여 사실상 기본소득을 분배정의로서 요청한다. 이런 측면에서 그는 기본소득을 체계적으로 주장한 최초의 이론가이자 '평등'에 기초하여 기본소득을 분배정의로서 주장한 최초의 이론가다.

2. 기본소득과 필요의 원리: 밀(J. S. Mill)과 콜(G.D.H. Cole)을 중심으로

푸리에주의 또는 밀(J. S. Mill)의 기본소득론과 필요의 원리

기본소득을 전국적 규모에서 시행하자는 주장을 처음으로 전개한 사람은 벨기에 출신의 샤를리에(J. Charlier)다. 그는 1848년에 집필된 『사회문제의 해법』(Solution du Problème Social)에서 국가의 토박이 거주자 모두에게 세 달에 한번씩 '영토 배당금'(territorial dividend)을 지불할 것을 제안한다. 그 근거는 페인과 기본적으로 동일하다. 즉 토지에 대한 모두의 평등한 권리다.[14] 이에 따라 그는

---

14 "자연은 만인의 필요를 충족시키기 위해 창조되었다"(Charlier, 2848, 39, Van Parijs/Vander-

건물의 유무를 불문하고 모든 토지를 임대하여 거기서 나오는 지대를 배당금, 곧 기본소득의 재원으로 설정한다(Van Parijs/Vanderborght, 2017: 74 이하).

그런데 그는 페인이나 스펜스와 달리 기본소득에 토지에 대한 평등한 권리와 구분되는 또 하나의 원칙을 적용한다. 그에 따르면 기본소득의 크기는 "모든 이에게 빵을 보장하지만, 누구에게도 송로 버섯을 보장하지는 않는"(Charlier, 1848: 43, Van Parijs/Vanderborght, 2017: 74에서 재인용) 수준이어야 한다. 여기서 그는 기본소득의 크기를 규정하고 있다. 또한 이때 생계유지를 위한 필요를 충족해야 한다는 '필요의 원칙'을 적용하고 있다. 종합적으로 고찰할 때, 이는 그가 기본소득의 '근거'는 토지에 대한 '평등한 권리'를 통해, 기본소득의 '크기'는 '필요의 원리'를 통해 규정함을 의미한다.

그렇지만 이때 기본소득의 크기가 분배정의의 관점에서 왜 필요의 원리에 의해 규제되어야 하는지는 분명하지 않다. 뿐만 아니라 토지에 대한 평등한 권리에 기초한 '지대'의 크기와 '필요의 원칙'에 따라 측정된 기본소득의 크기가 일치한다는 보장도 없다. 샤를리에는 어쩌면 '필요의 원칙'을 분배정의의 관점이 아니라 인도주의의 관점에 입각하여 제시하는 것인지도 모른다. 분배정의론의 관점에서 볼 때, 그의 기본소득론은 필연적인 연관관계가 없는 두 원칙의 결합에 기초하고 있다.

이러한 특징은 밀 또는 그가 이해하며 지지하는 푸리에주의에서도 발견된다.

푸리에(Ch, Fourier)는 『가짜 산업』(La Fausse Industrie)에서 지금까지 고찰한 기본소득 이론가들과 비슷하게 토지로 대변되는 자연에 대한 모두의 공동소유권을 주장한다. 또한 아무런 의무 부과 없이 가난한 계급에게 최소한의 충분한 생계수단을 지급할 것을 주장한다. 이때 특히 노동의 질이 향상되고 매력적인 산업이 창출될 것이라고 그는 예견한다. 생계수단이 확보되면 사람들이 매

---

borght, 2017: 74에서 재인용). 이에 걸맞게 샤를리에는 토지의 사적 소유는 정의에 위배된다고 주장한다(같은 글).

력적인 조건에서만 노동하려는 동기를 갖게 되기 때문이라는 것이다. 그렇지만 그는 의무 면제된 이 최소한의 생계수단을 재산 조사를 통해 선별한 가난한 사람들에게만 제공할 것을 주장한다. 이런 측면에서 그가 기본소득을 주장했다고 보기는 어렵다(Van Parijs/Vanderborght, 2017: 77). 그러나 콩시데랑(V. Considerant)을 비롯한 그의 이론적 후예들로 구성된 푸리에주의자들은 기본소득을 지지하였다. 밀 또한 『정치경제학 원리』(Principles of Political Economy, 1871)에서 푸리에주의자들[15]의 기본소득론에 공감하면서 지지한다. 푸리에주의와 밀이 공유하는 기본소득론에 대해 살펴보자.

밀은 『정치경제학 원리』에서 기존에 축적된 부의 양 또는 에너지나 기술 같은 물리적(physical) 속성 및 조건과 관련되는 부의 생산과 달리, 부의 분배는 오직 제도와만 관련되는 문제라고 본다(Mill, 1871: 249 이하). 이런 전제 아래 그는 사람들이 선택할 수 있는 다양한 분배방식들을 검토한다. 또한 이에 기초하여 그는 가장 이상적인 분배방식이 아니라 현 상태에서 실현가능한 분배방식들 중에서 가장 좋은 분배방식을 제시하고자 한다.

밀은 분배방식을 크게 '사유재산제'를 채택하는 경우와 토지까지 포함한 '모든 생산수단을 공동체의 공동 재산'(joint property of community)으로 보는 경우로 나누어 고찰한다. 그에 따르면 사유재산제를 선택할 경우 무엇보다 그 어떤 시초의 불평등이나 부정의도 없어야 한다. 또한 몸이 약한 경우 분배 차원에서 적절한 보상이 주어져야 한다. 그러나 이러한 조건들을 갖추었다고 하더라도 사유재산제에서는 한번 분배(division)가 이루어진 후에는 이를 조정하기 위한 간섭이 불가능하다고 본다(같은 책: 252).

다른 한편 그는 생산수단을 공동재산으로 보는 입장을 두 유형으로 분류한다. 삶에 필요한 물리적 수단과 효용(enjoyment)의 분배에서 '절대 평등'을 주

---

15 콜(G. D. H. Cole)에 따르면 이는 정확하게 말해서 "특정 형태의 푸리에주의"다(Cole, 1953: 310).

장하는 입장을 그는 공산주의로 분류한다. 반면 특정한 분배 원칙을 제시하고 이 원칙의 준수에서 파생되는 불평등을 허용하는 동시에 사유재산의 완전한 철폐를 주장하지는 않는 입장을 그는 사회주의로 분류한다(같은 책: 253 이하).

밀에 따르면 사유재산제의 '진정한' 의미는 개인의 고유한 노동과 절제의 산물을 그 개인에게 보장하는 것이지 타인의 노동과 절제의 산물을 보장하는 것이 아니다(같은 책: 261). 이는 그가 '진정한' 사유재산에 대해 긍정적이며, 따라서 공산주의보다 사회주의를 선호함을 함축한다. 또한 그에 따르면 사회주의는 공산주의보다 효율적이다. 사회주의에서는 노동기여에 따른 분배가 채택되어 공산주의에서보다 노동유인이 더 크기 때문이다(같은 책: 263 이하).[16] 나아가 그는 공산주의가 노동의 공정한 배분과 관련하여 결정적인 약점을 갖는다고 본다. 상이한 종류의 노동들의 양과 질을 단일한 기준으로 측정하여 비교하는 것이 불가능하다는 것이다(같은 책: 258 이하).

이러한 논의를 전개하면서 밀은 현존하는 사유재산 시스템을 개선하고 사유재산제의 혜택에 공동체의 모든 성원이 완전히 참여하는 것을 "현 상태의 원칙적인 목표"(같은 책: 269)로 설정한다. 또한 이를 달성하는 체제로 사회주의, 특히 자신이 "사회주의의 최고 형태"(같은 책, 1871: 266)로 평가하는 푸리에주의를 사실상 선택한다.

푸리에주의는 사유재산의 철폐는 물론, 심지어 상속의 철폐도 의도하지 않는다. 또한 생산품 분배의 요소로 노동만이 아니라 자본도 고려한다. 푸리에주의에 따를 때 기업은 구성원들의 연합(association)으로 이루어지며, 기업의 경영자는 그 구성원들이 선출한다(같은 글).

이 푸리에주의 사회에서 분배방식은 다음과 같다.

---

16 그렇지만 밀은 공산주의에서 노동유인이 없어진다고 보지는 않는다. 교육 등을 통해 공산주의에서 노동유인이 당대의 사유재산 체제에서보다 오히려 높을 수도 있다고 본다(J. S. Mill, 1871: 251).

"노동 능력의 유무와 무관하게 공동체의 모든 성원의 생존(subsistence)을 위해 특정한 최소치가 일차적으로 지정(assign)된다. 생산품의 나머지는 미리 정한 특정한 비율에 따라 노동과 자본 및 재능이라는 세 요소들 사이에 분할한다"(같은 글).

이어서 밀은 이러한 분배방식의 장점을 '기여에 따른 분배'와 결합된 노동동기의 강화와 기본소득의 보장과 결합된 노동의 매력화로 제시한다(같은 책: 267 이하).

살펴보았듯이 밀과 푸리에주의에 따를 때 공동체의 생산물은 우선 공동체의 모든 성원의 생존을 위해 기본소득으로 분배된다. 나머지는 노동이나 자본 또는 재능을 통한 각자의 생산적 '기여'에 따라 분배된다. 이는 그가 현 상태에서 도달할 수 있는 가장 좋은 분배원칙으로 두 원칙, 곧 모두의 생존을 위해 '필요'한 최소치를 보장해야 한다는 '필요의 원칙'과 생산에서의 '기여의 원칙'이라는 두 원칙을 지지함을 의미한다.

그런데 밀은 자신의 자서전에서 "지구에서 나오는 원자재의 공동 소유권"을 주장한다(Mill, 1870: 353). 이를 고려할 때, 또한 푸리에가 토지를 비롯한 자연에 대해 사실상 공동 소유권을 설정함을 고려할 때, 밀이 푸리에주의의 이름으로 지지하는 기본소득론에서도 기본소득의 근거는 토지로 대변되는 공유지에 대한 모두의 평등한 공유권일 수 있다. 그런데 엄밀히 말해서 『정치경제학 원리』의 이 부분에서 밀은 자신이 지지하는 분배원칙을 분배정의의 관점에서 기술하고 있지 않다. 그 대신 자신이 지지하는 푸리에주의의 특정 정파의 분배론을 소개하고 있다. 이런 측면에서 밀이 지지하는 기본소득론에서 평등한 공유권과 필요의 원칙이 어떻게 관련되는지에 대해 단정적으로 말하기는 어려워 보인다. 밀과 그가 지지하는 푸리에주의에서도 샤를리에의 경우와 유사하게, 인도주의 관점에서 제기되는 '필요의 원칙'과 분배정의 관점에서 제기되는 평등한 공유권의 원칙이 기본소득론에서 결합되고 있는지도 모른다. 그렇지만 이 경우에도 기본소득의 크기가 '필요의 원칙'에 의해 규정된다는 점은 확실하다고 할 수 있다.

마지막으로 밀이 푸리에주의의 이름으로 지지하는 기본소득론에서 '자유'가 어떤 의미를 갖는지에 대해 고찰해 보자. 2장에서 보게 되겠지만 '자유'를 기본소득의 근거로 설정하는 이론가도 있기 때문이다. 또한 밀은 대표적인 자유주의 사상가 중의 한 사람이기 때문이다. 그런데 밀은 자유 자체를 우리 삶의 궁극 목적으로 보지는 않는다. 그가 우리 삶의 궁극 목적으로 보는 것은 각자를 지적·도덕적 측면을 비롯하여 모든 면에서 최선으로 발전시키는 것이다. 그는 자유를 이러한 궁극 목적을 위해 요청한다(Mill, 1859: 109-124).

그런데 『정치경제학 원리』에서 밀은 '보편적 교육'과 '적정 인구의 유지'라는 두 조건만 충족되면, 어떤 분배체제에서도 빈곤은 소멸한다고 본다. 또한 빈곤이 소멸될 경우 체제비교의 기준은 자유 및 자발성을 보장하는 정도가 된다고 본다(Mill, 1871: 261 이하). 푸리에주의 체제와 관련하여 밀은 기본소득의 보장이 초래하는 효과의 하나로서 '노동의 매력화'를 강조한다. 그 이유로 밀은 무엇보다 기본소득을 통해 생계가 보장됨에 따라 사람들이 '자유롭게' 노동을 선택할 수 있다는 사실을 강조한다(같은 책: 268). 어쩌면 이는 자유주의자로서 밀이 푸리에주의 분배체제를 선택하는 또 다른 이유일지도 모른다. 어쨌든 그는 기본소득의 지급이 '자유'를 강화하는 효과를 가짐을 인정한다. 그렇지만 그는 '자유' 또는 '자유의 강화'를 기본소득을 지급해야하는 직접적인 근거로 제시하지는 않는다.

콜(G. D. H. Cole)의 기본소득론과 필요의 원리

20세기 이후 기본소득론에 필요의 원리를 통합시키고자 한 대표적인 학자로는 영국 옥스퍼드 대학교 교수였던 콜을 들 수 있다. 그는 길드 사회주의의 대표적인 이론가이기도 하다. 콜의 이론을 비롯한 영국의 길드 사회주의 이론은 비그포르스(E. Wigforss)를 비롯한 스웨덴 사회민주주의의 발전에 큰 영향을 미쳤다.[17] 그런데 스웨덴 사회민주주의당은 전통적으로 노동중심주의적이다. 이는 현존 복지제도가 비교적 훌륭하다는 점과 함께 오늘날 스웨덴에서 기본소득에 대한 지지가 상대적으로 낮은 요인의 하나로 보인다. 이러한 정황은 스웨덴 사회민주주의자들에게 영향을 미쳤던 콜이 기본소득을 주장했다는 점과는 대조적이다.

콜은 기본소득을 원래 길드 사회주의적 분배방식의 하나로 제안하였다. 길드 사회주의는 산업 내부의 문제들에 대해서는 노동자들의 자치적 결사체가 주권을 행사하고, 일반적인 정치적 문제들과 거시경제정책 영역에선 민주화된 국가가 주권을 행사하는 이중권력체계(신정완, 2012: 204)를 통해 운영되는 사회주의다. 이러한 이중권력체계를 통해 거시 경제 계획에 생산자의 의견만이 아니라 국민으로 대변되는 일반 소비자의 의견 또한 반영하고자 한다.

길드 사회주의의 이러한 특성에 걸맞게 콜은 1935년에 출간한 『경제 계획의 원칙들』(Principles of Economic Planning)에서, 진정으로 민주주의적인 당이라면 거시 경제 계획에 '정의'(justice) 등과 관련되는 민중들의 요구를 수용할 수밖에 없다고 주장한다(Cole, 1935: 224). 이어서 거시 경제 계획의 수립과 관련하여 민중들이 요구할 정의의 기준에 대한 물음을 제기하고, 그 "첫 번째 기준"으로 "필요"를 제시한다. 곧 민중들의 관점에서 고찰할 때, 정의로운 경제란 무엇보다 민중의 필요를 충족시키는 경제, 다시 말해서 "문명화된 삶을 위해 필요한 일차적인 생필품"을 모두에게 공급하는 경제라는 것이다(같은 글). 이때의 일차적인 생필품에는 특정 수준의 교육과 공적 서비스들도 포함된다.

그런데 콜에 따르면 재화는 일차적인 또는 기본적인 생필품만으로 이루어지지 않는다. 사치품이 있고, 또 일차적인 생필품도 사치품도 아닌 재화, 따라서

---

17 이에 대해서는 홍기빈, 2014: 113, 신정완, 2012: 204 및 권정임/강남훈, 2018: 12를 참조하라.

이차적인 생필품이라고 부름직한 재화도 있다. 그는 사회가 발전할수록 이차적인 생필품에 대한 선택의 범위가 넓어진다고 본다. 또한 후자 역시 좋은 삶을 위한 필수적인 요소라고 본다. 그런데 그는 이 이차적인 생필품의 공급은 각자의 개별적인 소득분배에 의존한다고 본다. 따라서 그는 개별적인 소득분배의 정의에 대한 문제를 제기한다. 곧 정의의 "두 번째 기준"에 대한 문제를 제기한다(같은 책: 225).

이러한 문제의식에 따라 전개되는 그의 길드사회주의적인 분배방식과 분배원칙은 다음과 같다.

첫째, 기본소득의 분배. 이는 '필요의 원칙'에 근거하며, "가능한 빨리 모든 시민의 최소한의 필요를 충분히 충족"(같은 책: 235)시킬 것을 목표한다.

둘째, 노동 기여의 원칙에 따른 개별소득의 분배. 그에 따르면 길드 사회주의로 이행하는 시기에는 자본 소유자에게 보상이 주어지지만, 이후에는 더 이상 이자를 지불하지 않는다. 즉 길드사회주의 사회로 이행한 후 '자본'은 더 이상 소득의 원천이 되지 않는다. 그 결과 '시민권'(citizenship)과 '노동'이라는 두 종류의 소득 원천만 존재한다. 시민권이 기본소득의 원천이라면, 노동은 개별적 소득의 원천이다. 밀의 경우와 같이 기본소득이 먼저 지급된 후 노동기여에 따른 개별적인 소득분배가 이루어진다(같은 글).

콜은 기본소득이 사람들의 노동의욕을 떨어트리지 않을 것으로 예상한다. 사람들에게 공동의 수준에서 살고자 하는 욕구가 강하다고 보기 때문이다. 또한 이는 2차 생필품이 있어야 가능하다고 보기 때문이다. 그렇지만 기본소득의 양이 꾸준히 증가해 가면서 일차적 생필품이 기본소득을 통해 거의 충족되어가면서, 2차 생필품에 대한 욕구가 그리 강하지 않으리라고 그는 본다.[18] 이에 따

---

18 1944년에 집필된 『화폐. 그 현재와 미래』(*Money. It's Present and Future*)에서 콜은 전체 소득구조에 갑작스런 충격을 주지 않기 위해 사회배당을 적은 규모에서 시작하여 점진적으로 증대해 갈 것을 제안한다(Cole, 1944: 147).

라 그는 노동소득이 점점 더 용돈(pocket money)처럼 되어 갈 것으로 예측한다. 반면 다수보다 월등하게 놓은 수준에서 살고자 하는 욕망은 사라질 것으로 예측한다. 이 욕망은 계급 불평등의 산물인데, 길드 사회주의에서 계급은 해체될 것이기 때문이다. 결국 그는 자신의 길드 사회주의 사회가 '절대평등'에 가까워질 것으로 예측한다(같은 책: 236).

살펴보았듯이 콜은 길드 사회주의 사회의 이러한 설계에서 '필요의 원칙'과 '노동기여의 원칙'을 분배정의 원칙으로 제시하고 있다. 그런데 그는 분배정의 관점에서 기본소득을 공동재산에 대한 평등한 공유권이라는 또 다른 원칙에 의해서도 정당화한다. 이에 대해 살펴보자.

『경제 계획의 원칙들』에는 "시민권"이라는 소득의 원천에 따라 기본소득을 지급하는 이유를 제시한다. 이 저서에 따르면 그 이유는 "각 시민이 소비자로서 제기하는 요청, 곧 생산력이라는 공동의 유산에 참여하고자 하는 요청을 인정하는 것"이다(같은 책: 235). 1944년에 집필된『화폐. 그 현재와 미래』(*Money. It's Present and Future*)에서 이 이유는 보다 상세하게 기술된다. 그에 따르면,

> "현재의 생산력은 그 효과에 있어서 현재 노력(effort)의 결과와 사회적 유산, 곧 발명과 기술 간의 공동 결과다. 이 발명과 기술은 생산 행위들에서 표현되는 발전 단계와 교육 단계에 통합되어 있다."(Cole, 1944: 144)

즉 현재의 생산력 및 이에 기초하는 부의 생산은 현재의 직·간접적 노동만이 아니라 발명과 기술이라는 공동으로 물려받는 사회적 유산에 의해 가능하다는 것이다. 이러한 인식에 기초하여 그는 이처럼 사회적으로 창출되는 부에 대한 "사회배당", 곧 모두에게 무조건적·보편적으로 주어지는 기본소득을 모두가 "태어날 때부터 갖는 공동 권리(common birthright)"로 요청한다(같은 글). 즉 여기서 그는 사회배당 또는 기본소득의 근거를 페인이나 밀처럼 공유지에 대한 평등한 공유권으로 제시한다. 물론 그는 밀 등과 달리 '사회적 유산'을 강조한

다. 그런데 생산력에는 토지 비옥도나 일조량 같은 자연력도 통합되어 있다. 이런 맥락에서 그는 '공유지'의 범위를 자연 공유지만이 아니라 사회적 공유지까지 포함하여, "공동체 성원들이 평등한 권리를 갖는 자연적·역사적·사회경제적 자원 내지 재화"(곽노완, 2016: 195)로 확장한다.[19] 그런데 이러한 사회적 유산이 부를 실제로 창조하게 되는 것도 그것을 사용할 기회를 가질 때다. 따라서 그의 경우에도 공유지에 대한 평등한 권리는 공유지를 사용 또는 향유할 평등한 기회에 대한 권리, 곧 공유권이라고 할 수 있다.

그렇다면 콜에게서 사회배당 또는 기본소득과 관련되는 이 두 원칙의 관계를 어떻게 이해해야 할까? 그에게서도 기본소득의 직접적인 근거, 곧 모두가 기본소득이라는 특정한 형태의 자원/소득에 대한 권리를 갖게 되는 직접적인 근거는 공유지에 대한 평등한 공유권이라고 보는 것이 적절할 것이다. 이 공유권에서 특정한 자원/소득에 대한 모두의 권리가 직접적으로 파생되기 때문이다.

이에 비해 필요의 원칙은 경우가 다르다. 누군가 특정한 자원/소득을 생존을 위해 필요로 한다는 이유로 그 자원/소득에 대한 분배가 무조건적으로 정당해지지는 않는다. 예를 들어 해당 자원/소득은 타인이 애써 생산한 그 타인의 정의로운 소유물일 수 있다. 콜의 기획에서 '필요의 원칙'이 정의, 나아가 분배정의 원칙이 될 수 있는 이유는 그가 민중의 요구라는 근거를 내세워 필요의 원칙을 길드 사회주의 사회에서 계획경제가 실현해야 할 정의의 원칙, 사실상 분배정의의 원칙으로 설정하기 때문이다. 그렇다면 이 경우 필요에 따른 분배의 근거는 분배정의가 아니라 민중의 요구다. 그렇지만 민중이 요구한다고 해서 무조건적으로 정의 또는 분배정의일 수는 없다. 예를 들어 누군가의 순수한 기여에 의해 생산된 부를 민중이 요구한다고 해서 그의 수중에서 강제로 압류하는 것은 분배정의 관점에서 정의롭다고 할 수 없다. 기여에 따른 분배는 콜에게서도 분배정의다.

---

19 따라서 '공유지'는 공유지와 거기서 유래하는 '부'(wealth) 모두를 포괄한다.

결국 그의 기획에서 평등한 공유권이 분배정의 관점에서 기본소득에 대한 근거라면, 필요의 원칙은 기본소득의 크기를 규정하는 원칙으로 보는 것이 합리적일 것이다. 그렇다고 하더라도 필요의 원칙 자체에 수반되는 문제, 예를 들어 무엇을 일차적인 또는 기본적인 필요로 볼 수 있고 또 어떻게 측정하느냐는 문제, 사람마다 일차적인 생필품이나 필요가 다를 수 있다는 문제, 설령 특정한 시기에 기본적 필요의 측정에 성공했다고 하더라도 과연 이것이 고정불변할지의 문제 등은 그의 기획에 고유한 난점을 형성한다고 보인다. 다른 한편 노동소득이 용돈이 되어 노동 동기가 강하지 않는 사회에서 모두의 기본필요를 충족시킬 정도의 기본소득이 지속가능할지의 문제 역시 그의 기획의 큰 난점이라고 할 수 있다.

　　지금까지 페인, 샤를리에, 푸리에, 밀 및 콜을 중심으로 평등, 정확하게 말해서 공유지에 대한 평등한 공유권에 기초하여 기본소득을 주장하는 입장에 대해 살펴보았다. 필요의 원칙과의 결합 여부에 대해서는 이견이 있는 것도 사실이지만, 평등한 공유권이라는 관점 자체는 오늘날까지 많은 기본소득론자들이 계승·발전하는 관점이라고 할 수 있다. 그런데 기본소득은 또한 '자유'에 근거하여 주장되기도 한다. 이에 대해 살펴보자.

제2장

기본소득과 자유

기본소득은 자유의 보장을 근거로 주장되기도 한다. 예를 들어 러셀(B. Russell)은 1918년에 발간한 저서 『자유로 가는 길』에서 개인의 자유로운 발전을 위해 기본소득을 주장한다(Russell, 1918: 156, 185). 이때 그는 노동소득의 정당성을 부정하지 않는다. 그는 기본소득과 노동소득을 결합함으로써 "자유를 부르짖을 목소리와 노동을 이끌어 낼 경제적 자극을 한데 결합"하고자 한다(같은 책: 155).

그런데 기본소득은 특정한 자원/소득을 모두에게 주는 것이다. 따라서 기본소득은 자원/소득의 분배와 관련된다. '자유'를 근거로 특정한 자원/소득의 분배를 요청하는 것이 정당할 수 있을까? 이 장에서는 이러한 문제의식 아래 자유를 근거로 기본소득을 요청하는 입장을 비판적으로 고찰하고자 한다.

그런데 자유 개념은 단일하지 않다. 꽁스땅(B. Constant, 1819)과 벌린(I. Berlin, 1958) 이래 서구의 자유개념은 흔히 '소극적 자유'(negative freedom)와 '적극적 자유'(positive freedom)로 대별된다.[20] '소극적 자유'에 따를 때 자유는 '간

---

20 이는 벌린의 분류를 따른 것이다. 꽁스땅의 분류를 따를 때 '적극적 자유'는 고대 그리스 도시국가를 배경으로 하는 '고대의 자유'와 유사하다. '소극적 자유'는 '근대의 자유'와 유사하다.

섭의 부재'다. '적극적 자유'에 따를 때 자유는 자율 또는 자기지배, 자기실현 및 직접적인 정치참여를 비롯한 자기실현의 실행기제라는 다의적인 의미를 갖는다(Pettit, 1997: 18). 위에서 말한 러셀의 자유는 적극적 자유라고 할 수 있다. '적극적 자유'는 다양한 사상적 조류에 의해 대변된다. 이에 비해 '소극적 자유'는 자유주의, 특히 자유지상주의에 의해 대변된다.

페팃(Ph. Pettit)은 이 두 유형의 자유에 속하지 않는 또 다른 자유개념, 곧 지배가 없는 상태를 의미하는 '비지배(non-domination) 자유'를 부각한다. 관대한 주인이 노예를 간섭하지 않을 때, 자유를 소극적 자유로 보는 입장에서는 그 노예를 자유롭다고 볼 수 있다. 그렇지만 비지배 자유의 관점에서는 그 노예는 자유롭지 않다는 것이다. 반대로 법에 구현된 정의에 따라 국가가 독점 기업에 '간섭'할 때, 소극적 자유의 관점에서 이는 자유의 침해이지만 비지배 자유의 관점에서 이는 자유의 침해가 아니라는 것이다. 페팃은 이 '비지배 자유'를 중심으로 공화주의 전통을 재구성하여 이른바 '신공화주의' 이론을 정립한다.

다른 한편 판 빠레이스는 이 모든 자유개념과 구분되는 새로운 자유개념, 곧 '원할 수 있는 것을 실질적으로 할 수 있는 자유', '실질적 자유'(real freedom)를 제시한다.[21]

자유 개념의 이러한 다의성에 따라, 1절에서는 소극적 자유의 보장을 위해 기본소득을 주장하는 논의를 자유지상주의를 중심으로 고찰한다. 2절에서는 비지배 자유의 보장을 위해 기본소득을 주장하는 입장을 페팃을 중심으로 고찰한다. 3절에서는 비지배 자유의 관점에 기초하여 기본소득을 '존재권' 또는 '인권'에 연계하여 주장하는 입장을 라벤토스(D. Raventós)를 중심으로 고찰한다. 그렇지만 실질적 자유와 기본소득에 대해서는 3장 2절에서 고찰한다. 판 빠레이스의 경우, 기본소득을 주장하는 궁극적인 근거가 '자유'가 아니기 때문이다.

---

21 판 빠레이스는 '원하는 것'이 '조작'되는 경우를 배제하기 위해 '원할 수 있는 것'이라는 표현을 사용한다(Van Parijs, 1995: 20).

1. 자유지상주의와 기본소득

자유지상주의와 최소소득보장, NIT 또는 기본소득: 하이에크(F. A. Hayek),
프리드먼(M. Friedman) 및 즈월린스키(M. Zwolinski)를 중심으로

즈월린스키에 따르면 자유지상주의(libertarianism)란 "개인적인 (소극적) 자유,
사유 재산에 대한 강한 권리, 자유로운 시장 시스템, 엄격하게 제한된 정부"에
대한 신조를 공유하는 광범한 학파다(Zwolinski, 2011: 2). 이에 따를 때 '정의'란
무엇보다 자유, 물론 소극적 자유의 보장이다. 보다 정확하게 말하자면, 소극적
자유를 모두에게 평등하게 보장한다는 의미에서 평등한 자유의 보장이다.[22] 따
라서 자유지상주의에 따를 때, 정부 또는 국가는 개인이나 기업의 자유에 대해
간섭하지 않는 동시에 그 역할 또한 이들의 자유를 보호하는 임무로 최소화되
어야 한다. 과세 또한 이 목적을 성취하기 위한 용도로만 제한되어야 한다. 자
유지상주의의 이러한 기본 신조를 고려할 때, 자유지상주의 관점에서 '시장을
통한 분배' 외의 분배나 재분배에 대한 주장이 나오기가 어려워 보인다. 그런데
'자유'를 위해, 또는 자유지상주의적 유토피아가 아닌 현실에서의 차선책으로
시장기제와 무관한 소득분배를 주장하는 자유지상주의자들이 있다. 이에 대해
살펴보자.

　　자유지상주의의 기원은 로크의 사상과 이론이다. 현대 자유지상주의는 노
직(R. Nozick)의 신-로크적 자연법이론(the neo-Lockean natural rights theory)
(Zwolinski 2011: 1)과 신자유주의로 대별할 수 있다.

　　신자유주의 경제학의 창시자의 한 사람이자 노벨 경제학상을 받은 하이
에크에게 '자유'란 법에 의한 추상적·보편적·확정적인 규율 외에 어떠한 강압

22　'평등한 자유의 보장'이 '정의'라는 점은 자유주의 일반의 공통점이다(권정임/강남훈, 2019:
　　27). 물론 '자유'에 대한 이해는 구체적인 자유주의 이론에 따라 다르다.

(coercion)도 없는 상태를 의미한다(Hayek, 1994: 63). 그가 속한 지적 전통을 고려할 때 그의 자유도 소극적 자유라고 할 수 있다. 그런데 그는 "경제적 보장"을 "진정한 자유의 필수불가결한 조건"으로 제시한다(Hayek, 1944: 181). "대개의 사람들은 단지 위험이 너무 크지 않은 동안에만 자유 속에 필연적으로 내재된 위험을 기꺼이 감수하려고 할 것이기 때문에, 자유를 보존하려면 일정한 정도의 보장은 필요하다"는 것이다(같은 책: 195 이하). 그러나 그에 따를 때 "보장이 너무 절대적 의미로 이해된다면, 보장에 대한 일반적 노력은 정말 자유의 기회를 높이기는커녕 자유에 대한 가장 심각한 위협이 된다"(같은 책: 181). 따라서 그는 자유를 위해 "생존을 위한 최소한의 확실성" 또는 "최소 소득의 보장"을 의미하는 "제한된 보장"을 요청한다(같은 책: 182). 또한 "개인의 자유를 파괴하지 않"고 "경쟁"이 "방해받지 않고 작동하도록 놔두"기 위해, 최소 소득 보장을 "시장의 외부"에서 마련할 것을 요청한다(같은 책: 195).

결국 하이에크는 '자유'를 위해, 최소소득을 벌지 못하는 사람들을 대상으로 하는 최소소득 보장을 주장한다. 이는 물론 기본소득 보장과는 다른 것이다. 그러나 신자유주의자 즈월린스키가 주장하듯이, 선별에 따른 자유와 사생활 침해 및 비용 등을 고려할 때(Zwolinski, 2014: 11이하), 최소소득 보장이 아니라 기본소득 보장이 자유지상주의 관점에서 합리적인 선택이 될 수 있다. 이런 측면에서 하이에크의 공로는 단지 '소극적인' 자유를 실현하기 위해서라도 경제적 보장이 필수불가결함을 주장한다는 차원을 넘는다. 나아가 그는 '신자유주의적인 기본소득'의 가능성을 시사하고 있다.

프리드먼은 하이에크의 시카고대학 동료이자 신자유주의 경제학의 또 다른 창시자 중의 한 사람이다. 그는 신자유주의적인 기본소득의 가능성을 마이너스 소득세(negative income tax)라는 구체적인 정책의 형태로 시사한다. 마이너스 소득세란 획일적인 환급형 세액공제와 동일하다. 그렇지만 고소득층에 대해서는 세액공제를 하지 않는다. 결과적으로 고소득층에게서 세금을 거두어 중산층과 저소득층에게 나누어주게 된다(강남훈, 2019: 24). 그는 마이너스 소득세를 운영하는데 드는 비용이 공공이 기꺼이 지불할 생각이 들 정도로 충분히 낮아야 한다고 생각했다. 보장되는 소득 또한 노동 유인을 유지할 수 있을 정도로 낮아야 한다고 생각했다(Van Parijs/Vanderborght, 2017: 85). 이에 따라 소득이 있는 사람의 경우, 소득의 고저에 따라 보조금을 차등적으로 삭감하고자 했다.

프리드먼이 마이너스 소득세를 제안한 이유는 첫째, 당대 미국의 복지정책을 대체하기 위해서다. 그에 따르면 미국의 복지정책은 공공 주택정책, 노령보험 및 실업 보험 등과 같은 여러 프로그램들로 복잡하게 얽히고 덩치만 커졌을 뿐, 정작 가난한 사람들을 돕기에는 비효율적이라는 것이다(Friedman, 1968: 157 이하). 이에 비해 마이너스 소득세는 특정한 범주의 사람이 아니라 가난한 사람을 직접 돕는다. 또한 현금을 직접 제공하기 때문에 빈곤 탈출효과가 크다는 것이다(Friedman, 1962: 158). 둘째, 보조금이나 최저 임금 또는 관세 등과 달리 시장을 왜곡하지 않기 때문이다. 셋째, 시장의 외부에서 작동하기 때문이다. 또한 노동 유인을 없애지도 않기 때문이다(같은 글).

결국 마이너스 소득정책은 무엇보다 시장의 외부에서 시행됨으로써 시장을 왜곡하지 않는 정책이다. 즉 자유로운 경쟁과 활동을 침범하지 않는 정책이다. 이런 측면에서 프리드먼이 마이너스 소득세를 주장하는 이유의 하나는 하이에크와 마찬가지로 '자유'의 보장을 위한 것이라고 할 수 있다. 나아가 마이너스 소득세는 비용도 절감되며, 노동유인을 철폐하지 않는 정책이다. 이런 측면에서 그가 마이너스 소득세를 주장하는 또 다른 이유는 다른 복지제도에 비한 행정상의 편의와 비용절감을 비롯한 효율성 및 노동유인 때문이라고 할 수 있다. 결론적으로 그는 마이너스 소득세의 실시를 통해 현존하는 복지정책을 신자유주의적인 복지정책으로 대체하고자 했다고 볼 수 있다.

그런데 마이너스 소득세를 지급하려고 한다면 매달 소득 조사를 실시해야 한다. 엄청남 행정비용을 고려하면 거의 불가능한 일이다. 매달 소득을 조사하다 보면 도덕적 해이 가능성도 커진다. 결국 적정 금액을 매달 지급하고 연말 세금 정산 때 함께 정산하는 것이 현실적인 방법일 것이다. 이렇게 되면 매달 정액을 지급하고 연말에 한번 기본소득세를 걷는 기본소득이 된다(강남훈, 2019: 25). 기본소득과는 보조금 지급 방식에서만 차별화될 뿐이다. 기본소득이 한편으로 보조금을 주면서 다른 한편으로 세금을 걷는다면, 마이너스 소득세는 한 번에 고소득층에게 걷어서 중산층과 저소득층에게 나누어 준다(같은 책: 24). 이런 측면에서 그는 마이너스 소득세를 제안함으로써 사실상 신자유주의적인 기본소득의 가능성을 시사한다. 실제로 마이너스 소득세를 기본소득과 동일하게 보는 입장도 있다. 기본소득의 목적을 최소소득보장으로 보는 입장에서는 기본소득과 마이너스 소득세의 재분배 효과가 동일하다는 이유로 양자를 동일하게 보기도 한다(강남훈, 같은 책: 26).

　즈월린스키로 예시할 수 있듯이, 현대 자유지상주의자들 중에는 기본소득을 명시적으로 옹호하는 사람도 있다.[23] 하이에크를 따라 즈월린스키는 '강압'으로부터의 '자유'를 무엇보다 중요하게 본다(Zwolinski, 2013: 2). 그에 따르면, 신자유주의적인 유토피아가 아닌 현실에서 강압으로부터 모두의 자유를 보호하기 위해, 또한 불완전한 시장경쟁을 보완하기 위해(같은 글: 6) 하이에크가 말한 '경제적 보장'이 필요하다. 그런데 신자유주의적인 관점에서 볼 때, 기본소득이 현존하는 복지제도 보다 이러한 경제적 보장을 실현하기에 더 좋은 방법이라는 것이다. 왜냐하면 기본소득이 '무조건성'으로 인해 현존 복지제도보다 덜 관료적이며, 비용이 적게 들기 때문이다. 또한 관료들이 자신들의 이익을 위해 제도를 악용할 가능성도 적으며, 사생활과 자유를 덜 침해하고 덜 후원주의적이기 때문이다(Zwolinski. 2014: 3-5, 2011: 8). 결국 기본소득이 완전한 자유지상주의적인 정책은 아니나 다른 정책에 비해서는 자유지상주의적인 정책이라는 것이다(Zwolinski, 2014: 7).

　지금까지의 고찰을 종합할 때, 자유지상주의 관점에서 기본소득은 크게 두 가지 이유로 주장된다. 첫 번째는 모두에게 평등하게 자유, 물론 소극적 자유

23　즈월린스키는 마이너스 소득세 등도 기본소득의 한 형태로 본다(Zwolinski, 2014: 11).

를 보장하기 위해서다. 이런 측면에서 자유지상주의 관점에서 기본소득이 요청되는 첫 번째 근거는 자유, 또는 평등한 자유의 보장으로서의 정의다. 두 번째는 실용적인 관점에서 다른 복지제도와 비교하여 기본소득이 갖는 강점, 곧 행정상의 편의와 비용절감을 비롯한 효율성 및 노동유인 때문이다. 이 두 번째 이유는 사실 기본소득이 다른 복지제도에 비해 갖는 장점이 신자유주의적인 관점에서도 인정되는 것이다. 따라서 큰 문제가 없다. 그러나 첫 번째 이유에 대해서는 문제의 소지가 있다. 이에 대해 살펴보자.

자유지상주의를 비롯한 전통적인 자유주의 전통에서 자유 또는 평등한 자유의 보장으로서의 정의는 법적·형식적 의미를 가질 뿐이다. 이에 따르면 각자 간섭받지 않고 살아갈 수 있는 법적·형식적 권리가 부여될 뿐이다. 그런데 이 법적·형식적 권리를 모두에게 보장하기 위해 기본소득이 필요하다는 이유만으로, 특정한 자원/소득을 기본소득으로 분배하는 것이 자동적으로 정의로워지지는 않는다. 모두에게 분배하는 것이 정의로운 자원/소득을 재원으로 기본소득이 지급되어야 기본소득이 분배정의 관점에서 정의로운 것이다. 모두에게 분배하는 것이 정의로운 자원/소득을 재원으로 기본소득이 지급될 수 없다면, 자유와 정의를 실현하기 위해 기본소득이 지급되어야 한다는 자유지상주의의 주장은 적어도 분배정의 차원에서는 올바르게 실현될 수 없는 '형식적 요청'에 불과할 것이다. 이어서 살펴 볼 좌파 자유지상주의를 제외할 때, 자유지상주의에 따를 때 모두에게 분배하는 것이 정의로운 자원/소득은 없다. 자유지상주의에 따를 때 모두에게 분배되는 것이 마땅한 공유지의 "지대" 같은 것은 인정되지 않는다(Zwolinski, 2011: 6 이하). 이는 자유지상주의에서 평등한 자유의 보장 또는 정의 구현에 대한 요청이 분배정의 관점에서 올바른 재원과 통합되어 제시되지 못함을 의미한다. 이는 자유지상주의에서 '자유', 자유의 보장에 대한 요청이 분배정의 관점에서 기본소득의 근거가 될 수 없음을 의미한다.

물론 프리드먼의 마이너스 소득세가 시사하듯이, 자유지상주의에서 기본소득의 재원이 조세를 통해 마련될 수도 있다. 자유지상주의도 국가의 정당한 역할의 집행을 위한 과세를 인정한다. 그렇지만 이때 국가의 역할은 '자유'의 보장을 위한 몇 가지로 "극도로" "제약"된다(같은 책, 2011: 1). 이는 즈윌린스키를 비롯한 자유지상주의에서 기본소득의 재원이 자유가 보장되는 체제의 유지를 위한 '비용'의 관점에 입각할 수밖에 없음을 의미한다. 즉 기본소득이 '분배정의'로서 인정되지 않음을 의미한다. 나아가 이는 다음과 같은 문제를 초래한다.

첫째, 경제적 보장 또는 기본소득의 양을 최소화하려는 경향이 초래된다.

둘째, 소극적 자유의 평등한 보장, 곧 신자유주의적인 정의를 위한 '경제적 보장'이 분배정의에 기초하면서 이와 통합되는 방식이 아니라 '과세'라는 자유의 훼손을 통해 실현된다는 점이다. 따라서 모순적이라는 점이다. 자유지상주의에 기초하여 기본소득을 지급하고자 할 때, 기본소득은 이 모순이 정치적으로 적당하게 절충된 지점에서 시행될 것이다. 이러한 절충성은 기본소득의 안정성과 지속가능성을 위협할 수 있다.

좌파 자유지상주의와 기본소득

그러나 타이드만(N. Tideman), 스타이너(H. Steiner), 오츄카(M. Otsuka) 등으로 대변되는 소위 좌파 자유지상주의 기본소득론의 경우 이러한 모순은 발생하지 않는다. 이들에게서 기본소득은 자유의 보장을 위한 '비용'이 아니라 분배정의로서 요청되기 때문이다. 좌파 자유지상주의자들과 전통적인 자유지상주의자들의 결정적 차이는 로크의 소유권 이론에 대한 해석과 관련된다. 이에 대해 살펴보자.

로크의 소유권 이론은 두 핵심 주장에 기초한다. 첫 번째는 '자기소유권'에 대한 주장이다. 이에 따르면 자기 자신, 자신의 신체와 노동은 해당 개인의 소유다. 두 번째는 자연자원은 원래 "공동의 것"이나 여기에 노동이 투하될 경우, 또한 다른 사람들을 위해서도 이 대상이 충분한 경우, 자기소유권에 기초하여 이 대상에 대한 정당한 소유권이 성립한다는 주장이다.

좌파 자유지상주의자들은 첫 번째 주장은 수용한다. 그러나 두 번째 주장과 관련해서는 로크 및 전통적 자유지상주의자들과 차이점을 보인다. 로크에게 "공동의 것"으로서의 자연자원에 대한 모두의 권리는 빈민들이 '자선'을 요구할 수 있는 근거 정도로 해석된다. 로크 이후의 전통적 자유지상주의자들에게 이 권리는 자연자원이 그 누구의 소유도 아님을 의미한다(Casassas/Wispelaere, 2012: 171). 반면 좌파 자유지상주의자들은 노동이 첨가되지 않은 자연자원에 대한 모두의 권리를 공동소유로 해석한다. 따라서 모두에게 평등한 몫으로 돌려주어야 한다고 본다. 그런데 현실적으로 모든 자연자원을 모두에게 평등하게 분할하여 주는 것은 불가능하다. 따라서 이들은 자연자원의 사용자들에게 그 수수료 또는 "사용자-지대"(user-rent)를 징수하여 이를 모두에게 나눌 것을 제안한다(같은 글). 즉 사실상 기본소득을 제안한다. 나아가 타이드만은 자연자원은 모두가 평등하게 소유하는 재산이므로, 이에 대한 지대가 원리적으로 세계의 모든 사람들에게 동일하게 분배되어야 한다고 주장한다(Tideman/Vallentyne, 2013: 46).

이러한 좌파 자유지상주의의 관점에 입각할 때, 자유지상주의적 정의, 곧 소극적 자유의 평등한 보장을 위한 경제적 기초는 자연자원에 대한 모두의 평등한 공동소유권에서 파생되는 기본소득을 통해 확보된다. 그런데 이 경우 앞에서 살펴 본 전통적 자유지상주의자들에게서와 달리, '자유'가 기본소득의 근거로 제시되는 것이 아니라 자연자원에 대한 공동소유권이라는 분배정의가 기본소득의 근거가 된다. 즉 이 분배정의가 모두에게 평등한 '자유'를 보장하기 위한 경제적 기초가 된다. 주목할 것은 이를 통해 전통적 자유지상주의자들과는 달리 기본소득의 재원을 자유가 보장되는 체제의 유지를 위한 '비용'의 관점에 입각했을 때 생기는 문제들이 생기지 않는다는 점이다. 즉 경제적 보장 또는 기본소득의 양을 최소화하려는 경향이 초래되지 않게 된다. 무엇보다 평등한 자유의 보장, 곧 신자유주의적인 정의를 위한 '경제적 보장'이 '과세'라는 자유의 훼손을 통해 실현된다는 모순이 발생하지 않는다. 따라서 기본소득의 지속가능성과 안정성에도 큰 문제가 생기지 않는다.

결국 좌파 자유지상주의 이론에서 평등한 자유의 보장으로서의 정의는 자연자원에 대한 평등한 공동소유권이라는 분배정의에 기초하여 강화될 수 있다. 그럼에도 불구하고 좌파 자유지상주의적인 평등한 공동소유권과 이에 기초하는 기본소득은 다음과 같은 한계를 벗어나기 어렵다.

첫째, 자연자원이 인류 모두에게 평등하게 주어진 공동의 대상이라는 사실에서 자연자원에 대한 "공동소유권"을 직접적으로 도출하는 것은 논리적 비약이다. 이러한 도출에 대한 설득력 있는 근거를 제시하지 않는 한, 이 사실은 자연자원이 누구의 독점적 소유도 아님을 의미할 뿐이라는 전통적 자유지상주의자들의 비판을 좌파 자유지상주의자들이 방어하기 어렵다고 보인다.

둘째, '노동이 투하되지 않은 자연자원'의 외연과 그 가치의 측량이 쉽지 않다는 점이다. 예를 들어 토지의 경우, 좌파 자유지상주의자들에게 공동소유권이 인정되는 것은 개간되지 않은 토지다. 그렇지만 토지에 결부된 경제적 지대는 주로 그 입지, 곧 그 주변 환경이나 주변 토지의 부족 등에 의해 결정된다. 또 해당 토지에 건물이 들어선 경우, 그 건물에 의해서도 영향을 받는다(Van Parijs/Vanderborght, 2017: 120 이하). 이 모든 요소들을 사상하여 순수한 토지의 가치와 지대를 측정하는 것이 용이하지 않다. 또 측정하더라도 그 액수가 적을 것이다.

셋째, 좌파 자유지상주의자들은 콜이 강조한 '사회적 공동재산'에 대해서는 간과한다. 이 역시 이들이 제안할 기본소득의 액수가 작을 수밖에 없는 요인일 것이다.

2. 비지배 자유와 기본소득: 페팃의 신공화주의를 중심으로

비지배 자유로서의 자유는 페팃의 신공화주의가 대변한다.[24] 2000년대 이후 그는 비지배 자유에 기초하여 기본소득을 주장하게 된다. 그의 신공화주의와 비지배 자유 개념은 이후 라벤토스(D. Raventós), 카사사스(D. Casassas), 위스펠래레(J. De Wispelraere) 등의 기본소득론에 영향을 미치기도 한다. 이 절에서는 페팃의 이론을 중심으로 비지배 자유에 근거하여 기본소득을 주장하는 이론을 비판적으로 고찰한다.[25]

신공화주의와 전체론

1997년에 출간된 『공화주의』(*Republicanism*)에서 페팃은 자신의 정치사상과 "국가" 및 "시민사회"에 대한 이론(Pettit, 1997: 4)을, "공리"처럼 기능하는 특정한 핵심이념(같은 책: 11) 또는 "규범적 관념"(같은 책: 1)에서 도출하는 형태로 전개한다. 정책이란 정당성을 보여주는 한에서만 지지를 획득하며(같은 글), 정치는 이런저런 사상의 조류 속에서 규범적 언어로 구현되기 때문이라는 것이다(같은 책: 2). 이러한 그의 입장은 정치가 궁극적으로는 광범한 동의에 기초한다는 사실에 근거한다는 점에서 설득력을 갖는다.

---

24 페팃은 자신의 공화주의 사상을 "신공화주의"라고 부른다(Lovett, F./Pettit, P. 2009: 11 이하 참조). 그는 이를 때로 "시민공화주의"(civic republicanism)라고도 부른다. '시민'의 부가를 통해 그는 자신이 대변하는 공화주의를 다음과 같은 세 유형의 사상, 곧 헌정군주주의와 미국 공화당의 공화주의 및 공화주의적 사유의 공동체주의적 형태로부터 차별화하고자 한다(Martí/Pettit, 2010: 31).

25 페팃에 대한 아래의 서술은 권정임, 2016a, 「신공화주의 기본소득론의 비판과 변형」에 대한 수정·보완에 기초한다.

자신의 핵심이념의 선정기준과 관련하여, 페팃은 특정이념 자체의 매력과 이 이념에서 도출되는 이론들의 적용가능성과 타당성 등을 제시한다(같은 책: 11). 그렇지만 이 정도의 요청을 충족시킬 수 있는 규범적 관념은 많다. 페팃이 특정 규범을 자신의 핵심이념으로 채택하는 근거는 사실 보다 근본적인 차원, 곧 개인과 사회 간의 관계를 중심으로 전개되는 그의 "사회적 존재론"(Pettit, 1995: 117)과 관련된다. 이에 대해 살펴보자.

1995년의 『공동지성』(Common Mind)에서 전개되는 페팃의 사회적 존재론에서, 개인과 사회 간의 관계는 크게 두 가지로 요약된다. 첫 번째는 전체론이다. 테일러(Charles Taylor)의 영향 아래 그는 전체론을, 개인이 지닌 인간에 고유한 특성의 출현을 위해 다른 개인들과의 "상호의존"(같은 책: 166), "사회적 관계"(같은 책: 169), 결국 "사회"(같은 글)가 요청된다고 보는 관점으로 정의한다. 이때 그는 인간 고유의 특성으로 특히 사유에 주목한다. 예를 들어 그는 '삼각형' 같은 개념에 부합하는 사례의 '무한성' 등에 비해 개인적 지성(mind)이 갖는 고유한 한계, 곧 '유한성'과 '오류가능성' 같은 고유한 한계를 부각한다. 또한 이러한 한계가 타인들과의 상호의존을 통해 극복된다고 주장한다(같은 책: 8 이하). 그의 이러한 전체론을 보다 추상적으로 표현하자면, 이는 그가 인간을 그가 속한 사회 및 타인들과의 상호의존을 통해 형성되는 "사회적 존재"(social agents) (같은 책: 213)로 봄을 의미한다. 다른 한편 이는 특정 개인이나 사회현상을 연구할 때, 방법론적 개인주의와는 달리,[26] 관련되는 타인과 사회현상 및 사회관계 전체와의 연관 아래 연구하는 방법론으로도 표현될 수 있다.[27]

---

26 그는 자신의 전체론을 방법론적 개인주의 같은 "원자론"과 반대되는 것으로 본다(같은 책: 118).

27 일반적으로 '전체론'은 "대상을 그 구성요소와 그들 간의 관계 및 다른 대상들과의 관계를 통해 '전체적으로' 연구"(권정임, 2009: 41)하는 사유형태나 연구방법으로 정의할 수 있다. 이러한 연구방법이 성공적이라는 것은 연구대상 자체가 전체론적 연구에 적합하게 구성되어 있음을 의미한다. 이런 맥락에서 전체론은 존재론적인 함축을 갖는다. 페팃은 이 전체론을 '사회'에 적용한 것이라 할 수 있다.

이처럼 인간을 사회적 존재로 보면서도 그는 개인의 특성과 운명을 그가 속한 '사회' 또는 '전체'가 '결정'한다고 보지는 않는다. 이러한 견해를 "집단주의"(collectivism) (같은 책:118)로 비판하면서 그는 개인이 자율성, 특히 지향성(intentionality)과 관련된 특정한 자율성과 능동성을 향유한다고 본다. 또한 이러한 입장을 "개인주의"로 정의한다(같은 책: 120). 결국 그는 인간을 고유한 자율적·능동적인 역량을 통해 사회와 상호작용하면서 자신과 사회를 형성해 가는 존재로 본다. 그는 자신의 이러한 관점을 "전체론적 개인주의"(holistic individualism) (같은 책:118, 165)로 제시한다.[28]

그런데 이처럼 전체론, 또는 페팃이 제안하듯 개인의 자율적 역량을 강조하는 의미에서 전체론적 개인주의라는 관점에서 인간 또는 인간의 좋은 삶을 연구할 때, 다음과 같은 점들이 귀결된다.

첫째, 모든 개인은 자신의 자율적·능동적 역량을 최대한 발휘하면서 살아갈 수 있어야 한다. 따라서 이를 위한 최소한의 조건, 곧 각자가 원할 수 있는 대로 살아갈 자유가 보장되어야 한다.

둘째, 인간 삶의 자연적 기초까지 포괄할 때, 사회는 개인들과 그들 간의 사회관계, 자연 및 개인과 자연 간의 사회적 자연관계로 이루어진다. 이는 좋은 사회관계나 제도처럼 '개인적 차원의 좋음'의 조건 또는 그 계기가 되어 이를 극대화시키는 사회적 차원의 좋음이 있음을 의미한다. 나아가 이러한 사회적 차원의 좋음을 창출하고 재생산하기 위해, 사회적 차원의 전체론적인 필연성과 합리성(이하 사회적 필연성과 합리성)을 고려해야 함을 의미한다.

셋째, 개인에 대한 간섭이 사회적 필연성과 합리성에 따라 행해질 때, 이는 개인의 자유에 대한 부당한 침해가 아니다.

공화주의 전통에서 공동선(common good)이란 "특정한 개인(들)만"이 아니

---

28 앞으로 '전체론'은 주로 인문사회과학과 관련되는 연구방법론 또는 사회적 존재론을 의미한다. 나아가 개인의 자율성과 능동성을 전제한다는 점에서, 전체론적 개인주의와 사실상 동일시된다.

라 "공동체 구성원 전체"로서의 "인민"(김경희, 2009: 20)에게 좋은 것이다. 이를 따를 때, 공화주의적 관점에서 '인민'에게 좋은 것은 무엇보다 공동체 구성원 전체를 위해 좋은 사회관계와 제도라는 의미에서 사회 전체 차원에서 좋은 것을 포괄한다. 이런 맥락에서 전체론은 공화주의 정치사상에 함축되어 있는 전제의 하나다.[29] 자신의 정치사상의 기초로 페팃이 전체론적 개인주의를 명시적으로 전개한다는 점은, 그가 공화주의적 사유 전통을 계승하는 이유를 보여줌과 동시에 이 사유 전통을 보다 엄밀하게 발전시킴을 의미한다.[30] 이를 입증하듯, 위에서 논한 전체론의 귀결들은 사실 페팃 사상의 기초로 작동한다.

모든 개인이 자신의 자율적·능동적 역량을 발휘하면서 원할 수 있는 대로 살아갈 '자유'에 대한 요청은 페팃의 '개인주의'에 이미 함축되어 있다. 앞으로 보게 되듯, 그는 이를 위해 지배받지 않을 권리와 경제적 자립에 대한 권리 등을 요청한다. 그는 사회적 차원의 필연성과 합리성 역시 "자연적 역사적 필연성들"(Martí/Pettit, 2010: 58)이라는 형태로 인정하며,[31] "공동이익"을 비롯한 공동선의 추구를 국가의 의무로 요청한다(Pettit, 1997: 290). 나아가 사회적 합리성에 따른 개인에 대한 간섭을 '비지배 간섭' 또는 '비자의적 간섭'[32]으로 보면서 개인

---

29 샌들(Sandel)의 공화주의로의 입장전환으로 예시할 수 있듯이 오늘날 공화주의 사유전통이 부활하는 이유의 하나는, 방법론적 개인주의에 기초하는 자유주의, 특히 신자유주의에 대한 대안 모색과 무관해 보이지 않는다. 실제로 페팃은 '자유'와 '정부'에 대한 공화주의철학으로서의 자신의 시민공화주의가, 자유주의적 관점에 대한 대안임을 명시한다(Martí/Pettit, 2010: 31).

30 페팃은 자신이 공화주의에 대한 로마적 전통(Martí/Pettit, 2010: 40이하), 특히 17세기 후반에서 18세기에 영국과 미국에서 발전한 "공화파"(commonwealthmen) (Pettit, 1997: 5이하)를 비판적으로 계승한다고 밝히고 있다.

31 이 "자연적·역사적 필연성들"로 페팃은 우리가 변화하는 사회 속에 태어났다는 점, 우리의 세계는 사회 외부에서는 효율적으로 살아갈 수 있는 가능성이 없는 세계라는 점, 모든 사회에는 중앙집중적으로(centrally) 또한 강제적으로(coercively) 조직해야 하는 사안(business)이 있다는 점을 든다(Martí/Pettit, 2010: 58이하). 이는 그가 "자연적·역사적 필연성들"을 가장 추상적인 차원에서 서술한 것으로 해석된다.

32 페팃은 비자의적 간섭을 "공유되지 않은 이익이나 관념에 의해 인도될 수 있는 간섭이 아닌

의 자유에 대한 부당한 침해로 보지 않는다. 그런데 이 전체론의 귀결들을 압축적으로 내포하여 페팃의 신공화주의 사상이 도출되는 핵심이념은 '비지배 자유'다. 이에 대해 살펴보자.

비지배 자유

'비지배 자유'란 '자유'를 지배가 없는 상태, 곧 비지배(non-domination) 상태로 봄을 의미한다(같은 책: vii). 비지배 상태란 외부로부터의 자의적 간섭(arbitrary interference)이 없는 안전한 상태를 의미한다(같은 책: vii이하). 따라서 비지배 자유를 정확하게 이해하기 위해서는 '자의적 간섭'에 대한 이해가 필요하다.

페팃에게서 자의적 간섭이란 공동선 또는 "인민 공동의 이익과 이념을 존중"하는 "법"(같은 책: 36)을 위반하는 간섭이다. 이런 맥락에서 그는 비지배 자유를 "오직 적절한 법체제 아래에서만 존재"하는 "시민권"(같은 책: 36)으로 본다. 이에 따를 때, 적절한 법체제에 기초하는 비자의적 간섭은 자유를 침해하는 지배가 아니다.

나아가 페팃은 이 비지배 자유 개념이 서구의 자유개념을 대변하는 것으로 간주되어 왔던 두 자유 개념, 곧 '소극적 자유' 및 '적극적 자유'(같은 책: 18)와 근본적으로 다른 독자적인 자유개념임을 강조한다. 관대한 주인이 노예를 간섭하지 않는 경우나 국가가 합법적으로 간섭하는 경우가 각각 예시하듯 '간섭 없는 지배'와 '지배 없는 간섭'은 다르다는 것이다. 또한 비지배 자유가 주장하는 지배의 부재는 적극적 자유가 주장하는 자율이나 직접적인 정치참여와도 다르다는 것이다(같은 책: 22).[33]

것"(Pettit, 1997: 107)으로 정의한다.

33 '자유'에 대한 꽁스땅과 벌린의 견해에 대한 보다 구체적인 고찰을 위해서는, 곽노완, 2015b: 129이하 참조

나아가 그는 '비지배 자유'를 '소극적 자유'보다 우수하게 본다. '비지배 자유'의 관점을 따를 때, '자유'는 강자로부터의 법적인 안전을 사회적 차원에서 확보함으로써 달성되므로 약자가 자유롭기 위해 강자의 관대함이라는 "우연"에 의존할 필요가 없어지기 때문이다(같은 책: 24). 또한 지배를 제거하고 공동선을 극대화하여 모두의 개인적 좋음 또한 극대화하는 국가의 합법적 간섭이 승인되고 촉진되기 때문이다. 또한 그는 '비지배 자유'를 '적극적 자유'보다도 우수하게 본다. 직접적인 정치참여로서의 '적극적 자유'는 다수의 전제를 초래할 수 있다는 것이다(같은 책: 8). 다른 한편 개인적 자율성으로서의 '적극적 자유'에 대해서는 매력적이고 '비지배 자유'보다 풍부한 이상이지만, '비지배 자유'의 확보가 그 선결조건이라는 점에서 도외시한다(같은 책: 81). 동시에 그는 공화주의가 전통적으로 사실상 '비지배 자유'에 최상의 전통적 가치를 부여해 왔다고 주장한다(같은 책: 27 이하). 결국 '비지배 자유'가 나머지 두 자유개념보다 사상적으로나 현실적으로나 보다 오랜 역사와 전통 속에서 더 심대한 영향을 행사해 왔다는 것이다.

이러한 페팃의 자유관과 법치사상에서 주목해야 할 것은 페팃이 법치의 전제로 "적절한 법체제"(같은 책: 36)를 설정한다는 점이다. 나아가 법체제의 적절성의 기준으로 "인민의 공통된 이익과 이념"(같은 글)에 대한 존중, 곧 인민의 공동선에 대한 존중을 설정한다는 점이다. 왜냐하면 '적절한 법체제'에 대한 이러한 기준은, 그가 법체제를 사실상 공동선 또는 사회적 차원의 좋음을 창출하기 위한 사회적 필연성과 합리성을 구현하는 체제로 봄을 의미하기 때문이다. 결국 자의적 또는 비합법적인 간섭이 없는 상태로서의 '비지배 자유'는, 사회적 좋음이나 공동선을 위한 사회적 필연성/합리성과 개인의 자유를 통합하여 그의 전체론적 개인주의의 귀결들을 압축적으로 내포한다. 이를 통해 그는 한편에서는, "자유를" "시민권과 등가적인" "본래적으로 사회적인 것"이자 "자유를 향유하는 개인에게 심리적으로 안전한 상태와 지위를 줄 수 있는" "주관적인 가치"(같은 책: vii)로 정립하고자 한 자신의 의도를 실현한다. 다른 한편, 이를 통해 '비지배 자유'는 그의 신공화주의 정치사상이 전체론적 개인주의의 관점에 일관되게 전개되는 것을 주도하는 핵심범주로 기능하게 된다.

그런데 페팃의 정치사상을 보다 구체적으로 살펴보기 위해서는 그 출발범주, 곧 '비지배 자유'에 대해 좀 더 구체적으로 살펴볼 필요가 있다. 공화주의 사상의 발전으로서의 그의 신공화주의가 비지배 자유개념의 발전 역시 동반하기 때문이다. 나아가 적어도 논리적으로는 그가 달성한 비지배 자유개념의 발전이 그가 이룩한 사상발전의 출발점이기 때문이다.

페팃은 '비지배 자유'를 직접적으로는 두 측면에서 발전시킨다.

첫 번째는 '비지배 자유'를 향유하는 주체의 확장, 곧 보편다. 근대 이전의 공화주의자들에게 비지배 자유의 향유주체는 사실상 "소수의 남성 엘리트", 곧 "재산을 소유한" "주류 남성들"로서의 "시민"(같은 책: 48)으로 제한되어 있었다. 반면 페팃은 비지배 자유의 향유주체를 명시적으로 사회의 모든 성원으로 보편화한다.

두 번째는 '비지배 자유'의 개념적 심화다. 그는 '비지배 자유'의 "강도"와 "범위"를 구분하여 전자를 "자유를 박탈당하여"(unfree) 사실상 지배를 받는 상태와 관련짓는다. 후자는 자유를 박탈당하지는 않았지만 물적 수단의 결여로 인해 "자유를 향유하지 못하는"(non-free) 상태와 관련짓는다(같은 책: 273).[34] 또한 자유박탈요소의 감소를 '비지배 자유'의 강도증가로, 자유향유영역의 증대를 '비지배 자유'의 범위확장으로 정의한다. 나아가 '비지배 자유'의 범위확장에 비해 '비지배 자유'의 강도증가에 정책적인 우선성을 부여한다(같은 책: 106). '비지배 자유'의 강도가 동일한 경우에는 '비지배 자유'의 보다 넓은 범위가 선호된다(같은 글). "지배되지 않는 선택"이 보다 많이 제공되기 때문이다.[35]

---

34 페팃에 따르면 "비지배의 범위"는 "결과적으로 물질적 자원들"에 의존한다(Pettit, 1997: 113).

35 페팃에게는 지배가 일차적인 해악이다. 이에 비해 간섭을 포함하여 자유로운 선택의 범위와 용이함을 제한하는 모든 것은 이차적인 해악이다. 이런 맥락에서 그는 자신의 비지배 자유개념을

비지배 자유의 강도와 범위에 대한 이러한 구분을 따를 때, 비지배 자유는 강도가 강하고 범위가 넓을수록 극대화된다. 이런 맥락에서 비지배 자유개념의 강도/범위의 구분은 비지배 자유에 대한 페팃의 사유가 비지배 자유 극대화를 위한 정책제안으로 이어지는 기초가 된다. 비지배 자유의 강도/범위의 구분에 상응하여, 비지배 자유 극대화를 위해 그가 제안하는 정책 역시 두 가지다.

첫 번째는 "사람들이 지배로부터 동등하게 보호"(같은 책: 275)받음으로써 "동등한 강도를 지닌 비지배 자유"(같은 책: 117)를 향유하는 "구조적 평등"(같은 책: 119)의 추구다. 이를 통해 개인들이 갖는 권력이 평등하게 되어 '지배'가 최대한 억제되기 때문이다.[36]

두 번째는 비지배 자유의 범위를 넓히기 위해 그 '물질적 수단'을 증가시키고, "장애, 빈곤, 무지" 같은 "비지배 자유의 조건을 이루는 요소들의 영향은 줄임으로써" "인민들이 지배받지 않는 선택을 누릴 수 있는 범위와 용이성을 증가"(같은 책: 289)시키는 정책이다. 이런 맥락에서 페팃은 자신의 비지배 자유를 "효과적인 비지배 자유"(effective freedom as non-domination)로 특징짓는다. 또한 이런 정책을 동반하지 않는 공화주의의 전통적인 비지배 자유를 "형식적 비지배 자유"(formal freedom as non-domination)로 부르면서 자신의 '비지배 자유'와 차별화한다(같은 글). 또한 동일한 맥락에서 사유재산을 옹호한다. 사유재산의 운동은 국가의 비지배 간섭을 요청하나 물건의 판매/구매 등을 통해 지배받지 않는 선택범위를 증가시킴으로써 이를 보상하고도 남는다는 것이다(같은 책: 135). 그렇지만 이 두 번째 정책이 "물질적 평등주의"를 의미하지는 않는다. 그는 "물질적 평등주의"를 비지배 자유의 극대화와 관련하여 "본질적"이라고 보지 않는다(같은 책: 119). 물질적 불평등의 용인이 예를 들어 노동동기를 강화하여

"수직적으로 복잡한 개념"으로 제시한다(Pettit, 1997: 301).

36 "내가 구조적 평등주의를 옹호하는 주된 이유는 개인이 사회에서 향유하는 비지배 자유의 강도는 당사자의 권력들뿐만 아니라 타인이 가진 권력들의 함수이기 때문이다."(Pettit, 1997: 113).

사회 전체적으로 비지배 자유를 위한 물질적 수단과 비지배 자유의 증대를 초래할 수 있기 때문이다(같은 책: 118 참조).

페팃에게 이러한 비지배 자유는 기본적으로 "개인적 자유의 이상"(Pettit, 2012: 6)이다. 그런데 이는 개인들이 "사적이고 분산화된 수단들을 통해 만족스럽게 추구할 수 있는 것이 아니다"(Pettit, 1997: 92). 오히려 "국가"가 "효과적으로 추구"(같은 글)할 수 있다. 이런 맥락에서 비지배 자유는 "정치적 사회적 자유의 이상"(같은 책: 27)이다. 나아가 "국가가 증진시켜야 할 목적인 가치"(같은 책: 97)다.[37] 그가 '비지배 자유'라는 자신의 핵심이념에서 어떤 형태의 국가를 어떻게 도출하는지 살펴보자.

비지배 자유와 국가

페팃은 공화주의의 전통적 견해에서처럼 국가는 오직 "공동관심사"나 "공동이익"(Martí/Pettit, 2010: 61), 곧 "공동선"에 대해서만 봉사해야 한다고 본다(같은 책: 62). 나아가 공동선을 추구할 수 있는데 까지 추구하도록 강제되어야 한다고 본다(Pettit, 1997: 287). 먼저 공동선에 대한 그의 견해부터 살펴보자.

페팃은 공동선을 경제학적인 "비배제성"을 갖는 '좋음', 곧 그 누구도 혜택에서 배제되지 않는 '좋음'으로 정의한다. 일부를 위한 증진 없이 개인을 위한 증진이 있을 수 없는 경우는 "부분적 공동선"으로, 모두를 위한 증진 없이 개인

---

37 페팃은 비지배 자유를 국가가 추구해야 할 가치로 보는 이 입장이 근대 다원주의 국가정책이 취해야 할 '중립성'에 대한 요청, 곧 국가가 특정한 삶의 방식과 가치만을 좋은 것으로 여겨 이를 추구하지 않는 사람을 사실상 억압하지 말아야 한다는 요청을 위반하지 않는다고 본다. 코스가드(Korsgaard)의 주장에 연계하여 그는, 자신의 공화주의 국가는 시민의 자유에 의해 대표되는 '보편적인 좋음'만을 인정하는 국가를 추구함으로써 예의 '중립성'을 만족시킨다고 주장한다(Pettit, 1997: 96). '비지배 자유'는 "서로 다른 하위문화에 속한 사람들에게 헌신을 요구할 수 있는 중립적인 정치적 이상"(같은 책: 97)이라는 것이다.

의 증진이 있을 수 없는 경우는 "완전한 공동선"으로 정의한다(같은 책: 121). 특히 공동선의 일부라고 할 수 있는 "공동이익"을 그는, 연대와 협력에서 창출되어 집단적으로 제공되는 재화(같은 책: 287)로 규정한다. 이러한 재화에서 유래하는 이익의 분배로부터는 그 어떤 구성원도 배제되지 않아야 하므로, 이는 공동선에 대한 그의 정의를 충족한다.[38]

그런데 페팃은 비지배 자유 또한 비배제성을 갖는 공동선으로 본다. 모든 구성원들의 비지배 자유를 성취하지 않는 한 그들을 위한 완전한 비지배 자유를 성취할 수 없다는 것이다(같은 책: 259). 나아가 그는 비지배 자유가 국가의 목표와 형태를 설득력 있게 보여준다는 의미에서(같은 책: 129), 국가이론을 도출하는 기초로 작동하는 특별한 기능을 하는 공동선으로 본다. 비지배 자유가 공동선과 개인적 좋음 모두를 제대로 향유하기 위한 조건이라는 점에서, 그가 비지배 자유에 부여하는 이 특별한 의의와 기능은 설득력이 있다. 그가 이 자유개념에서 자신의 국가이론을 어떻게, 또한 어떤 형태로 도출하는지 살펴보자.

언급하였듯이 페팃은 국가의 목적을 무엇보다 비지배 자유의 증진으로 본다(같은 책: 80). 이 때 그는 지배를 정치적 또는 공적 지배(imperium)와 사적 지배(dominium)라는 두 형태로 분류한다. 그에 의하면 이 양 형태의 지배로부터 인민을 보호하는 것이 국가의 목적이다. 그는 이 국가의 목적으로부터 "국가형태"와 "정책 의제"를 도출한다(Martí/Pettit, 2010: 52). 즉 인민을 공적 지배로부터 보호하기 위해 "헌정민주주의"(constitutional democracy) (같은 책: 49)라는 "국가형태"(Pettit, 1997: 171)를 도출한다.[39] 또한 인민을 사적 지배로부터 보호하기 위해 사회민주주의적인 정책이라는 의제를 도출한다. 기본소득에 대한 그의 옹호는 특히 후자와 관련된다. 그의 사회민주주의 정책에 대해 살펴보자.

2010년에 출간되었으나 2004년경에 집필된 마르띠와의 공저, 『공적 삶에

---

38 어떤 구성원을 분배에서 배제한다면 그는 더 이상 연대하고 협력하지 않게 될 것이다. 이는 결국, 연대와 협력에서 창출된 부가 연대하고 협력한 사람들 사이에서 분배될 것을 강제할 것이다.

39 페팃의 헌정주의와 민주주의에 대한 상세한 고찰을 위해서는 권정임, 2016a: 22-29를 참조하라.

서의 정치철학』(A Political Philosophy in Public Life)에서 페팃이 제기하는 사회
민주주의의 핵심정책은, 1997년의『공화주의』에서도 등장하고 있다. 비지배 자
유의 증진을 위해 국가가 취해야 할 정책의 하나인 "개인적 자립"(personal inde-
pendence) 정책이 바로 그것이다. 이 개인적 자립정책이란 "구걸"이나 "자선"(같
은 책: 158)에 의지하지 않고도 사회에서 "정상적으로 그리고 적절하게" 살아가
기 위한 필수수단들을 갖는 것을 의미한다(같은 글). 따라서 이 정책은 사실상 개
인의 경제적 자립정책이다. 그가 이 정책의 근거로 비지배 자유의 "강도" 강화와
"범위" 증진을 제시(같은 책: 160)하는 것이 보여주듯, 이 정책은 '비지배 자유'에
대한 그의 심화된 견해의 직접적인 산물이다. 이 때 그는 지원의 구체적인 형태
와 수준에 대해서는 유보한다. 이에 대해 답하기 위해서는 철학적 고찰만이 아
니라 경험적 고찰도 중요하다는 것이다. 또한 공화주의적 이상이 직접 답할 문
제가 아니라는 것이다(같은 책: 160 이하). 동시에 그는 현금형태와 보편적 지급
모두 가능하다고 보면서(같은 글), 피지원자에 대한 지원기관의 지배를 막기 위
해 지원이 "권리의 형태"로 주어져야 함을 강조한다(같은 책: 162).

　　『공적 삶에서의 정치철학』에서 이 개인적 자립정책은 보다 발전적인 형태
로 전개된다. 여기서 페팃은 "가장 가난한 시민"도 "선택의 기초영역"(basic do-
main)[40]에서 "사적 권력"(Martí/Pettit, 2010: 53)으로부터 보호받는 국가를 사회민
주주의적인 국가로 본다. 또한 이러한 사회민주주의적인 국가의 네 가지 기본
과제로 비지배의 인프라구조 건립, 약자에 대한 권력부여, 일반적 차원에서 인
민에게 보호를 제공할 것 및 권력기관 규제를 제시한다. 특히 약자에 대한 권
력부여와 관련하여, 그는 약자가 적절한 "권리"와 "권력"만이 아니라 '지배'로부
터의 "탈출"이라는 "선택지" 또한 가져야 함을 부각한다(같은 책: 55이하). 또한 이
를 위해 예를 들어 약자가 직장을 그만두었을 때 지급되는 "합리적인 국가소

40　페팃의 "선택의 기초영역"이란 정상적인 인간생활을 영위하기 위해 필요한 영역을 의미한다
　　(Martí/Pettit, 2010: 35).

득"(reasonable state income)을 제안한다.[41] 이 선택지 또는 합리적인 국가소득의 구체적 형태에 대해서 그는 이 책에서도 유보적이다. 그럼에도 한 가지 주목할 것은 국가소득을 "재산심사 사회보장제도" 같은 조건부 형태에서만이 아니라 "기본소득"의 형태로 지급할 가능성에 대해서도 열어두고 있다는 점이다.[42]

비지배 자유와 기본소득

이후 페팃은 실제로 기본소득을 지지하기 시작한다. 지지의 근거는 비지배 자유의 보장이다. 즉 그는 "지배에 대항할 권력"의 물적·경제적 기초로, 모든 개인에게 '개별적', '무조건적', '보편적'으로 주어지는 "충분한 소득", 곧 기본소득을 제안한다(Pettit, 2007: 28). 비지배 자유를 달성하기 위해서는 생계를 위해 고용주만이 아니라 복지행정을 관할하는 정부기관이나 관료 등에게도 구걸하지 않고서도 '지배자'를 떠날 수 있어야 한다는 것이다(같은 글: 28 이하). 따라서 선별과정을 동반하는 조건부 복지가 아니라 '무조건적'이고 '개별적'인 현물/현금소득, 곧 기본소득이 보장되어야 한다는 것이다. 이 때 기본소득이 또한 '보편적'으로 주어져야만 기본소득을 폐기하자는 압박 등을 덜 받게 되어, 지배에 대한 더 군건한 방어물이 된다는 것이다(같은 글: 29). 나아가 그는 비지배 자유라는 공동선을 위한 합리적인 고려에서 요청되는 기본소득이 "국민투표"나 "의회투표"같은 절차적인 정당성을 거쳐 채택되고 실시된다면, 이는 "지배"가 아니라 "통제된 간섭"이라고 본다(같은 글).

　기본소득에 대한 페팃의 이러한 지지는, 자신이 이전에 제기했던 개인의

41　이러한 국가소득이 있을 때 노동자는 직장 내 지배로부터 더 잘 보호될 것이라는 것이다 (Martí/Pettit, 2010: 56).

42　기본소득을 고려하는 이 부분에서 그는 다음 절에서 살피게 될 라벤토스(Raventós) 및 그의 2007년 저작을 명시적으로 언급하고 있다(Martí/Pettit, 2010: 56).

경제적 자립을 위한 여러 가능한 정책들 중에서 기본소득을 최선의 정책으로 선택함을 의미한다.

신공화주의 기본소득론의 의의와 한계

결국 페팃은 전체론적 관점 아래 자유 개념을 자유지상주의보다 더 깊이 있게 전개한다. 이를 통해 자유의 보장을 위해 기본소득이 필요하다는 사실 또한 보다 구체적이고 설득력 있게 보여준다.

살펴보았듯이 페팃은 비지배 자유개념의 심화에 기초하여 비지배 자유의 물적·경제적 기초에 대한 문제를 제기한다. 또한 이를 통해 그는 비지배 자유에 대한 사유를 경제적 영역으로 확장한다. 그런데 하이에크 역시 '자유'를 경제와 연관하여 사유한다. 그렇기 때문에 그는 '경제적 보장'을 '진정한 자유의 필수불가결한 조건'으로 본다. 그렇지만 페팃은 자신의 전체론적 관점에 기초하여 하이에크가 보지 못하는 것에 대한 문제를 제기한다. 즉 그는 전체론적 관점에 걸맞게 사람들이 지배로부터 동등하게 보호받는 '구조적 평등'에 대한 문제를 제기한다. 이어서 이 '구조적 평등'을 비지배 자유 극대화를 위해 필수적인 것으로 고찰한다. 또한 이 '구조적 평등'을 통해 비지배 자유의 물적·경제적 기초에 대한 문제를 권력의 문제와 연계한다. 나아가 권력의 문제를 "권력을 발생시키는 자원의 불평등"(Pettit, 1997: 70) 문제와 연관하여 연구함으로써, '비지배 자유'를 지배와 결합되어 구조화된 경제적 불평등에 연계하여 체계적으로 연구할 수 있는 단서를 제공한다. 이 측면에서 그는 전통적으로 주로 '정치'와 관련되어 전개되어 왔던 공화주의[43]에 대한 논의를 사실상 '사회경제'로 확장한다.[44]

43　김경희와 김동규에 따르면 "공화주의 정신의 중심에는 정치성이 놓여 있다"(김경희/김동규, 2006: 12).

44　이런 측면에서 페팃의 신공화주의는 네그리/하트가 비판하는 "소유공화주의", 곧 부르주아혁명

그렇지만 페팃은 무엇보다 기본소득의 재원에 대한 논의를 전개하지 않는 다는 점에서 한계를 보인다. 그 또한 즈윌린스키 같은 자유지상주의와 유사하 게 자유, 물론 비지배 자유의 보장을 근거로 기본소득을 요청하지만, 이 요청만 으로 분배정의 관점에서 올바른 기본소득의 재원이 마련되지는 않는다. 그에게 서도 분배정의 관점에서 올바른 기본소득의 재원 문제는 공백으로 남는다. 나 아가 자유에 대한 요청 또한 분배정의 관점에서 올바른 재원과 통합되어 제시 되지 못한다. 결국 그에게서도 자유는 분배정의 관점에서 기본소득의 근거가 되지 못한다.

이후 페팃은 '공화주의적 사회경제'에 대한 보다 구체적인 언급을 하기도 한다. 곽준혁과의 대담에서 페팃은 '비지배 자유'에 따른 시장활동에 대한 적절 한 규제와 적절한 영역에서의 공유의 도입을 동시에 주장한다(곽준혁, 2010: 57이 하). 또한 '시민경제'(civic economy)를 주장하는 공화주의자 대거(Richard Dag-ger)의 주장에 "넓은 의미에서 공감"하며, 자신과 대거는 "세부적인 것들에서 차 이가 있을 뿐"(같은 책: 58)이라고 주장한다.

대거는 샌들(Sandel)의 공화주의적 정치경제, 곧 시민들의 자기통치에 기 여하는 정치경제학을 지지한다(Dagger, 2006: 301). 이를 위해 노동자들이 경영 자를 견제하여 경영상 의사결정의 자의성을 제약하는 "작업장 공화주의"(같은 책: 303), 상속세, 누진적 소비세, 빈곤극복정책 등을 제시한다(같은 책: 303-305). 이 글의 주제와 관련하여 특별히 주목할 것은 두 가지다. 첫 번째는 대거가 롤 스(Rawls)를 따라 미드(James Meade)의 "재산소유 민주주의"(Property-Owning Democracy)(Meade, 1964: 41), 곧 "모든 시민의 재산을 거의 평등하게 하"(권정임, 2015: 23)는 정책을 지지한다는 것이다. 그는 이 정책이 개인의 자기보호수단으

이후 지배적이 된 공화주의의 한 형태로, "소유의 지배와 사유재산권의 신성불가침에 기반한, 따라서 재산 없는 사람들을 배제하거나 종속시키는 공화주의"(Negri/Hardt, 2009: 38)의 한계 를 넘어서고 있다.

로서 '사적 소유'에 가치를 두면서도 '평등'을 중시하는 공화주의에 충실하다고 본다(Dagger, 같은 책: 297이하). 두 번째는 시민들이 정부에 의존하지 않으면서 정치적 평등성을 확보하고 자기통치를 가능하게 하기 위해, 빈곤극복정책의 일환으로 기본소득정책이나 목돈을 한꺼번에 주는 기본자본급여(basic-capital grant) 내지 기본재산(basic endowment) 정책을 그가 제안한다는 점이다. 그렇지만 그는 무조건적인 형태로서가 아니라, 구직 노력 같은 "시민경제"에 대한 "헌신"이라는 조건부 형태로 제안한다(같은 책: 309). 이때 이러한 조건부 기본소득론은 모순적이다. 이를 통해 그가 "시민적·정치적 권리의 무조건성"과 "그 물질적 조건의 조건성"(안효상, 2014: 198)을 동시에 주장하고 있기 때문이다. 나아가 보다 근본적으로 그 역시 페팃과 마찬가지로 기본소득이나 기본재산의 재원, 분배정의 관점에서 정의로운 재원에 대해 언급하지 않는다는 한계에서 벗어나지 못하고 있다.

3. 존재권 또는 인권과 기본소득: 라벤토스를 중심으로[45]

앞 절에서 논의했듯이 페팃에게 '비지배 자유'는 공동선을 위해 요청되는 사회적 필연성/합리성과 통합된 개념이다. 이로 인해 그에게 자유는 "자유를 향유하는 개인에게 심리적으로 안전한 상태와 지위를 줄 수 있는" "주관적인 가치"(같은 책: vii) 이상의 것이다. 그에게 자유는 "시민권과 등가적인" "본래적으로 사회적인 것"이기도 하다.

---

45   이 부분은 권정임, 2016a, 「신공화주의 기본소득론의 비판과 변형」 32-37의 내용을 수정·보완하였다.

이처럼 자유를 시민권 또는 인권의 하나로 보는 것은 페팃에게만 고유한 것은 아니다. 이는 사실 근대 이후 본격적으로 전개되기 시작한 헌정주의, 특히 헌정 자유주의에서 유래한다. 국가의 부당한 간섭으로부터 개인을 보호하기 위해 개인의 기본권이 헌법에 명시된 것이다. 이를 통해 이전에 '자연법'과 '자연권'을 통해 정당화되던 '자유'가 헌법이 보장하는 기본권이 된 것이다.[46]

페팃은 '자유'를 '비지배 자유'로 구체화하고 이를 시민권 또는 인권으로 제시함으로써, 자유를 시민권 또는 인권으로 심화·확장할 수 있는 계기를 제공한다. 그런데 이러한 심화·확장은 그 자신이 아니라 라벤토스가 수행한다. 2007년에 발간된 『기본소득. 자유의 물질적 조건』(Basic Income. The Material Condition of Freedom)을 비롯한 그의 글을 중심으로 이에 대해 살펴보자.[47] 기본소득론을 지지하는 2007년의 글에서 페팃은 라벤토스의 이 저작에 대해, 자신이 기본소득을 지지하는 입장으로 전향한 2007년 글을 집필한 후에서야 알게 되었으며 "기본소득에 대한 마음이 맞는 공화주의적 사례"로 평가한다(Pettit, 2007: 30).

라벤토스 역시 공화주의적 자유를 '비지배 자유'로 본다. 이런 측면에서 그는 페팃의 영향을 보여준다. 그러나 그는 '비지배 자유'와 그 경제적·물적 기초 간의 연관성을 패팃보다 근본적으로 개념화한다. 그는 이 작업을 공화주의 사유전통의 재구성에 연계하여 제시한다. 그에 따르면 공화주의 사유전통은 크게 두 가지로 구분된다.

첫 번째는 "평민적-민주적" 전통(Raventós, 2007: 48)이다. 공화주의적 자유, 곧 비지배 자유를 보편화하고자 열망하여 다수 빈민들 역시 시민과 정부의 구성성원으로 포괄하고자 하는 전통이다(같은 글). 페리클레스, 프로타고라스, 데

---

46 이에 대한 상세한 고찰을 위해서는 이국운, 2010: 126 이하, 권정임/강남훈, 2019: 17 이하를 참조하라.

47 라벤토스는 2016년 현재 기본소득스페인네트워크의 대표이자 바르셀로나대학 경제학과 교수다.

모크리토스 그리고 근대의 로베스피에르 등을 그 대표자로 본다.

두 번째는 "반민주적 또는 과두제적" 전통(같은 글)이다. 부유한 재산소유자들의 자유만을 인정한다. 이 견해에 따를 때 공동체 성원은 "능동적 시민"과 "수동적 시민"으로 나누어진다(같은 책: 72). 부자들은 능동적 시민으로 "권력"을 "독점"한다. 빈민들은 수동적 시민으로 "시민적·정치적 삶"으로부터 "배제"된다(같은 책: 48). 아리스토텔레스, 키케로 등을 그 대표자로 본다.

그런데 라벤토스에 따르면 이 두 전통은 사실상 자유를 같은 방식으로 사유한다(같은 책: 61). 즉 '자유'와 '재산'의 연계를 본질적이고 근본적인 것으로 본다(Domènech/Raventós, 2007: 1).[48] 이에 연계하여 라벤토스는 재산 및 거기서 유래하는 물질적·경제적 독립을 자유의 기초로 명시한다(Raventós, 2007: 68 이하). 또한 자유에 대한 평민적-민주적 견해의 관점에서 자유 및 자유의 기초, 곧 경제적 독립의 보편화를 주장한다. 이런 맥락에서 그의 자유개념은 '경제적 독립에 기초한 보편적 권리로서의 비지배 자유'로 제시될 수 있다. 이러한 그의 자유개념은 사실 페팃의 '비지배 자유'에, 로베스피에르의 "가장 중요한 권리"로서의 "생존권"(Laventós, 2007: 61) 또는 "존재권"(Domènech/Laventós, 2007: 4)[49]을 통합한 것이다. 나아가 2015년의 글에서 그는 이 생존권으로서의 기본소득을 "모두의 가장 기본적 인권, 즉 물질적 생존이라는 인권"(Raventós/Wark, 2015: 8)으로 명시적으로 선언한다. 이러한 작업을 통해 라벤토스는 '자유'와 '경제'와의

48　이와 관련하여 라벤토스는 '지배', 곧 *domination*의 어원인 고대라틴어 *dominium*에 대한 제도적 차원의 의미를 분석한다. 이에 따르면 *dominium*은 노예를 포함한 재산 및 이 재산을 자유롭게 사용할 능력을 의미한다(Domènech/Ravenós, 2007: 3).

49　로베스피에르는 프랑스 혁명기 프랑스의 정체(polity)를 부자와 빈민의 분할로 특징지었다(Ravenós, 2007: 57). 또한 자유파괴를 비롯한 모든 악의 근원을 거대한 경제적 불평등으로 보았다(같은 책: 59). 이러한 현실 진단 아래 그는 사회의 기본적인 목적을 양도불가능한 인권의 유지로, 또한 가장 중요한 권리로 생존권을 제시하였다. 이로부터 그는 모든 성원에게 생존수단을 보장하는 것을 사회의 첫 번째 법으로 도출하였다. 그에 따를 때 재산은 오직 이 법을 공고하게 하기 위해 제도화되고 보장되어야 한다(같은 책: 60이하).

연관이 본질적임을 페팃보다 근본적으로 개념화하여 보여준다.

라벤토스가 기본소득을 주장하는 근거 역시 페팃처럼 '자유'다. 그런데 그에게서 '자유'는 그 경제적 기초 및 '생존권'과 통합되어 있다. 이에 걸맞게 그는 자유를 위해 "재산의 보편화"(Raventós, 2007: 69)를 주장한다. 그러나 그는 동시에 "토지나 재산의 공유"(sharing out)에 대해 현재 누구도 진지하게 생각하지 않는다는 이유로, 재산의 보편화를 실제로는 "물질적 존재(existence)의 보장"으로 제시한다. 그는 기본소득을 바로 이 물질적 존재의 보장을 위해 주장한다. 이 때 그는 누진세를 통해 사실상 상위 20%의 부자에게서 기본소득의 재원을 마련하고자 한다(Raventós/Wark, 2016: 44). 그에 따르면 이러한 방식의 재원조달을 통해 기본소득제는 "시장의 변화"를 초래한다는 의미에서 "빈곤퇴치 방책 이상의 것"(같은 책: 45)이 된다. 즉 그는 "시장을 형성하는 데 핵심적인 요소"이자 "고도로 정치적인 방책"으로 기본소득제를 설계하여, "오늘날의 자본주의와는 매우 다른 자본주의"를 견인하고자 한다(같은 글).

이러한 라벤토스의 기본소득론은 기본소득을 생존권이라는 경제적 권리이자 인권으로 명시한다는 점만이 아니라, 기본소득의 재원정책을 제시한다는 점에서도 페팃의 기본소득론보다 한 걸음 더 나아간 것이라고 할 수 있다. 그렇지만 그의 이론은 동시에 다음과 같은 한계를 보인다.

첫째, 그는 인권으로서의 생존권이 반드시 기본소득의 형태로 보장되어야 할 필요성을 보이지 못한다. 사실 생존권은 기본소득이 아닌 다른 형태로도 보장될 수 있다. 예를 들어 재산조사와 노동의지를 조건으로 하는 조건부 최소소득 보장제도를 통해서도 보장될 수 있다. 이런 측면에서 그는 판 빠레이스와 판 더보가 기본소득을 인권개념에 기초하여 정당화하려는 시도에 대해 가했던 비판을 피할 수 없다. 즉 "소득에 대한 무조건적 권리"를 "무조건적 소득에 대한 권리"와 혼동하고 있다는 비판을 피할 수 없다. 또한 생존권을 보장해야 한다는 원칙에서 "무조건적인 현금지급"이 필연적으로 도출되지도 않는다(Van Parijs/Vanderborght, 2017: 304 이하).

둘째, 그는 기본소득의 재원이 어째서 상위 20%의 부자에게 부가되는 누진세를 통해 조달되어야 하는지에 대해 제대로 설명해 주지 않는다. 이런 측면에서 비지배 자유 및 비지배 자유의 조건으로서 비지배 자유에 통합된 생존권에 근거하여 전개되는 그의 기본소득론은 분배정의 관점에서 정의로운 재원에 대한 논의와 결합하여 전개되고 있지 않다. 자유 또는 비지배 자유에 기초하여 가장 기본적인 인권으로서 생존권을 도출하고 이를 요청할 수는 있다. 그렇지만 그 재원이 분배정의 관점에서 정당화되지 않는다면, 생존권에 대한 요청은 말 그대로 '요청'의 차원에만 머무를 것이다. 물론 다른 임의적인 방식으로, 예를 들어 기부나 라벤토스가 제시했듯이 상위 20%의 부자를 상대로 한 누진과세를 통해 생존권 보장을 위한 재원이 마련될 수도 있다. 그러나 이 재원들이 분배정의 관점에서 정의롭지 않다면, 이는 자선에 호소하는 것이거나 부정의한 것이다. 이러한 유형의 재원에 기초하는 생존권의 보장은 정의의 원칙에도 어긋날 뿐만 아니라 지속가능하지도 않을 것이다.

지금까지 이 장에서 '자유'를 근거로 기본소득을 주장하는 이론들에 대해 비판적으로 살펴보았다. 이를 통해 소극적 자유를 옹호하는 자유지상주의에서조차 "진정한 자유의 필수불가결한 조건"으로 "경제적 보장"을 주장한다는 사실을 보였다. 페팃이 잘 보여주듯이, 기본소득은 자유를 위해 필요한 이러한 경제적 보장의 가장 매력적·이상적인 형태다. 모두에게 '개별적', '무조건적', '보편적으로' 주어지기 때문이다. '자유'가 근대 이후 헌법이 보장하는 '기본권'임을 고려할 때, 라벤토스처럼 보다 발전되고 심화된 자유개념에 기초하여 기본소득을 생존권이라는 인권의 한 유형으로 정립하고자 시도하는 것도 가능할 것이다.

그러나 '자유'가 아무리 중요한 가치라고 해도, 또한 기본소득이 자유를 실질적으로 보장하기 위해 아무리 중요하다고 해도, 자유 또는 자유에 기여한다는 것이 분배정의 관점에서 기본소득을 정당하게 하는 근거는 아니다. 기본소득이 소득의 한 유형이기 때문이다. 따라서 분배정의 관점에서 모두에게 분배되는 것이 올바른 재원으로 지급되는 기본소득만이 정의롭기 때문이다. 기본소득에 대한 권리를 인권이나 시민권으로 정립하여 정치 공동체가 이를 승인할 수도 있다. 이 경우 그 공동체의 성원은 시민이라는 이유만으로 기본소득을 지급받기 위한 자격을 갖게 된다. 그럼에도 불구하고 이 '자격' 또는 '권리'가 분배정의 관점에서 모두에게 지급되는 것이 올바른 재원과 통합되어 요청되지 않는다면, 이는 제대로 실현될 수 없을 것이다. 다양한 조세 또는 재분배 정책을 통해 재원을 조달하여 기본소득이 실현되더라도, 그 정당성에 대한 문제가 언제나 제기될 수 있기 때문이다.

결국 자유나 인권 또는 시민권은 분배정의 관점에서 볼 때, 기본소득의 근거라고 할 수 없다. 그러나 자유나 인권/시민권의 강화를 요청하는 정치적인 관점으로 제한하여 고찰한다면, 이 가치들 또한 기본소득의 근거라고 할 수 있을 것이다. 기본소득이 자유와 인권/시민권의 강화와 발전에도 큰 기여를 할 것으로 보이기 때문이다.

그런데 기본소득을 분배정의 관점에서 정당화하면서도 진정한 자유를 위해 기본소득을 요청하는 학자들이 있다. 다음 장에서는 미드와 판 빠레이스를 중심으로 이러한 시도에 대해 비판적으로 살펴보자. 앞에서 말했듯이 이들은 오늘날의 기본소득론의 발전에 지대한 영향을 미친 대표적인 두 학자다. 이 역시 다음 장이 이 두 사람에 대한 논의를 중심으로 전개되는 이유다. 이 두 사람은 기본소득론을 전개하면서 '효율성' 또한 중요하게 본다. 이들의 기본소득론에서 중요한 가치는 평등과 자유 및 효율성이다.

• • • •

제3장
기본소득과 평등, 자유, 효율성

1. 미드(J. E. Meade)의 공유기반 재산소유 민주주의와 기본소득[50]

아가쏘토피아(Agathotopia) : 공동선과 개인적 좋음이 선순환하는 사회

미드는 노벨경제학상을 수상한 영국의 케인즈 좌파 경제학자다. 경제학자로서
의 그의 직접적인 관심은 무엇보다 완전고용과 보다 평등한 분배정책의 수립이
었다. 기본소득에 대한 그의 연구 또한 이러한 관심에 의해 촉발되었다.

그런데 미드의 이러한 경제학적 연구는 동시에 '좋은 사회'란 어떤 사회인
가라는 보다 근본적인 관심에 의해 추진되는 것이기도 하였다. 이때 그는 자신
이 추구하는 좋은 사회를 유토피아와 차별화한다. 유토피아가 "완전한" 사람들
이 생산한 "완전한 제도"로 이루어진 사회라면, 자신이 추구하는 좋은 사회는

---

50 이 부분은 권정임, 2015 「공유사회와 기본소득-미드의 아가토토피아 기획에 대한 비판과 변
    형」의 수정·보완에 기초한다.

"완전하지 못한 사람들이" 생산한 "좋은 제도"로 이루어진 "살기 좋은 곳", 곧 "아가쏘토피아"(Meade, 1989: 1)라는 것이다.

미드의 아가쏘토피아의 설계에 깔려 있는 기본적인 문제의식의 하나는 오래된 사회·정치철학적 문제의식의 하나, 곧 어떻게 공동선과 개인적 좋음 간의 상충을 해결하여 양자 간의 이상적 관계를 창출할 것인가라는 문제의식이다. 이는 아가쏘토피아와 관련된 자신의 기존 저작들을 부분적으로 수정·보완하면서 단행본으로 편찬한 『자유, 평등 및 효율성』(*Liberty, Equality and Efficiency*)(Meade, 1993)의 「서문」에서 명시된다. 이에 따르면 '상충'을 비롯한 공동선과 개인적 좋음 간의 관계문제를 해결하지 않은 채 좋은 사회에 대해 논하는 것은, 다음과 같은 "비현실적인"(unrealistic) 가정에 기초하는 것이다.

> "첫째, 시민들이 시장에서는 이기적으로 행동함에도 불구하고, 민주주의적인
> 투표함에는 투표자들의 특수한 이득의 만족보다는 공동선을 추구하는 정부
> 를 위해 투표한다.
> 둘째, 정부기관의 성원들이 공동선을 진작하기 위해 실현가능한 수단을 추구
> 함에 있어, 헌신적이고, 현명하며, 청렴하다.
> 셋째, 개별 시민들 모두가 법을 준수하며, 정부당국이 설정한 제약이 엄수되
> 는 시장에서 행동한다"(Meade, 1993a: 14).

이처럼 그는 '개인적 좋음'의 합계로 환원되지 않는 '공동선'의 달성을 사회적 과제의 하나로 설정함으로써, 자신의 기획이 방법론적인 개인주의 및 이에 기초하는 전통적인 자유지상주의/자유주의에 기초하지 않는다는 점을 보여준다. 이는 공동선과 개인적 좋음 간의 상충에 대한 그의 해결방식을 통해 한층 뚜렷해진다. 그가 이 문제의 해결을 위해, "정부"와 "시민"이 오직 "철학자 왕들"과 "법을 준수하는 시민들"(같은 글)로만 구성될 것을 요청하지 않기 때문이다. 즉 개인들에 대해 완벽한 도덕성을 요청하는 방식을 취하지 않기 때문이다.

이 문제에 대한 그의 해결방식은 양자 간의 상충을 예방하면서 양자의 선순환을 가능하게 하는 사회경제관계 또는 제도의 창출이다. 이는 그의 기획이 전체론에 기초함을 의미한다.

세 가지 기본경제목표: 자유, 평등 또는 분배공정성, 효율성

그런데 이러한 제도에 대한 경제학자로서의 미드의 모색은 세 가지 "기본경제목표"의 실현을 중심으로 전개된다. 그가 제시하는 이 세 가지 기본경제목표는 직업선택의 자유를 비롯한 욕구충족을 위한 선택의 자유로서의 "자유", "평등"(같은 책: 1) 또는 "분배 공정성"(같은 책: 13) 및 "효율성"이다. 이때 효율성은 기술적으로 가능한 최고의 평균생활수준을 낳는 방식으로 자원들을 사용하는 것을 의미한다(같은 책: 1).

이 세 가지 경제목표 중 '자유'와 '효율성'을 위한 최선의 제도로 미드는 두 가지, 즉 "자유기업"(free-enterprise)(Meade, 1991a: 191)과 "자유로운 시장기구"(Meade, 1993a: 14)를 제시한다. 자유기업은 이윤극대화를 위한 의사결정을 자유롭게 하면서 위험을 감수하는 기업가들이 있는 기업을 의미한다. 그는 자유기업이 효율적 생산에 대한 높은 유인(incentives)을 제공한다고 본다(Meade, 1991a: 191 이하). 자유로운 시장기구는 독점과 부당한 간섭이 없는 완전경쟁의 '이상적 시장기구'를 의미한다. 그는 이상적 시장을 통한 완전경쟁이 자유기업의 효율적 생산에 대한 동기를 강화한다고 본다. 나아가 그는 경쟁이 소비자가 가장 높은 가치를 부여하는 재화의 생산으로, 또한 가장 풍부하고 값싼 생산요소들을 사용하는 생산방법으로 자원을 유도한다는 점에서 "사회적 이득"을 창출한다는 사실을 부각한다(같은 글: 192). 이처럼 자유기업 간의 완전경쟁으로 구성되는 이상적 시장에 기초한 효율성의 증대와 "사회적 이득"을 부각함으로써, 그는 개인과 기업 및 사회의 이득 간의 선순환을 위한 기제의 하나로 '이상적 시장기구'를 제시한다. 물론 이는 그가 이 지점에서 '이상적 시장기구'를 모든 개인들의 이득의 극대화, 따라서 사회이득의 극대화로 이끄는 효율적인 조절기구로 보는 자유주의 경제사상을 계승함을 의미한다.

그러나 그는 동시에 "자유방임정책"만으로는 "자원을 완전히 효율적으로 사용"(Meade, 1964: 22)할 수 없다고 하면서, 전통적인 자유방임주의 경제사상과는 단절한다(같은 글, Meade, 1991a: 206). 또한 자유기업에 의한 경영과 이들 간의 완전경쟁이 고유의 목적을 달성하기에 부적합한 경우들이 있다는 사실도 인정한다(Meade, 1993a: 12). 자유기업과 시장기구가 부적합 또는 불충분하거나 자원의 효율적 사용을 이끌 수 없는 경우는 다음과 같다.

첫째, "철도"산업처럼 시장상황으로 인해 '독점'경영이 더 합리적인 경우(Meade, 1991a: 206).
둘째, 외부경제 및 외부부경제가 발생하는 경우(같은 글).
셋째, 방위나 경찰 같은 공적 서비스 영역(Meade, 1989: 32).
넷째, "분배"(Meade, 1991a: 207).

이 중 특히 분배와 관련하여 그는 무엇보다 임금율의 두 기능, 곧 분배도구로서의 기능과 가장 효율적인 생산을 위한 수단으로서의 기능 및 두 기능 간의 상충(clash) 가능성에 대해 주목한다(Meade, 1993a: 1 이하). 생산기술의 발전으로 인해 노동의 평균생산성은 높아지는 반면 노동의 한계생산성은 감소해 감에 따라, 후자에 의해 결정되는 효율적 임금율, 곧 가장 효율적인 생산을 위한 임금율이 채택될 경우 노동의 평균생산물의 점점 더 많은 부분이 생산수단의 소유자에게 귀속되기 때문이다(Meade, 1964: 32). 곧 "참을 수 없는"(Meade, 1993a: 1) 빈부격차가 발생하기 때문이다. 나아가 생산의 자동화 경향과 더불어 노동소득은 점점 감소하는 반면 재산소득(income for property)은 점점 증가함으로써(같은 책: 41), 이러한 경향이 더욱 가속화되기 때문이다. 이런 맥락에서 임금율의 두 기능

간의 상충문제는, 사실 '효율성'과 '분배 공정성'이라는 그의 두 경제적 목표 간의 상충이라는 보다 근본적인 문제를 제시한다.

　이 네 영역들에서의 효율성을 극대화하는 동시에 각각의 고유의 목적을 달성하여 "자유경제의 최선의 형태"(Meade, 1991a: 193)를 창출하기 위해, 미드는 '사회주의적 요소들'을 적극적으로 도입할 것을 제안한다. 앞의 첫 번째와 두 번째 경우를 위해, 그는 생산수단은 국가가 소유하지만 운영은 시장원리에 따르는 시장사회주의(같은 글)적인 독점기업형태를 제안한다(같은 책: 194). 세 번째 영역을 위해서는 서비스나 재화가 중앙계획에 따라 생산·분배되는 "지령 사회주의"(command socialism)의 요소를 도입할 것을 제안한다. 나아가 사기업 간의 합병이나 최고가격 설정 또는 오염물질의 양적 제한과 같이 사회 전체에 지대한 영향을 미치는 경우에는, 사기업들에 대해 "사회주의적으로" "간섭"할 것을 제안한다(같은 책: 195). 마지막으로 네 번째 영역, 곧 '분배'를 위해서, 그는 대략 실업률 2-3%(Meade, 1995: 51)의 "완전고용이라는 조건 아래 생계에 충분한 소득 보장을 포함하는 사회보장(Social Security)"(Meade, 1991a: 193) 정책을 수용하고자 한다. 결론적으로 미드의 "자유경제의 최선의 형태"는, 경쟁이 가능한 곳에서는 시장에서의 자유로운 가격결정이 중앙계획보다 더 효율적인 생산방식(Meade, 1990b: 85)이라는 전제 아래, "소득과 부의 보다 평등주의적인 분배와 보다 확실한 사회보장 및 보다 완전한 고용을 위해, 다소간 사회주의적인 기구를 경쟁적인 자유기업들로 이루어지는 시장에 대한 신뢰와 결합"(Meade, 1991a: 196)하는 형태다.[51]

　사회주의와 자본주의의 "가장 좋은 특징들"의 "결합"(Meade, 1990b: 85), 또는 '계획'과 '시장'의 통합에 대한 이러한 전제 아래 미드의 기획은 무엇보다, 상충하는 그의 두 경제적 목표, 곧 '효율성'과 '분배 공정성' 간의 모순에 대한 해

51　이런 맥락에서 사회주의자 추이즈위안은 미드의 기획을 "자유사회주의"로 특징짓기도 한다(추이즈위안, 2014: 5, 15).

결을 중심으로 전개된다. 이는 다시, 노동절약적 기술발전에 의해 심화되는 효율성과 완전고용 간의 모순을 해결하는 동시에,[52] 노동자를 포함한 모든 개인의 생계에 충분한 소득을 보장하는 정책에 대한 모색으로 구체화된다. 그는 이를 위해 새로운 기업형태 및 그 조건이 되는 새로운 형태의 거시경제, 곧 '파트너 경제'(Partnership Economy)를 제시한다. 그의 새로운 기업형태부터 시작하여 '파트너 경제'를 개괄해 보자.

새로운 기업형태: 노동/자본 파트너 기업

미드가 제시하는 새로운 기업형태, 곧 노동/자본 파트너 기업(Labor-Capital Partnership Enterprise)(이하 '파트너 기업')은 효율성 증대와 완전고용 간의 상충을 해체하고 두 목표 모두를 달성하기 위해 구상된 기업차원의 개혁모형이다. 미드는 다음 소절에서 다루게 될 거시경제적인 지원, 특히 기본소득 같은 분배차원의 지원이 이루어진다는 전제 아래 파트너 기업에 대한 논의를 전개한다. 파트너 기업이 기존의 자본주의기업[53]보다 효율적인 생산방식이 되는 이유부터 살

---

52 『자유, 평등 및 효율성』「서문」에서 서술하고 있듯이(Meade, 1993a: 1 이하), 2차 대전 이후 자본주의 국가에서 채택하였던 케인즈주의 정책은 완전고용과 임금상승을 유도하여, 발전된 자본주의국가의 난제의 하나인 총수요의 부족문제를 해결한다. 그러나 노동자의 교섭력 강화와 타이트해진 노동시장을 배경으로 점차 극심한 인플레이션과 이윤율 하락을 초래한다(안현효, 2010: 254 이하). 이는 심화되는 실업난과 빈부격차라는 대가를 치루면서, 80년대 이후 선진자본주의국가를 비롯한 자본주의국가 정책이 신자유주의로 전환하는 계기가 된다. 이런 배경 아래 케인즈좌파 경제학자로서의 미드의 주된 관심은 "극심한 인플레이션이 없고, 소득분배의 불평등이 없는 완전고용을 달성"(같은 책: 256)하는 것이다.

53 미드는 자본주의적 기업의 한 형태인 노동자들이 생산수단을 소유하고 경영자를 고용하는 노동자 기업(Labour-Managed Corporatives)의 파트너 기업으로의 전환 또한 간략하게 다루고 있다(Meade, 1989: 3 이하). 그러나 자본가가 생산수단을 소유하는 형태가 현재까지의 자본주의적 기업의 전형이라는 전제 아래, 노동자 기업에 대한 논의는 이 글에서 사상한다.

펴보자.

파트너 기업이 보다 효율적인 생산방식인 이유는 무엇보다, 자본가와 노동자 간의 관계를 파트너관계로 전환하고 이에 기초하여 보다 효율적인 "생산적 협업"(Meade, 1989 보완판: 133)[54]을 창출하기 때문이다. 이는 순수익(net revenue)[55]을 분배하는 방식의 전환에 의해 그 경제적 기초가 마련된다. 기존의 자본주의기업에서처럼 노동자와 자본가에게 각각 정액임금과 이윤/이자/지대[56]를 주는 대신, 파트너 기업에서는 노동지분증서(Lobour Share Certificates)와 자본지분증서(Capital Share Certificates)를 발행하여 이에 대한 배당을 지급한다. 자본지분증서는 자유로운 판매와 양도가 가능하며 배당권리를 무한한 미래에까지 보장받는다. 반면 노동지분증서는 노동자가 은퇴하거나 자발적으로 퇴직할 때 기업에 반환(cancel)된다. 퇴직 사유가 심각한 부정행위 등과 같은 특수한 경우가 아니라면, 비자발적으로 퇴직할 때는 노동지분증이 반환되지 않는다. 따라서 노동자는 보통 은퇴 전까지 고용되거나 최소한 소득의 적절한 몫을 보장받게 된다(Meade, 1989: 19).[57]

---

54 미드의 '1989 보완판'이란, 1993년의 『자유, 평등 및 효율성』에 실린, 1989년에 집필된 『아가쏘토피아: 파트너 경제』(*Agathotopia: The Economics of Partnership*)의 수정보완판을 지칭한다.

55 기업의 총수익이 총매상고라면, 순수익은 총매상고에서 생산수단에 든 비용을 차감한 부가가치, 곧 임금, 이윤, 지대, 이자 등의 합이다. 이런 맥락에서 파트너 기업은 "부가가치를 공유하는 기업"(강남훈, 2015: 147)이다.

56 미드는 여기서 자본가의 소득으로 특정기업의 주식을 보유한 자본가만이 아니라 그 기업에 자본과 토지를 대부한 금융자본과 지주의 소득까지 종합적으로 다루고 있다.

57 현 복지국가의 연금제도는 여전히 유지된다(Meade, 1989: 14 이하). 순수익의 일부가 생산의 확장 등을 위해 투자된 경우에는, 투자금에 상응하는 새로운 자본지분이 발행되어 현존하는 노동/자본지분보유자에게 분배된다(Meade, 1990b: 85). 다른 한편 이 글에서 소개하는 파트너 기업형태는 노동자/자본가의 모든 보수가 지분에 대한 배당으로 구성되는 순수한 형태다. 미드는 부분적으로 정액임금이나 정율이자 등과 결합된 변형된 형태의 파트너 기업에 대해서도 언급하지만, 그의 주 논의대상은 아니다(Meade, 1989: 4 이하).

노동지분증서건 자본지분증서건 각 증서는 기업의 순수익에 대해 동일한 비율의 배당을 받을 권리를 보장한다. 전체 증서가 노동지분증서와 자본지분증서로 분할되는 비율은 파트너 기업으로 전환되기 전의 비율을 따른다. 노동자와 자본가가 개별적으로 받게 되는 지분의 양 역시 기존 소득에 비례한다(같은 책: 3 이하).[58]

이런 맥락에서 파트너 기업은, 미드 자신이 부각하듯, "노동과 자본 간의 소득 분배"를 "근본적으로 개선하지 않는다"(같은 책: 27). 또한 이 분배문제의 해결을 의도하지도 않는다(Meade, 1989 보완판: 133). 파트너 기업으로의 전환을 통해 미드가 목표하는 것은 무엇보다, 노동자와 자본가 간의 관계를 파트너관계로 전환하여 보다 효율적인 "생산적 협업"을 창출하는 것이다. 파트너 기업에서 순수익, 곧 "분배가능한 잉여"(Meade, 1989: 5)가 노동자와 자본가가 각자의 지분에 따라 나누는 공동의 부라는 사실은, 이 목표의 달성을 위해 효과적으로 보인다. 이 공유부를 매개로 이들의 관계가 공동의 이해관계를 갖는 파트너관계로 전환됨을 의미하기 때문이다.[59] 그 결과, 미드가 부각하듯, 이들 간의 갈등의 기본요인이 제거되고 생산동기와 협업동기가 강화되어(같은 책: 6)[60], 보다 효율적

---

58 이런 맥락에서 미드는 파트너 기업에서의 분배에 역사적·우연적 요소가 있음을 인정한다. 또한 이로 인해 순수익의 분배와 관련하여 노동자와 자본가가 갈등할 수 있음을 인정한다. 그러나 기업이 성공적일 경우, 노동지분증서와 자본지분증서를 통해 최소한 각각 통상적인 수준의 임금과 이윤/이자/지대를 충족시키는 배당을 확보해야 하므로, 이해갈등은 순수익 중 이를 초과하는 "순이윤"(pure profit)이 획득될 전망에 제한되어 전개되리라는 이유로 그는 이 문제를 심각하게 여기지 않는다(Meade, 1989: 12).

59 이와 관련하여 미드는 기업의 "분배가능한 잉여"에 대한 배당을 청구하는 자는 누구나 그 효과에 있어서 "위험을 감수하는"(risk-bearing) "기업가"(Meade, 1989: 5)라고 본다.

60 이는 현존자원의 이용만이 아니라 고용규모와 자본설비투자규모에 대한 결정에 대해서도 마찬가지다. 이 때의 "일반원칙"은 새로운 투자계획을 위한 비용보다 이를 통해 귀결되는 추가적인 순수익이 커서 모든 현존 지분보유자들에게 이득이 될 때 이 계획이 채택된다는 것이다(같은 책: 6).

인 새로운 형태의 생산적 협업이 창출될 수 있기 때문이다.

노동자/자본가 관계의 파트너관계로의 전환 및 이에 기초한 보다 효율적인 생산적 협업의 창출은 파트너 기업의 의사결정구조에 의해 더욱 강화된다. 파트너 기업에서 각 지분증서는 또한 동일한 투표권을 보장한다.[61] 이는 노동자 역시 자본가와 대등한 의사결정권을 갖고 경영에 참여함을 의미한다. 이에 따라 노동자 역시 주주총회에 의사결정권자로서 참석한다. 기업의 이사진 또한 노동지분보유자들과 자본지분보유자들이 각각 선출한 동수의 대표들로 구성된다. 이 이사진들이 양측의 중재자로서 동수득표 시 결정권(casting vote)을 갖는 의장(chairman)을 선출[62]하는 동시에 대표이사(general manager)를 지명한다. 기업의 일상적 업무는 대표이사의 책임 아래 처리되고, 주요 정책에 대한 의사결정은 양 측 이사진의 동의를 통해 이루어진다. 파트너 기업에서는 노동자/자본가 간의 주 갈등요인이 해체되어 경영이 상대적으로 단순해진다. 그럼에도 발생되는 갈등은 양측 대표들의 동의를 통해 해결된다. 논쟁이 발생할 경우에는 동의된 중재형태에 회부된다(이상 같은 책: 5).

지금까지 파트너 기업에서 순수익을 자본가와 노동자가 각자의 지분에 따라 분배받는 '공유부'로 전환하고 노동자/자본가 간의 합의에 기초하는 경영방식을 도입하여 그들 간의 관계를 파트너관계로 전환한다는 사실에 대해 살펴보았다. 또한 이를 통해 보다 효율적인 "생산적 협업"을 창출한다는 것에 대해 살펴보았다. 한 가지 주목할 것은 이 때 이 보다 효율적인 "생산적 협업"의 결과로 공유부 자체, 따라서 각 파트너에게 분배되는 소득 또한 증대한다는 것이다. 나

---

61 이 경우 물론 더 많은 지분증서를 갖는 자는 더 많은 투표권을 갖는다. 이 때 더 많이 참가하거나 투자하며 경륜이 더 많은 자가 더 많은 의결권을 갖는 것은, 특정 목적, 특히 영리를 목적으로 조직된 이익단체에서는 어느 정도 불가피하다.

62 『아가쏘토피아』(*Agathotopia*) 보다 1년 후인 1990년에 집필된 「아가쏘토피아인들을 통해 제3의 길을 배울 수 있는가?」(*Can We Learn a 'Third Way' from the Agathotopians?*)에서 미드는 중립성을 위해 의장이 기업 외부인이어야 함을 명시한다(Meade, 1990b: 98).

아가 이러한 개별소득의 증대가 노동 측과 자본 측 모두의 생산동기와 투자의
욕 및 "생산적 협업"의 강화를 통해 다시 공유부의 증대로 이어진다는 것이다.
이런 맥락에서 파트너 기업이 보다 효율적인 생산방식인 첫 번째 이유는, 순수
익을 공유부로 전환하여 기업내부에서 개인이득과 전체이득 간의 선순환관계
를 창출하는 것으로 요약된다.

이러한 선순환은 한편에서는 기존노동자를 대상으로 하는 성과에 따른
"승진"과 이에 따른 "보수"(pay)의 인상에 의해 보완·강화된다(같은 책: 19). 이를
통해 근면하고 능력있는 노동자의 "이직"을 차단(같은 글)하고 그의 노동동기 또
한 강화하여, 공유부 또한 증가하기 때문이다. 또한 이는 다시 해당노동자 만이
아니라 전체 파트너의 소득상승과 노동동기 강화로 이어지기 때문이다.

다른 한편 이러한 선순환은 파트너 기업의 신규노동자채용정책에 의해 강
화된다. 파트너 기업의 신규채용원칙은 "차별"(discrimination), 곧 신규노동자에
게 동일한 노동을 하는 기존노동자보다 적은 보수를 지급하는 것이다. 이런 맥
락에서 "동일노동에 대한 동일보수"원칙은 파트너 기업에서는 폐기된다(같은 책
: 7 이하).[63] 얼핏 불평등하고 불합리해 보이는 이 정책은 다음의 두 이유로, 우선
파트너 기업 내부에서 개인이득과 전체이득의 선순환을 강화한다.

첫째, 신규노동자에게 차별적으로 지급되고 남는 보수는 공유부로 전환되
어 기존파트너 모두의 소득을 증대시킨다.

둘째, 신규노동자에게도 생산성이 파트너 기업보다 낮은 기존의 자본주의
기업에 취업하여 보다 적은 보수를 받는 경우나 정상적인 취업에 실패하여 비
정규직이나 실업자인 경우에 비해 이득이다. 뿐만 아니라 신규노동자로서 받는
상대적으로 적은 보수는, 다음에 채용되는 신규노동자의 차별적 보수에 의해

---

63 차별의 원칙은 형식적으로는 동일노동에 대한 동일보수의 원리를 준수하면서 관철될 수도 있
     다. 신규노동자가 파트너 기업의 성원이 되는 권리를 구매하게 하는 것이 그것이다(Meade,
     1989: 8 이하).

보완된다.

나아가 이 정책은 개인이득과 파트너 기업 전체이득 간의 선순환차원을 넘어, 개인이득과 파트너 기업의 이득 및 사회전체의 이득 간의 선순환을 창출한다. 차별원칙의 적용에 의해 신규채용이 생산의 효율성과 기존파트너의 이득을 증대시키는 요인이 됨에 따라, 고용과 생산이 확장되기 때문이다. 이는 한편에서는 사회성원 전체의 생활수준을 향상시킨다. 다른 한편에서는 완전고용을 가능하게 하여 인력의 낭비를 막는다. 다시 말해서 '효율성' 증진과 '완전고용' 간의 상충을 해결한다.[64] 결국 미드의 파트너 기업모형은 차별원칙에 따르는 고용정책을 통해 파트너 기업의 효율성을 더욱 강화한다. 뿐만 아니라 이 고용정책을 통해 효율적 임금율 또는 효율성과 완전고용 간의 모순을 해결한다.[65]

지금까지 살펴 본 파트너 기업의 장점들, 특히 보다 높은 효율성과 노동보수유연화를 통한 자본 측의 위험감소 및 종신재직이 보장되는 취업의 용이함[66] 등은, 미드가 기존의 자본주의기업에서 파트너 기업으로의 자발적인 전환을 낙

---

64 이에 연계하여 미드는 파트너 기업이 도입하는 종신재직권의 보장이, 파트너 기업이 효율성과 관련하여 갖는 상대적 우월성을 침해하지 않음을 부각한다. 파트너 기업에서는 창출하는 순수익이 그 보수보다 적은 노동자라 할지라도 자발적으로 퇴직하는 경우가 아니라면, 노동조건 등에 대한 재계약을 조건으로 정년까지 재직권을 보장한다. 이 때 종신재직보장에서 오는 손실과 순수익이 감소할 때의 노동지분에 대한 보다 적은 배당금의 합이, 불경기 때도 정액임금을 지불해야 하는 자본주의기업의 손실보다는 적다는 것이다(Meade, 1989: 22).

65 파트너 기업에서의 차별원칙에 따르는 고용정책은 미드가 완전고용을 달성하기 위해 제시하는 정책의 핵심이다. 그에 의하면 창업을 통한 고용창출정책은 기존 기업의 고용확장정책에 비해 비용이 너무 많이 드는 정책이다. 또한 신규노동자의 보수를 떨어뜨리지 않은 채 고용을 확장할 경우, 이는 결국 더 이상의 신규채용이 없을 정도로 기존 노동자/자본가의 소득을 떨어뜨리게 된다(Meade, 1989: 8). 같은 맥락에서 그는 "최저임금제"를, 실업을 초래하는 "노동조합중심주의적 국가"(the trade union state)의 분배정책으로 비판한다(Meade, 1964: 38).

66 미드는 정액임금제 아래에서는 자신들이 해고되리라고 판단하는, 노동생산성이 가장 낮은 노동자들이 지분형태의 보수를 선호할 것이라 예측한다. 그리고 이러한 선호가 축차적으로 전체 노동자들에게 파급되어 파트너 기업으로의 전환에 대한 광범한 동의가 이루어지리라고 낙관한다(Meade, 1989: 25 이하).

관하는 요소다. 물론 그는 동시에 법인세 면세 등과 같은(Meade, 1989: 41) "조세우대" 정책을 통해 이 자발적 이행을 촉진하고자 한다(같은 책: 32).

그런데 파트너 기업에서는 노동자 또한 자본가와 마찬가지로, 영업상황이 좋지 않거나 손실을 볼 경우의 위험을 감수해야 한다. 분산투자를 통해 위험 또한 분산하는 자본가에 비해, 노동자는 더 큰 위험을 감수해야 한다(같은 책: 24 이하). 나아가 파트너 기업은 노동자와 자본가 간의 소득분배에 대한 "기본적 개선"을 초래하지 않는다. 이런 맥락에서 파트너 기업으로의 전환은 효율성 증대와 완전고용 간의 모순을 해결하지만, 미드의 기본경제목표의 하나인 '공정한 분배'의 달성을 위해서는 불충분하다. 이 두 문제, 곧 '공정한 분배'와 파트너 기업에 대한 광범한 동의의 확산을 위한 전제인 노동자의 '위험감수' 감소는 그에게서 거시경제 차원에서의 분배정책을 통해 해결된다. 이를 중심으로 그의 '파트너 경제'에 대해 살펴보자.

거시분배정책: 재산소유 민주주의, 복지국가정책, 사회배당

미드가 명시적으로 제시하는 파트너 경제의 거시분배정책은 다음 세 가지다.

첫 번째는 모든 시민의 재산(property)을 거의 평등하게 하여 "평균적인 시민"이 "평균적인 자본가"이자 "평균적인 노동자"가 되는(같은 책: 28), "재산소유 민주주의"(Property-Owning Democracy) (Meade, 1964: 41)다.[67] 이 정책을 통해 그는 무엇보다 노동절약적 기술발전과 자동화로 인해 노동소득보다 재산소득이 급격히 증가하는 상황[68]에서 초래되는 분배문제를 해결하고자 한다(같은 글:

---

67 이처럼 모든 자본가가 동시에 노동자가 된다는 것은 파트너 경제와 아가쏘토피아에서 이 양대 계급이 사실상 해체됨을 의미한다. 이런 맥락에서 파트너 경제에서는 총노동자와 총자본가 간의 분배가 아니라 개인 간의 소득분배가 문제된다(Meade, 1989: 28). 나아가 '자본(가)'이나 '노동자'는 경제에서의 '기능'을 표현하는 범주에 불과해진다(같은 글 참조).

68 이는 최근 피케티의 방대한 경험연구를 통해 실증적으로 입증되었다(Piketty, 2013).

41). 즉 모든 시민들이 평등한 재산을 소유하고 이를 분산투자하여 평등한 재산소득을 올릴 수 있도록 하고자 한다. 또한 이를 통해 총생산물의 점점 많은 부분이 노동보다 자본에 귀속되는 상황으로 인해 초래되는 소득불평등을 방지하고자 한다(Meade, 1989: 29). 동시에 그는 실질적으로 모든 노동자가 자본가가 되는 이 정책을 통해, 노동자의 위험감수 부담을 경감(같은 책: 30)시키고자 한다. 아울러 파트너 기업 내부에서의 협업 역시 촉진하고자 한다(같은 책: 29).

이러한 재산평등화를 위한 정책으로 그는 한편에서는 상속이나 증여에 대한 고율과세를 제안한다(같은 책: 34 이하). 다른 한편 가난한 사람들의 저축에 대해 면세하고자 한다. 면세수준 이상의 부를 소유한 사람들의 저축에 대해서는, 상속 등과 같은 재산의 증여 이전에는, 단지 저율의 과세만을 제안한다. 이는 이들이 자신들의 저축을 생산을 위한 기금으로 사용할 수 있게 하기 위해서다(같은 글).[69]

두 번째 분배정책은 "복지국가정책"(the Welfare State Method)(Meade, 1993: 8, 10)이다. 국가가 모든 시민들에게 교육/의료 같은 특정 사회적 서비스를 평등하게 제공하거나, 부자들에게서 걷는 누진세의 특정형태에 기초하여 현금소득을 직접 지급하는 정책이다(Meade, 1989: 29). 곧 현물 및 현금기본소득정책이다.[70] 미드는 모두에게 무조건적으로 지급되는 이 두 번째 분배정책을 통해, 소득재분배 효과와 노동자의 위험감수 경감효과(같은 책: 30) 및 복지행정을 간소화하는 효과(같은 책: 36)[71]를 창출하고자 한다.

그런데 미드는 기본소득제가 엄청난 재정을 필요로 한다는 사실을 잘 안

---

69 미드는 1964년 저작에서 누진적 소득세(최고구간은 60% 또는 그 이상도 가능), 교육정책, 저소득층의 출산을 억제하고 고소득층의 출산을 장려하는 인구정책 등도 제안한다(Meade, 1964: 50-60).

70 미드는 기본소득을 "시민소득"(Citizens's Income)으로도 부른다(Meade, 1993b: 8). 그는 뒤에 살펴 볼 "사회배당"(Social Dividend)과 시민소득을 동일시하기도 한다(같은 글).

71 이는 무엇보다 선별적 복지체제에서의 선별성 심사를 위한 행정비용의 절감을 의미한다(같은 글).

다. 뿐만 아니라 기본소득이 재정적으로 이러한 누진세에만 기초할 경우, 기본소득의 지속이 불가능하다고 본다. 과도한 조세부담에서 오는 노동동기의 감소가 효율성과 생산의 감소를 초래한다고 보기 때문이다. 즉 기본소득을 통한 '소득평등화'와 노동자의 '위험감수 감소'가 '효율성'과 상충하는 배반관계(trade-off)에 있다고 보기 때문이다(같은 책: 31).[72] 따라서 그는 기본소득을 제외한 모든 소득원천으로 기본소득제를 위한 "과세대상"(tax base)을 확장하여, 주택 등을 비롯한 부동산의 귀속지대까지 포괄하고자 한다(Meade, 1990a: 201). 나아가 평화정책을 통해 축소된 군비 및 이후에 살펴보게 될 생태세수 역시 기본소득제를 위한 재원으로 삼고자 한다(같은 글).[73]

그런데 이 엄청난 '비용'과 '배반관계' 문제 해결의 가장 획기적인 방안은 미드의 세 번째 분배정책, 곧 "재산의 사회적 소유정책"(the Social Ownership of Property Method)(Meade, 1993a: 8)이다. 이 정책에 따르면 사회의 "총생산적 부"(Meade, 1990b: 94) 또는 "총자본 기금"(같은 책: 95)[74]의 대략 50%를 "국가"가 "소유"(Meade, 1989: 38)하게 된다. 이 국가 소유 기금은 "투자전문회사"(unit trust)(같은 책: 39)나 국가가(Meade, 1993a: 12) 관리하여 고수익을 내는 기업에 투자한다. 투자 수익은 모든 국민들에게 "사회배당"(Social Dividend)(Meade, 1989:

---

72 미드는 1989년에는 기본소득의 이상적 수준을 "버젓한(decent) 생활수준"(Meade, 1989: 29)을 가능하게 하는 수준으로 설정한다. 그렇지만 1년 후 그는 이상적인 기본소득의 수준을 "많은 사람들이 이런 종류의 게으름으로 유혹당하지 않는 것을 보장할 정도로 충분히 낮은 기본적 수준"(Meade, 1990b: 91)으로 수정한다. 이는 그가 기본소득제가 노동동기의 하락을 야기하리라는 비판을 의식한 결과로 보인다. 이 충분히 낮은 기본적 수준이 정확히 어떤 수준인지는 명확하지 않다. 그러나 1989년 저작에서의 '버젓한' 수준보다는 낮은 수준일 것으로 추측된다. 물론 그는 이 보다 낮은 수준의 기본소득제의 실현을 위해서도 조세저항과 노동동기감소 등을 비롯한 동일한 난관을 극복해야 한다고 본다.

73 이외에도 비싼 광고에 대한 과세, 파트너 기업에게는 면세되는 기업 법인세 등을 들고 있다(Meade, (89: 41).

74 표현상의 편의를 위해 앞으로 미드의 '총자본기금'은 '총자본'으로 대체한다.

40)으로 분배된다.[75] 이 때 국가 또는 정부는 자신의 지분을 통해 간접적으로 소유하는 기업의 경영에 참여하지 않는다.[76] 즉 "경영권을 행사하지 않"는다(강남훈, 2015: 149). 이는 무엇보다 앞에서 언급한 예외적인 경우를 제외할 때, '자유기업' 및 이들 간의 완전경쟁이 이루어지는 이상적 시장기구가 생산을 위해 가장 효율적인 기제라는 그의 믿음에 연유한다. 따라서 사회배당 역시 가장 크게 할 기제라는 그의 믿음에 연유한다.

사회배당으로 지급되는 총자본의 약 50%에 달하는 주식배당금, 기본소득의 실시를 위한 비용의 상당히 많은 부분을 충당할 수 있을 것이다. 나아가 기본소득의 이 부분은 과세에 기초하지 않기 때문에 노동동기를 떨어뜨리는 효과가 크지 않다(Meade, 1990a: 203). 따라서 이 세 번째 분배정책은 기본소득과 관련되는 비용문제와 배반관계문제를 크게 완화할 수 있다. 결국 사회배당은 미드가 복지국가정책의 하나로 제시했던 기본소득의 주요 재원이라고 할 수 있다. 미드는 사회배당 정책을 통해 재산소유 민주주의정책과 마찬가지로, 재산소득의 평등화 또한 이룩하고자 한다(Meade, 1989: 29).

이러한 국유화를 위한 재원 마련을 위해 미드는 "국가자산관리위원회"(National Asset Commission)(Meade, 1990a: 203) 같은 전문기구를 창설하여, 국가 빚의 점진적 상환과 국가순자산의 축적을 관리하게 하고자 한다. 또한 이

75　미드는 자본의 사회화 정책에 대한 반발로 사적 자본이 자가용주택이나 소규모 농장 같은 비상장재산으로 몰릴 것 등을 우려한다. 따라서 그는 비상장재산의 구매자들에게 구매가격의 10%에 달하는 보조금을 지급하고 이후 새로 추가되는 재산에 대해서는 감세해 주는 대신 그 가치의 10%를 공유화하여, 비상장재산에 대한 사회의 수익소유권도 설정하고자 한다(Meade, 1989: 40).

76　기존의 국유화방식, 특히 2차 대전 이후의 철도산업 등에 대한 영국의 국유화방식, 곧 채권을 발행하여 기업의 소유자-관리자가 된 대가로 기업의 수익을 채권의 이자로 지불하는 방식(추이즈위안, 2014: 36)과는 반대로 충분히 마련한 재원으로 "주식의 수익소유권"(the Beneficial Ownership)을 국유화 또는 사회화한다는 점에서, 미드는 자신의 '재산의 사회적 소유정책'을 "국유화 뒤집기"(Topsy Turvy Nationalization)(Meade, 1990a: 202)라고도 부른다.

목표를 달성하기 위해 사적 저축이 불충분한 경우에는 사적인 소비를 억제하는 조세정책을, 그 반대 경우에는 사적인 저축이나 부의 보유에 대한 과세정책을 제안한다(Meade, 1989: 44). 이외에 그는 사적으로 운영될 때 보다 많은 이윤을 낼 수 있는 국유기업을 민간에 판매한 수익금도 제안한다(Meade, 1990a: 203).

미드는 이 세 가지 거시분배정책을 통해, 파트너 기업과 관련하여 제기된 두 문제, 곧 '공정한 분배' 및 파트너 기업에 대한 광범한 동의의 확산을 위한 전제인 노동자의 '위험감수'를 거의 해결할 수 있다고 본다. 그는 여기에 명목 GDP의 성장률을 연 5%로 제한하는 정책을 추가하여(Meade, 1989: 33), 인플레이션 없는 완전고용을 창출하고자 한다. 결국 미드는 노동자와 자본가의 자유로운 협력에 기초하는 보다 효율적인 기업형태, 곧 파트너 기업의 광범한 확산 및 이를 지원하는 거시정책을 통해, 자신의 '기본경제목표', 곧 '자유', '분배 공정성' 또는 '평등'과 '효율성'을 완전고용을 창출하면서 달성하고자 한다.

생태기본소득

그런데 이 때 주목하여야 할 것은, 미드의 '효율성' 부각이 생태적 한계를 넘는 경제의 양적 팽창을 옹호하는 경제성장지상주의를 함축하지 않는다는 점이다. 이는 무엇보다 그가 '경제'의 생태적 한계를 준수하고자 한다는 사실이 입증한다. 그에 의하면 자연"환경"은 "공동의 국가자산"(Common National Asset)(Meade, 1991a: 234)이다. 따라서 국가는 자연환경 사용의 생태적 한계를 지키기 위한 "최적 세금의 형태"로 그 사용에 대해 "지대"를 부가하여, 여기서 파생되는 수익을 기본소득의 지급을 위해 사용할 수 있다. 모두가 이 공동자산에서 유래하는 "수익의 소유자"(beneficial owner)이기 때문이다(같은 책: 242). 자연"환경"이 사실상 모든 자연자원을 포괄한다고 가정할 때, 미드는 공동자산인 자연자원의 사용과 그 수익에 대해 모두에게 평등한 1/n의 권리를 부여하고 있다고 할 수 있다.

결국 미드는 생태주의자로, 비록 불충분하지만 생태기본소득을 제안하고 있다.[77] 이런 맥락에서 그가 부각하는 효율성의 상승은, 무엇보다 노동시간을 줄이고 자유로운 시간을 늘리기 위한 것이다. 그가 자신의 마지막 저작에서 "미래의 기본적 경제문제"가 "점증하는" "재화와 서비스"의 "생산"이 아니라 "분배"와 관련될 것이며, "완전고용"이 점점 더 "더 많은 여가의 향유"를 동반하는 "파트타임 노동"이 되어갈 것으로 예측한다는 사실은 이를 입증한다(Meade, 1995: 8).[78] 결론적으로 미드가 생각하는 '살기 좋은 곳', 곧 아가쏘토피아는 자유롭고 평등하고 효율적인 동시에 생태친화적인 공동체다.

아가쏘토피아와 공유

지금까지 특히 '평등한 분배'와 '효율성'의 달성문제 및 이들 간의 모순극복문제를 중심으로 미드의 아가쏘토피아 기획에 대해 살펴보았다. 이 문제들에 대한 미드의 해결책은, 개인이득과 기업이득 및 사회전체의 이득 간의 선순환의 창출로 요약될 수 있다. 이 선순환은 그에게서 이중적으로 형성된다.

한편으로 그는 기업차원에서 순수익을 각자의 지분에 따라 분배되는 공유부로 전환함과 아울러 '성과소득원칙'과 신규채용이 모두에게 이득이 되는 '차별원칙'을 결합한다. 이를 통해 개인차원에서는 보다 큰 소득과 안전한 투자 및

---

77 생태기본소득론이란 자연에 대한 모두의 공유권을 인정하여, 자연자원에서 유래하는 부의 일정 부분을 현금형태나 현물형태의 기본소득으로 지급하고자 하는 논의를 말한다(권정임, 2012: 31). 자연자원의 사용수준을 생태적으로 조절하기 위해 부가된 생태세를 재원으로 지급되는 기본소득은, 생태기본소득의 특수한 유형이다(권정임, 같은 글: 33 이하, 강남훈, 2012: 352).

78 심지어 미드는 기본소득의 지급을 위한 조세부가가 노동동기, 따라서 효율성을 어느 정도 떨어뜨린다고 해도 이것이 초래하는 분배개선과 생태개선에 의해 그 부정적 효과가 상쇄된다고 본다(Meade, 1989: 23 이하).

취업의 가능성을 창출한다. 기업차원에서는 보다 효율적인 '생산적 협력'을 창출한다. 그리고 사회전체 차원에서는 완전고용을 창출한다. 결국 개인이득과 기업이득 및 사회전체의 이득 간의 선순환이 창출된다.

　　다른 한편 그는 사회총자본의 약 50%와 자연자원을 사회 전 성원을 위한 사회적 자산 또는 공유자산으로 전환하고 그 수익을 기본소득으로 모두에게 분배함으로써, 이러한 선순환을 창출한다. 노동자의 위험감수 및 노동자/자본가 간의 공정한 분배라는 파트너 기업의 두 난제를, 이 공유자산에서 유래하는 수익이 재원의 큰 비중을 차지하는 기본소득제를 통해 해결하기 때문이다. 나아가 공유자산에서 유래하는 실질적 수익은 개별기업의 성과에 비례하기 때문이다. 다시 말해서 개인이득의 증대와 기업이득의 증대 및 공유자산의 증대가 상호 간에 조건이자 결과가 되기 때문이다. 결국 미드는 이러한 선순환의 창출을 통해, '개인적 좋음과 공동선 간의 이상적 관계에 기초하는 좋은 사회의 창출'이라는 오랜 철학적 논의를, '개인이득과 전체이득이 선순환하는 사회형태'에 대한 보다 구체적인 논의로 발전시킨다.

　　나아가 그는 사적 소유 및 국가소유와 구분되는 제3의 소유형태를 시사함으로써, 이러한 '좋은 사회'의 창출과 관련하여 또 하나의 중요한 문제를 제기함과 아울러 그 해결의 단서 또한 제시한다. 구체적으로 이는 그가 사회총자본의 약 50% 및 자연자원과 관련하여 제기한 사회적 소유형태와 관련된다. 물론 그는 이 때 사회적 소유를 국가소유와 동일시한다. 그러나 다음과 같은 점에서 기존의 사회적 또는 국가 소유, 곧 소유대상 및 이에서 귀결되는 수익의 관리를 실질적으로 국가기구의 관료들이 독점하여 다수성원들의 이득과 괴리될 수 있는 "공적"(public)(곽노완, 2010b: 80) 소유와는 근본적으로 구분된다. 첫째, 미드의 기획에서 사회적 소유대상의 관리는 국가기구 또는 관료에 의해 독점되지 않는다. 예를 들어 사실상 사회가 최대주주인 기업의 경우, 그 경영은 민간에 위탁된다. 둘째, 사회적 소유대상에서 유래하는 공유부에 대해 모두가 1/n의 향유권, 구체적으로는 수익권을 보유하여 이에 따른 배당의 형태로 분배가 이루어진다.

이처럼 대상에 대한 사회 성원 전체의 소유가 명목적 소유에 불과한 것이 아니라, 그 대상 또는 거기서 유래하는 수익을 사회 성원 모두가 실질적으로 향유한다는 점에서 그가 제시하는 이 제3의 소유형태는 '공유'라고 할 수 있다(곽노완, 2010a: 150 이하, 2010b: 80 이하).

'좋은 사회'의 창출과 관련하여 주목할 만한 미드의 기획의 또 하나의 특징은, '좋은 사회'로의 이행이 점진적인 단계적 모형으로 제시된다는 점이다. 무엇보다 '좋은 사회'로의 급격한 이행을 위한 광범한 동의가 형성되지 않았을 경우에는 이행이 불가능하다는 점에서, '좋은 사회'에 대한 '동의'의 확산을 동반하는 점진적 이행방안이 마련될 필요가 있기 때문이다. 미드는 자신이 제안하는 여러 개혁, 특히 총자본의 약 50%에 대한 사회화를, 예를 들어 자본에 대한 재앙에 가까울 정도의 과세를 통해 "한 번 만에"(Meade, 1989: 44) 달성하는 것이 이론적인 차원에서는 가능하다고 본다. 그러나 현실정책의 차원에서는 그는 이러한 급속한 개혁에 대해 반대한다. 특수한 상황[79]이 아닌 보통의 시기에 이처럼 급속한 개혁이 이루어지면, 사회적 안전과 관련하여 재앙수준의 효과들을 초래할 수 있다는 것이다(같은 글). 결국 그는 모든 조건부 급여를 보편적인 조건부 급여로 점진적으로 대체해 가는 1단계에서 출발하여,[80] 낮은 수준의 기본소득의 도입에서 기본소득의 수준을 차차 올려가는 5단계 이행모형을 제안한다(같은 책: 35-38).

사회배당의 근거와 크기: 공유지에 대한 평등한 공유권과 자유 및 효율성

그런데 미드는 어떤 근거로 사회의 전체 생산적 부의 약 50%를 공유화하고자

---

79 그 예로 미드는 2차 세계대전 이후 전쟁이 초래한 빚을 갚기 위해 영국에서 취해진 대규모 자본과세(Levy)조처를 들고 있다(Meade, 1989: 44).

80 보편적 조건부 급여란 소득이 표준수준 아래인 모든 사람들의 소득이 표준수준이 되도록 급여를 지급하는 것을 말한다(Meade, 1989: 35).

한 것일까? 분배정의 관점에서 이는 어떻게 정당화될 수 있을까? 앞으로 보게 되겠지만, 그는 사회의 전체 생산적 부의 약 50%가 공유되어야 하는 이유에 대해서는 명시적으로 제시한다. 하지만 그 전에 정당화하는 것이 마땅한 주장, 즉 왜 생산적 부가 공유되어야 하는지에 대해서는 직접적으로 언급하지 않는다.

그렇지만 두 가지 단서를 찾을 수 있다. 첫 번째는 그가 분배공정성 또는 평등을 자신의 세 가지 기본경제목표의 하나로 제시한다는 점이다. 두 번째는 그가 자연자원을 "공동의 국가자산"(Meade, 1991a: 234)으로, 사실상 공유 대상으로 본다는 점이다. 그가 자연 또는 자연자원을 공유 대상으로 보는 이유는 자연 또는 자연자원이 특정 개인이나 집단이 생산한 것이 아니기 때문일 것이다. 마찬가지로 사회의 총 생산적 부 중에서 콜이 '사회적 유산'으로 표현한 부분, 곧, 발명과 기술은 현존하는 특정 개인이나 집단이 직접 생산하지 않았다. 이런 측면에서 미드는 이러한 '사회적 유산'을 콜처럼 "공동체 성원들이 평등한 권리를 갖는 자연적·역사적·사회경제적 자원 내지 재화", 곧 "공유지(commons)"(곽노완, 2016: 195)로 전제하였다고 볼 수 있다. 그렇지만 콜과는 달리 묵시적으로 전제하였다고 볼 수 있다. 이렇게 볼 때 미드에게서 사회배당의 근거는 공유지, 특히 자본에 합체되어 있는 자본 공유지에 대한 사회성원 모두의 평등한 권리라고 할 수 있다. 또한 그의 기본경제목표의 하나가 평등 또는 분배 공정성임을 고려할 때, 그가 자본 공유지에 근거하는 사회배당을 주장하는 것은 지극히 당연하다고 하겠다.

그런데 사회배당은 그의 기본소득의 주요 재원이다. 이런 측면에서 그에게서 기본소득은 공유지에 대한 모두의 평등한 권리라는 분배정의에 의해 정당화된다고 할 수 있다. 미드에게 이 '평등한 권리'는 공유지, 특히 자본 공유지에 대해 모두가 갖는 공유지분의 평등을 의미한다. 그럼에도 궁극적인 차원에서 이 '평등한 권리'는 공유지를 평등하게 사용·향유할 기회의 평등에 의해 정당화된다. 공유지에서 수익이 창출되어야 사회배당도 가능하기 때문이다.

이제 다음 문제로 넘어가자. 미드는 왜 사회의 총 생산적 부 중에서 대략

50%를 공유자본으로 설정한 것일까? 그가 제안한 약 50%의 지분은 공유지 또는 자본공유지의 가치를 양적으로 대변하는 것일까? 공유자본의 가치를 정확하게 양화하는 것이 가능할까? 여러 특성상 거의 불가능한 공유자본의 가치에 대한 정확한 양화를 포기하고,[81] 그 대신 '효과'를 고려하여 정책적으로 이 문제에 접근하는 것이 현실적인 대안일까?

미드는 후자의 입장을 취하고 있다. 미드가 총자본을 공유자본과 사적 자본으로 약 50:50으로 분할하여, 총자본의 순수익을 기본소득과 자본가/노동자 소득으로 약 50:50의 비율로 분할하는 정책을 취하는 이유는 다음과 같다. 즉 그가 '평등' 또는 '공정한 분배'를 그의 기본경제목표를 이루는 다른 두 목표, 즉 '자유' 및 '효율성'과 함께 고려하기 때문이다. '효율성'과 관계되는 측면부터 살펴보자.

미드는 "자유경쟁적 자본시장"(Meade, 1990b: 95)을 비롯하여, 이윤극대화를 추구하는 '자유기업'들 및 이들 간의 경쟁으로 이루어지는 시장을 효율성을 위한 최선의 기제로 본다. 따라서 한편에서는 아가쏘토피아경제의 효율성을 위해 적절한 규모로 사적 자본을 유지하고자 한다. 다른 한편 공정한 분배를 위해 총자본의 적절한 규모를 공유화하고자 한다.

나아가 미드는 '공정한 분배' 또는 '평등'을 사유재산의 소유가 그 소유자에게 주는 "안전"(security) 및 "독립성"(independence)(Meade, 1964: 63)과 통합하여 달성하고자 한다. 그런데 개인의 안전과 독립성은 '자유', 특히 '비지배 자유'를 달성했을 때의 효과이기도 하다. 이런 측면에서 이 두 번째 이유는 '평등'을 '자유'와 통합하여 달성하려는 것으로 볼 수 있다.

평등과 자유가 적절하게 통합되는 방식을 찾기 위해 미드는 재산 또는 자본이 평등하게 분배되는 두 체제를 가정한다. 이어서 각 체제의 분배방식을 비교한다. 첫 번째 체제는 시장사회주의다. 여기서는 자본의 100% 사회화에 기초

---

81 이는 인류가 생산하지 않았고 따라서 생산비용을 측정할 수 없는 자연자원의 예만으로도 드러난다. 때문에 자연자원의 가치는 그 재생산비나 대체비용이라는 정책적인 접근이나 새플리 가치 등을 통해 간접적으로만 양화될 수 있다. 새플리 가치에 대해서는 '부록 1'을 참조하라.

하여 국가의 모든 배당수입이 시민들에게 평등하게 분배된다.[82] 또한 노동의 효율적 사용만을 기준으로 실질임금율이 설정된다(같은 책: 60 이하). 이 체제에서 "재산소득"(같은 책:61)은 모두에게 평등하게 분배된다.

두 번째 체제는 모든 시민들이 소유한 재산 또는 자본이 평등한 재산소유 민주주의 체제다. 이 경우에도 모든 시민들의 재산소득은 평등하다(같은 글). 결국 그는 다른 모든 조건이 동일할 때,[83] 동일한 재산소득의 분배평등을 낳을 수 있는 방식으로 '재산 또는 자본의 100% 사회화'와 '모든 시민에 의한 자본의 평등한 소유'라는 두 방식을 제시하면서, 이 두 방식의 장단점을 비교한다.

미드에 따르면 자본의 100% 사회화는 "경제적 유인"을 "개선"(같은 책: 63)한다는 점에서 "효율성"(같은 책: 61)의 측면에서 장점을 갖는다. 이 경우 모든 이윤이 국가의 재정수익이 되므로 국가에 필요한 재정을 조달하기 위해 낮은 세율로도 충분하기 때문이라는 것이다(같은 글). 반면 모든 시민이 자본을 평등하게 소유하는 경우, 국가재정이 고율의 과세를 통해 충당되어야 하므로 "모든 경제적 유인들"(같은 책: 63)을 급격히 떨어뜨리게 된다고 본다. 그 대신 첫 번째 방식에는 없는 장점, 곧 재산소유에서 비롯되는 안전과 독립성이 극대화된다고 본다. 즉 자유가 극대화된다는 것이다. 그에 따르면 똑같은 소득을 번다고 해도 재산을 가진 사람이 갖지 못한 사람보다 더 나은 상황에 있다(Meade, 1964:630).

결국 미드는 공정한 분배를 각 방식의 장점 모두와 통합하여 달성하기 위해, 공유자본과 사적 자본을 대략 50:50의 비율로 나누고 이에 따라 총자본의 순수익 역시 같은 비율로 사회배당과 노동자/자본가 소득으로 나눌 것을 제안

82　이 때의 국가의 배당수익은 총자본이 취득하는 "이윤"에 해당한다(Meade, 1964: 60).

83　이 비교를 유의미하게 해석하기 위해서는 미드가 다음 두 가지 또한 전제한다고 보아야 한다. 첫째, 첫 번째 체제에서의 국가의 배당수익과 두 번째 체제에서의 총자본의 이윤이 양적으로 동일해야 한다. 둘째, 두 번째 체제에서도 가장 효율적인 생산을 위한 임금율, 곧 효율적 임금율 정책이 실시되어야 한다. 이 두 번째 전제도 충족될 경우, 양 체제에서는 총노동소득 역시 동일하다.

한다(같은 책: 64). 약 50:50이라는 총자본의 이러한 분할비율은 자본을 사회화하는 비율을 올려감에 따라 귀결되는 '세율하락' 및 이로 인한 '효율성 증진'과, '안전과 독립성의 약화'라는 두 효과들의 조합이 도달하는 '최적지점'에 대한 미드의 대략적인 추정이다. 정확한 최적지점에 대해 미드는 자신도 말할 수 없다고 한다(Meade, 1964: 64).

결국 효율성과 자유는 미드에게서 사회배당 또는 기본소득의 크기를 규제하는 원칙이다. 미드에게서 사회배당의 근거가 공유지에 대한 평등한 공유권이라는 분배정의라면, 자유와 효율성은 사회배당의 크기를 규제하는 원칙이다.

아가쏘토피아: 공유기반 재산소유 민주주의 사회

그런데 그의 아가쏘토피아에서 사회 전체의 생산적 부의 절반 정도는 공유되지 않는다. 즉 사적으로 소유된다. 그렇지만 사적으로 소유되는 생산적 부 또는 사유재산 중에서 소유자가 생산하는 것이 아니라 물려받는 부분은 원칙적으로는 공유부다. 상속의 결과 사유재산과 관련하여 지나친 불평등이 발생한다면, 따라서 이는 공정한 분배를 위반하는 것이다. 이런 측면에서 미드가 공유에 기반하는 사회배당과 함께 재산소유 민주주의를 동시에 추구(같은 글)하는 것은 분배정의 관점에서 당연하다. 결국 그의 이상사회, 아가쏘토피아는 공유기반 재산소유 민주주의 사회라고 할 수 있다.

그렇지만 아가쏘토피아에 대한 이러한 미드의 기획이 설득력이 있기 위해서는 무엇보다 공유주식의 관리자와 관련되는 문제가 해결될 필요가 있다. 살펴보았듯이 미드는 이 관리를 국가가 직접 하거나 투자전문회사 같은 사적 금융에 맡기고자 한다. 그러나 이 두 방식 모두 고유한 문제에 봉착한다.

공유주식을 국가가 직접 관리할 경우, 정치적 목적에 공유주식의 관리가 이용될 수 있다(Standing, 2017: 185, 154 이하).

공유주식을 사적 금융에 맡길 경우, 공유재산에 기초한 주식투자를 통해 얻은 이득의 일부를 사적 금융이 관리의 대가로 취득하여 사회배당금이 감소하게 된다. 나아가 관리를 맡은 사적 금융이 자신의 이득 극대화를 위해 공유재산으로 투기를 하는 등 여러 문제를 야기할 수 있다.

공유주식을 전담하여 관리할 민주적으로 통제되고 중립적인 제3의 기관을 설립할 필요가 있다. 그러나 이에 대한 논의는 II부에서 이어갈 것이다.

2. 실질적 자유지상주의와 공유지에 대한 평등한 공유권: 판 빠레이스의 기본소득론

판 빠레이스의 사상 소개: 초기 입장과 후기 입장 간의 차이를 중심으로

판 빠레이스는 자유주의 전통을 대변하는 대표적인 기본소득 이론가다. 그는 미드로부터도 영향을 받았다. 예를 들어 1995년에 출간된 『모두를 위한 자유』(*Real Freedom for All*)에서 그는 실업을 예방하기 위한 제도의 하나로 기본소득제에 연계된 파트너 기업을 추천하고 있다(Van Parijs, 1995: 205 이하).

그런데 1970/80년대의 판 빠레이스의 기본소득론은 90년대 이후부터의 그것과는 다른 사상에 기초한다. 그 결과 그의 초기와 후기의 기본소득론은 지향하는 목표와 정책에서도 다르다.

판 빠레이스는 초기에는 청년 맑스의 탈소외[84] 사상과 고르(A. Gorz)의 생

---

84   청년 맑스에게 '소외'(Entfremdung, alienation)란 인간이 인간적인 본성을 실현하지 못하고 그로부터 멀어져서 낯설어지는 것을 의미한다. 청년 맑스는 소외를 극복하여 모두가 인간적 본성을 실현하면서 자유롭게 발전하는 사회의 창출을 목표하였다.

태사상에 의해 크게 영향을 받는다. 그 결과 그의 초기 기본소득론의 기본소득 정책은, '총소득 중 기본소득의 상대적 최대화'다. 이는 한편에서는 그의 초기 기본소득론의 목표의 하나가 '탈소외'이기 때문이다. 즉 그는 개인이 취득하는 총소득 중에서 노동의 대가가 아닌 기본소득의 상대적 비중을 최대화하여, '임금'이라는 외적 보상에 의해 강요되는 '소외된 노동시간'을 상대적으로 최소화하고자 한다.

다른 한편 이 기본소득정책은 전기 판 빠레이스의 생태사상에서 유래한다. 그는 임노동시간을 최소화하여, '반생태적'이라고 생각하는 '산업적' 또는 '공식적 영역'에서의 생산을 '생태친화적인' '비산업적' 또는 '비공식적 영역'에서의 생산으로 최대한 대체하고자 한다.[85] '노동소외의 철폐'와 '생태사회형성'이라는 이 양대 목표를 위해, 그는 생계유지를 위해 충분한 기본소득이 지급된다는 전제 아래, 기본소득의 지급에서 귀결되는 생산성의 상승과 이에서 비롯되는 잉여를[86], 반생태적인 경제성장이 아니라 보다 많은 기본소득을 위하여 사용하고자 한다.

결국 초기의 판 빠레이스는 스스로 생산성의 상승에 유리하다고 판단한 자본주의적 경제관계에 기초하여, "개인적 소득이 전적으로 보편급여로 구성"(Van Parijs/Van der Veen 1986b: 195 이하)되어 노동소외가 완전히 철폐되고, '제로성장' 또는 '경제규모의 불변 내지 축소'라는 핵심적인 생태정책이 실시되는 생태친화적인 코뮌주의사회로 이행하고자 한다.[87]

---

85 '공식경제'/'비공식경제'는 고르츠에게서 유래한다. 각각 타율적인 산업경제/자율적인 비산업 경제를 의미한다.(Gorz, 1980: 98 이하). 그와 초기 판 빠레이스는 후자를 생태적이고 탈소외된 경제로 '부당하게' 전제한다.

86 판 빠레이스는 기본소득의 지급이 특히 불쾌한 노동분야에 대한 과소지원을 유발하여, 그 분야의 노동을 기계로 대체함으로써 생산성을 상승시킨다고 본다(Van Parijs/Van der Veen, 1986a: 170).

87 초기 판 빠레이스에게서 코뮌주의는 기본적으로 '자본주의적 경제관계 +필요에 따른 분배'로

반면 판 빠레이스의 후기기본소득론의 기본소득정책은 '지속가능한 최대의 기본소득'이다. 이러한 전회는 무엇보다 그의 후기기본소득론이 추구하는 궁극적 가치가 전기에서의 '탈소외'와 '생태친화성'이 아니라 '자유', 정확하게 말해서, "원할 수 있는 것을 행할 수 있는"(Van. Parijs, 1995: 20) '실질적 자유'(real freedom)이기 때문이다. 그는 후기이론에서 이 '실질적 자유'의 극대화를 추구하는 '실질적 자유지상주의'(real libertarianism)를 추구한다. 그 결과, 자유를 위한 최소한의 물질적 수단, 곧 기본소득의 최대화, 물론 지속가능한 최대화를 요청한다.

이 때 판 빠레이스는 한편에서는 "좋은 삶"에 대한 다양한 의견들에 대한 "중립성 또는 동등한 존중"이라는 자유주의적 요청에 근거하여 전기 입장으로부터 전향한다. 이 자유주의적 요청에 따르면 정의로운 사회에 대한 판단을 "좋은 삶"에 대한 특수한 "실체적 개념"에 의거하여 결정해서는 안 된다(같은 책: 28). 후기의 그는 '탈소외'와 '생태친화성', 특히 '생태친화성'을 여전히 중요하게 보지만, 모두가 따라야 할 궁극적 가치는 아니라고 본다.[88]

다른 한편 판 빠레이스는 실질적 자유의 극대화 및 이를 위한 기본소득의 지속가능한 최대화를 위해 경제의 '효율성'을 강조하게 된다. 이에 따라 효율적이면서도 지속가능한 기본소득의 최대화를 가능하게 하는 '최적 자본주의'(optimal capitalism)를 기획한다(같은 책: 192).

1995년의 『모두를 위한 기본소득』에서 판 빠레이스는 '실질적 자유'를 전면에 내세우면서 바로 이를 위해 기본소득을 주장한다. 이에 비해 분배정의 관점에서의 기본소득의 근거는 명시적으로 부각되지는 않았다. 단지 "자기노력에서 유래하지 않는 전체 외부재산"(곽노완, 2018: 160) 정도로 시사되고 있었다. 그

구성된다. 판 빠레이스의 초기 기본소득론의 성과와 한계 및 코뮌주의관에 대한 상세한 고찰을 위해서는 권정임, 2013a 참조

88 초기 및 후기 판 빠레이스의 이론에 대한 여기까지의 개괄적 소개는 권정임, 2013b「판 빠레이스의 후기 기본소득론과 생태적 지속가능성」: 110-112의 수정·보완에 기초하고 있다.

러나 이러한 상황은 2017년에 발간된 판더보(Vanderborght)와의 공저 『기본소득』(Basic Income)에서는 달라진다. 이 저서에서 판 빠레이스는 콜을 비롯하여 기본소득론자들이 전통적으로 주장했던 기본소득의 근거를 수용한다. 즉 물려받는 '선물' 또는 공유지에 대한 모두의 평등한 공유권을 인정하는 공유주의를 수용한다. 결국 그는 이 저서에서 실질적 자유지상주의적인 방식으로 자유주의와 공유주의를 통합한다. 그의 후기 저작, 특히 『기본소득』을 중심으로 자유주의와 공유주의, 또는 자유와 평등이 그에게서 어떻게 결합하는지 살펴보자.

실질적 자유지상주의 이념에 따른 분배정의와 자원에 대한 권한으로서의 분배정의[89]

판 빠레이스는 분배정의를 무엇보다 자유주의 정치철학의 이념에 따라 고찰한다. 자유주의 정치철학의 전통에서 정의란 가장 중요한 가치, 곧 "자유"의 "평등한 보장"(권정임/강남훈, 2019: 27)이다.[90] 판 빠레이스는 자유주의, 또는 보다 엄밀하게 말하자면, 자유주의적 평등주의(liberal-egalitarianism) 정의관을 그의 분배정의 개념에 적용한다.[91] 그에 따르면 자유는 "정의가 요청하는 것에 대한 제약이 아니다". 자유란 오히려 분배정의의 "소재"(stuff)다. 즉 그에게 분배정의는 일차적으로 "자유"의 "공정한 분배"(Van Parijs/Vanderborght, 2017: 104)다.

---

89 여기서부터의 판 빠레이스의 분배정의에 대한 서술은 권정임/곽노완, 2019 「판 빠레이스의 공유주의와 기본소득 재구성」의 수정·보완에 기초한다.

90 자유주의 전통에서의 '정의'와 판 빠레이스의 관계에 대한 보다 상세한 고찰을 위해서는 권정임/강남훈, 2019 참조

91 판 빠레이스는 자신의 철학을 롤스, 드워킨 등의 철학과 함께 자유주의적 평등주의로 분류한다. 또한 자유주의적 평등주의의 특징으로 좋은 삶에 대한 다양한 견해의 존중, 개인적 책임을 존중하는 기회평등주의 및 효율성의 존중 등을 제시한다(Van Parijs/Vanderborght, 2017: 109).

그런데 분배정의는 자원에 대한 접근이나 재산의 분배/증식과 관련되는 정당성을 논의하는 "사회적 정의"의 하나다(Liessmann/Holzleitner, 2009: 17). '자유'가 분배정의의 대상이기 위해, '자유'는 자원 같은 경제적 재화로 표현될 수 있어야 한다. 판 빠레이스는 자유주의 정치철학을 비판적으로 계승하여 실질적 자유지상주의를 전개하면서, '자유'를 그 경제적 기초와 통합적으로 사유할 기초를 마련한다.

그 결과 자유는 '형식적 자유' 이상의 것이 된다.[92] 즉 자유는 "원할 수 있는 것을 하기 위한 수단"(Van Parijs, 1995: 5) 또는 기회를 갖춘 자유, 곧 "실질적 자유"로 확장된다(Van Parijs/Vanderborght, 2017: 104). 나아가 '공정한 분배'는 불평등을 허용하는 대신 효율성의 증진을 통해 최소수혜자를 비롯한 모두의 상황을 개선하는 '최소극대화 원리에 따른 분배'로 구체화된다(Van Parijs, 1995: 51).[93] 이에 따라 그에게 분배정의는 "실질적 자유를 가장 적게 가진 최소수혜자에게 최대한의 실질적 자유를 보장하는 것", 즉 "실질적 자유의 최소극대화" 또는 "모두를 위한 실질적 자유"(Van Parijs/Vanderborght, 2017: 104)로 구체화된다. 또한 이러한 분배정의의 실현을 위해 그는 모든 개인에게, 보편적으로 또한 어떠한 의무도 부과하지 않으면서 정기적으로 지급되는 소득, 곧 '무조건적인 기본소득'(이하 '기본소득')[94]을 요청한다.

---

92 판 빠레이스에 따르면 형식적 자유는 '안전'(security)과 '자기소유권'으로 이루어진다(Van Parijs, 1995: 20 이하). 그런데 그에게서 '자기소유권'은 노예가 되지 않을 권리다. 이는 그의 '개인적 주권'으로서의 자유개념에도 함축되어 있다. 사실 그는 실질적 자유지상주의를 자유지상주의와 구분하면서 자유지상주의를 비판한다. 이런 측면에서 그가 '자기소유권'이라는 자유지상주의적 범주를 차용하는 것은 불필요할 뿐만 아니라 혼동을 초래한다(곽노완, 2015b 참조).

93 '최소극대화'란 여러 대안들의 우열을 그것들이 가져올 최악의 결과에 따라 가리는 원칙이다(Rawls, 1999b: 216). '분배'에 적용할 때 '최소극대화'란 최소수혜자에게 최대가 되게 하는 원칙이라고 할 수 있다. 롤스는 최소극대화 원칙은 "일반적으로 매우 불확실한 상황에서의 선택규칙"으로, 자신의 차등원칙은 "정의의 원칙"으로 규정하면서 양자의 의미를 차별화한다(같은 책: 132).

94 『기본소득』에서 판 빠레이스는 '개인별 지급', '보편성', '의무면제'라는 기본소득의 세 가지 특

그런데 실질적 자유지상주의 이념에 따른 분배정의의 이러한 이상, 곧 '모두를 위한 실질적 자유'가 기본소득의 지급을 위해 사용되는 자원을 무조건적으로 정당화하는 것은 아니다. 오히려 모두에게 무조건적으로 부여되는 것이 정당한 자원을 재원으로 기본소득이 지급될 때만 이 이상은 정당화된다. 이런 맥락에서 실질적 자유지상주의 이념에 따른 분배정의는 자원/소득의 올바른 분배라는 의미에서의 분배정의에 기초하면서 이와 통합되어야 한다. 사실 판 빠레이스는 "분배정의"를, 실질적 자유지상주의 이념과 무관하게, "자원에 대한 권한(entitlements)의 정의로운 분배"(Van Parijs/Vanderborght, 2017: 103)라는 관점에서도 고찰한다.[95] 또한 실질적 자유지상주의 이념에 따라 도출되는 '분배정의'가 이 '자원에 대한 권한' 또는 권리로서의 분배정의에 기초하고 이와 통합해야만 함을 사실상 인정한다. 분배정의를 '자원/소득에 대한 올바른 분배'로 정의할 때, 판 빠레이스에게서 엄밀한 의미에서의 분배정의는 실질적 자유지상주의 이념에 따른 '실질적 자유의 최소극대화'가 아니다. 오히려 이는 그의 자원/소득에 대한 '권한으로서의 분배정의'다. 하지만 그가 분배정의를 양자의 통합으로 본다는 사실을 존중할 때, 후자, 곧 자원/소득에 대한 '권한으로서의 분배정의'는 그의 좁은 의미에서의 분배정의라고 할 수 있다.

성을 '무조건성'으로 포괄한다. 이는 기본소득이 특정한 가정상황이라는 조건, 소득/재산심사라는 조건 및 노동/노동의지라는 조건과 무관하게 모든 개인에게 주어져야 한다는 맥락에 따른 것이다(Van Parijs/Vanderborght, 2017: 8 이하).

95 'entitlement'는 '자격'이나 '권리'라는 의미를 갖는다. '권리'로 번역되는 'right'와 구분하기 위해 이 글에서는 'entitlement'를 '권한'으로 번역한다. 앞으로 보게 되듯, 판 빠레이스는 1985년 논문에서 노직(Nozick)과 비판적으로 대결하면서 '권한' 개념과 정의에 대한 '권한이론'을 재구성한다. 또한 그로 인해 2017년의 『기본소득』 등에서 'right'가 아니라 'entitlement' 범주를 사용하는 것으로 보인다. 그렇지만 그에게서 이 두 개념이 근본적인 차이가 있다고 보이지는 않는다.

분배정의와 '상호성으로서의 정의'

자원에 대한 권한이라는 의미에서의 분배정의(이하 '분배정의(론)')[96] 및 이와 관련된 논의는 『기본소득』 5장에서 상론된다. 여기서 판 빠레이스는 분배정의에 대한 논의를 특히 '상호성으로서의 정의'와 차별화하면서 전개한다. 기본소득에 대한 강력한 반론의 한 유형이 '상호성으로서의 정의'에 기초하기 때문이다. 이에 대해 살펴보자.

판 빠레이스에 의하면 "사회 제도의 형성"은 무엇보다 "일관되고 설득력 있는 정의의 관념"에 의해 "인도되어야 한다"(같은 책: 99). 따라서 그는 기본소득에 대한 반론 중에서 기본소득이 불공정하며 따라서 정의롭지 못하다는 유형의 반론을 특히 주목한다. 이는 주로 기본소득의 '무조건성'과 관련하여 전개된다.

이 유형의 반론에 따르면 기본소득은 그 무조건성으로 인해, "상호이익"을 보장해야 한다는 규범, 곧 "상호성의 특정한 규범"[97]을 "위반"한다(Van Parijs/Vanderborght, 2017: 100). 이때 판 빠레이스는 기본소득론에 대한 이러한 반론이 기초하는 사회관을 의식하여 특히 '협동'을 염두에 둔다.[98] 이에 따라 상호성을 각자가 "생산적으로 기여"(productive contribution)하고 이 기여에 따라 소득

---

96 부가적 설명이 없는 한, 또한 문맥상 오해의 여지가 없는 한, 앞으로 이 절에서 '분배정의(론)'은 주로 '자원에 대한 권한(이론)으로서의 분배정의(론)'을 의미한다.

97 여기서 판 빠레이스가 "상호성의 특정한 규범"이라고 표현한 이유는, '상호성'의 종류가 다양하기 때문일 것이다. 상호성은 사전적으로는 "타인의 행동에 대한 같은 종류의 긍정적 또는 부정적 반응들"(Wikipedia, *Reciprocity*:1)로 정의된다. 그렇지만 학문분야에 따라, 일인 대 일인 또는 일인 대 다수 같은 패턴 등에 따라, 상호성은 여러 유형으로 분류된다(같은 글). 판 빠레이스 역시 상호성의 이러한 다의성을 숙지하고 있다(Van Parijs/Vanderborght, 2017: 279, note 7). 그의 저서들에서 상호성은 기본적으로 '상호이익의 보장'을 의미한다. 이런 측면에서 'reciprocity'는 '호혜성'으로도 번역할 수 있다.

98 상호성을 위반한다는 이유로 기본소득을 비판하는 사람들의 공통적 사회관은 거대한 협동의 체계로서의 사회관이다(Van Parijs/Vanderborght, 2017: 100).

을 분배해야 한다는 "정의의 특정한 개념"으로 규정한다.(같은 글)[99] 그에 따르면, 기본소득을 정의롭지 못하다고 주장하는 반대자들은 기본소득이 생산에 기여하지 않은 자가 생산품의 일부를 획득하게 한다고 본다. 따라서 이들은 기본소득이 '상호성의 정의'를 위반한다고 본다는 것이다. 그 결과 이들은 기본소득이 생산적으로 기여하지 않는 자가 타인의 노동에서 발생하는 이득을 불공정하게 취하는 "착취"(Van Parijs, 1995: 137)나 착취의 또 다른 형태, 곧 타인의 노동에서 발생하는 양의 외부효과를 불공정하게 취하는 "무임승차"[100]를 가능하게 한다고 본다는 것이다(Van Parijs, 1995: 142, Van Parijs/Vanderborght, 2017: 100).[101]

기본소득에 가해지는 이러한 비판에 대한 판 빠레이스의 반박은 크게 두 가지다.

첫 번째는 기회균등 원칙의 준수를 전제할 때, 기본소득이 상호성을 위반하지 않고 오히려 강화한다는 것이다. 이는 특히『모두를 위한 실질적 자유』(1995) 5장에서 상론된다.

『모두를 위한 실질적 자유』5장의 주제는 기본소득이 착취가 아님을 논증하는 것이다. 여기서 판 빠레이스는 협동을 전제하면서, 먼저 착취를 타자의 노동으로부터 '불공정'하게 이득을 획득하는 것으로 정의한다(Van Parijs, 1995: 137). 이어서 어떤 경우에 타자의 노동에서 이득을 취하는 것이 불공정한지를 탐구하면서, 노력(work effort), 정확하게 말해서 저축, 투자, 또는 노동에 따르

99　'교환'도 상호이익을 보장해야 한다는 의미에서 '상호성으로서의 정의'가 요구되는 영역이다. 하지만 교환에서의 상호이익은 각자의 생산적 기여에 따른 소득의 분배가 아니라 교환을 통해 발생한다.

100　판 빠레이스는 타인노동의 양의 외부효과를 취득하는 무임승차가 "강압"이나 "타인에게 소중한 어떤 것에 대한 통제의 형태"로 "권력의 행사"에 연루될 때, 이를 "착취"로 본다(Van Parijs, 1995: 142 이하).

101　기본소득을 '착취'나 '무임승차'로 비판하는 대표적인 이론가로는 화이트(White, 2006), 엘스터(Elster, 1989) 등을 들 수 있다. 이들에 대한 판 빠레이스의 비판을 위해서는 Van Parijs, 1997과 1995: 5.2절을 참조하라.

는 고통 같은 노동 이외의 생산적 공헌도 포괄하는 "생산적 노력"(productive efforts)(같은 책: 162)에 따른 소득분배의 공정성 여부를 탐구한다.[102] 이때 그는 소득이 생산적 노력에 비례하여 분배될 경우 생산적 노력이 과도하게 보상될 수 있다고 본다. 경제가 생산적 노력의 부담을 보상하기 위해 요구되는 것 이상을 생산할 수 있다는 것이다(같은 책: 165). 그렇지만 그는 아리스토텔레스의 "응분의 몫"(desert)으로서의 정의개념에 연계하면서(같은 책: 166),[103] 생산적 노력과 소득 간에 긍정적인 상관관계가 있는 것을 공정하다고 본다(같은 책: 167).

이러한 논의에 기초하여 판 빠레이스는 기회균등의 준수를 조건으로 할 때, 기본소득은 착취가 아닐 뿐만 아니라 생산적 노력과 소득 간의 긍정적 상관관계를 강화하기조차 한다고 주장한다. 즉 그에 따를 때, 첫째, 기회균등 조건은 기본소득을 통해 충족된다. 둘째, 기본소득은 누군가 생산적 노력에 따른 소득, 곧 '노력소득'[104]을 취득하고 있어도 지급된다. 즉 노력소득과 모순적이지 않다. 따라서 기본소득은 '착취'가 아니다. 나아가 기본소득이 지급될 때, 임금 협상력의 강화를 통해 저평가되는 일자리에 대한 보수가 개선되고(Van Parijs/Vanderborght, 2017: 102), 사회적으로 유용한 무급노동(Van Parijs, 2000: 25), 또는 가사·돌봄노동 같이 "필수적"(essential)(Van Parijs/Vanderborght, 2017: 102)이고 "생산

---

102 이 5장에서의 '생산적 노력'의 의미는 앞에서 제시한 2017년 저작에서의 '생산적 기여'다. 그런데 이때의 생산적 노력은 개별적 차원의 노력이 아니다. 판 빠레이스는 덜 숙련되어서 같은 물량을 같은 품질로 생산하기 위해 동종의 다른 노동자보다 더 많이 노동한 노동자가, 보다 숙련된 동종 노동자보다 더 많은 보수를 받는 것에 대해 비판적이다(Van Parijs, 1995: 165). 이는 그가 생산적 노력을 객관적으로 평가되는 기여로 봄을 의미한다. 그렇지만 노동가치의 정확한 측량에 대해 회의적인 판 빠레이스의 입장을 고려할 때, 그에게 이러한 기여는 근사치로만 측정될 수 있을 것이다.

103 'desert'(그리스어, axia, αξία)는 '공적' 또는 '응분의 몫'으로도 번역된다. 사회심리학자들에 따르면, 분배와 관련된 일상적 정의에서 이 응분의 몫으로서의 정의가 큰 역할을 한다고 한다 (Van Parijs, 1995: 166).

104 앞으로 '생산적 노력에 따른 소득'은 '노력소득'으로 축약된다. 이러한 축약사례는 권정임, 2017에서도 발견된다.

적인"[105] 무급노동에 대한 보상이 이루어지는 효과가 발생한다(Van Parijs, 1995: 168, Van Parijs/Vanderborght, 2017: 102 이하). 따라서 그는 기본소득이 상호성으로서의 정의의 관점에서도 진보를 가져온다고 강조한다(Van Parijs/Vanderborght, 2017: 102).[106]

기본소득이 상호성을 위반한다는 비판에 대한 판 빠레이스의 두 번째 반박은 『기본소득』(2017)을 중심으로 전개된다. 그 핵심은 기본소득은 상호성의 정의와 다른 차원의 정의, 곧 분배정의에 속하며, 따라서 상호성의 충족 여부가 기본소득이 정의로운지 여부를 판단하는 기준이 아니라는 것이다. 그는 여기서 분배정의를 "자원에 대한 권한(entitlements)의 정의로운 분배"(Van Parijs/Vanderborght, 2017: 103)와 관련시킨다. 또한 이에 기초하여 분배정의의 중심 주제를, "희소한 자원의 가치를 그 자원에 대해 권한을 갖는 사람들 사이에서 어떻게 분배할 것인가"(같은 책: 228)로 본다. 결국 여기서 분배정의란 자원 및 이에서 유래하는 경제적 가치나 소득(이하 '자원/소득'으로 표기)을 이들에 대한 정당한 권한을 갖는 사람들에게 분배하는 것이다. 기본소득을 이러한 의미에서의 분배정의로 볼 때, 기본소득은 상호성의 충족 여부와 무관하게, 기본소득으로 구체화되는 자원/소득에 대해 모두가 '권한'을 갖기 때문에 지급되는 것이다. 따라서 착취나 무임승차라는 비판은 기본소득에 대해 성립될 수 없다.

나아가 판 빠레이스는 분배정의를 상호성과 관련되는 다른 유형의 정의, 즉 "교환적 정의"(commutative justice) (Van Parijs, 1997: 3)와 "협동적 정의"(cooperative justice) (Van Parijs/Vanderborght, 2017: 103)가 작동하는 배경 또

---

105 판 빠레이스는 가정에서의 가사/돌봄노동을 "필수적, 생산적 노동"으로 본다(Van Parijs/Vanderborght, 2017: 102). 이는 그가 생산에 간접적으로 기여하는 노동도 필수적·생산적 노동으로 봄을 의미한다.

106 『기본소득』에서 판 빠레이스는 이외에도 '상호성' 관점에서 행하는 기본소득 비판을 상대화하는 세 경우를 제시한다. 또한 '상호성으로서의 정의'에 진보를 가져오는 한 경우를 더 추가하고 있다(Van Parijs/Vanderborght, 2017: 246 이하 참조).

는 기초로 본다. 교환적 정의는 자원과 소득의 교환에서 준수해야 할 정의다. 협동적 정의는 "협동에서 발생하는 잉여"를 포함하여 "협동의 부담과 혜택"을 "공정하게" 분배하기 위해 준수해야 하는 정의(같은 글)다. 이때 그가 사실상 협동을 염두에 두면서 상호성을 '생산적 기여에 따른 소득분배'로 규정한다는 사실을 고려할 때, 협동적 정의란 협동의 부담과 혜택을 각자의 생산적 기여에 따라 분배하는 것이라고 할 수 있다. 그런데 그는 사람들이 '권한'을 갖는 자원/소득이 있어야 이에 기초하여 호혜적인 교환과 협동이 가능하다고 본다(Van Parijs: 같은 글, Van Parijs/Vanderborght: 같은 글).[107] 이에 따를 때 자원/소득에 대한 권한의 정의로운 분배, 곧 분배정의는 교환적 정의와 협동적 정의가 진정으로 정의롭기 위한 조건의 하나가 될 것이다.

결국 '상호성으로서의 정의'와 비교하면서 고찰할 때, 판 빠레이스에게서 분배정의는 다음과 같이 요약된다. 첫째, 분배정의는 자원/소득에 대한 권한의 정의로운 분배를 다룬다. 이는 상호간의 이익을 보장해야 한다는 상호성으로서의 정의와 근본적으로 다르다. 나아가 분배정의는 상호성으로서의 정의와 관련되는 협동적 정의와 교환적 정의의 배경이자 기초다. 둘째, 판 빠레이스가 실질적 자유지상주의 이념에 따라 도출한 분배정의의 이상, 곧 '모두를 위한 실질적 자유'를 위해 요청되는 기본소득은 자원/소득에 대한 권한의 정의로운 분배라는 의미에서의 분배정의와 관련된다. 따라서 기본소득은 상호성으로서의 정의와 모순적이지 않을 뿐만 아니라 원칙적으로 무관하다. 나아가 기회균등의 준수를 전제할 때, 기본소득은 상호성으로서의 정의의 관점에서도 진보를 가져온다.

그런데 분배정의의 핵심주제가 자원/소득에 대한 '권한'의 정의로운 분배라는 것의 의미는 구체적으로 무엇일까? 또 어떤 이유로 기본소득은 '분배정의'

---

107 드 브리예 역시 분배정의와 협동적 정의를 판 빠레이스처럼 이해한다(de Briey: 2011). 조현진은 상호성에 기초한 기본소득 비판에 대한 판 빠레이스의 반론의 핵심으로, 협동적 정의와 분배정의에 대한 판 빠레이스의 이러한 구분을 제시한다(조현진, 2015: 384 이하). 이때 그는 판 빠레이스가 화이트(S. White)를 반박하며 쓴 논문(Van Parijs, 1997)에 기초하고 있다.

와 관련되는 것일까? 이에 대한 고찰을 위해 '권한'의 의미부터 살펴보자.

권한으로서의 정의

'권한' 개념을 부각한 대표적인 철학자는 노직(R. Nozick, 1974)이다. 그는 자신의 정의론을 "정의에 대한 권한이론"으로 정의하면서 다른 전통적 정의론과 차별화한다(Van der Veen/Van Parijs, 1985: 69). 그에 따르면 배우자를 선택하는 사회에서 배우자의 분배가 있을 수 없듯이, '분배' 개념은 "몫의 분배행위 또는 분배", 곧 "어떤 기준에 따른 사전의 적합한 분배 행위"를 함축하지 않는다(Nozick, 1974: 192). 그 결과 '정의로운 분배상태'란 개인들이 자기소유권에 기초하여 갖는 권한(같은 책: 221)에 합당하게 내린 수많은 결정들의 산물에 불과하다는 것이다(같은 책: 192).[108] 나아가 그는 이러한 '정의로운 분배상태'를 충족시킬 수 있는 이론을 '정의에 대한 권한이론'이라고 부른다. 그가 제시하는 이 이론의 특징은 다음과 같이 요약된다.

첫째, 이 이론에 따를 때, 취득에서의 정의의 원칙, 교환에서의 정의의 원칙 및 부정의의 시정원칙에 의해 어떤 대상의 소유에 대한 권한을 가졌을 때, 이 권한은 정의롭다.

둘째, 정의에 대한 권한이론은 종국상태(end-state)적이지도, 정형적(patterned)이지도 않아야 한다. 즉 정의에 대한 권한이론은 개인의 권한에 기초하여 역사적으로 형성되어 온 분배상태를 변형하여 개인의 권한을 침해하는 원리를 포함해서는 안 된다. 따라서 이 분배상태에 변화를 초래할 수 있는 원리, 즉 이 분배상태의 구조를 평가·정정하는 구조적 원리나 '각자 응분의 몫에 따라'

---

108   이에 따를 때, 자신의 노동이 섞이거나 이러한 과정을 통해 획득한 소유물과의 교환물에 대해 개인은 정당한 소유권한을 갖는다(같은 책: 193).

같은 정형적 원리[109]를 포함하지 않아야 한다(Nozick, 같은 책: 195 이하 참조).

그렇지만 판 빠레이스가 판 더 빈과 함께 1985년에 발표한 논문, 「정의의 권한이론들: 노직에서 로머, 그리고 그 이상으로」(Van der Veen/Van Parijs, 1985)에 따르면, 노직은 '정의에 대한 권한이론'과 '권한'을 자신의 정의론의 고유한 특성과 개념에만 적용될 수 있듯이 잘못 사용하고 있다. 노직의 권한이론에 대한 판 빠레이스의 비판은 다음과 같이 요약된다.

첫째, 노직의 이론은 '자기소유권의 평등한 분배'라는 원리를 전제하고 있다. 이에 따를 때 그 어떤 분배상태도 이 원리에 따라 정정되어야 한다. 따라서 그의 이론은 종국상태적 또는 정형적 원리에 기초한다(같은 글: 71).

둘째, 롤스적 의미에서의 '순수 절차적 정의'가 성립되는 이론, 곧 사회성원이 준수해야 할 보편적·공적인 정의의 규칙들을 설정하고 그 규칙들에 기초하는 상호작용을 통해 형성된 분배가 정의로운 분배로 간주되는 구조로 구성된 이론에 따를 때, 이러한 정의의 규칙에 기초하여 행위 한 개인들은 그 결과물에 대한 '권한'을 갖는다.(같은 글: 72).[110] 이런 맥락에서 판 빠레이스는 순수 절차적 정의가 성립되는 정의론을 약한 의미에서의 정의에 대한 권한이론으로 분류한다(같은 글 73 이하). 이러한 유형의 이론은 많다. 다른 한편 그는 순수 절차적 정

---

109 노직에 따르면 정형적 원리는 다음과 같다. "어떤 분배의 원리가 분배 상태로 하여금 어떤 자연적 차원, 자연적 차원들의 계측된 종합, 또는 자연적 차원들의 사전적 서열 배열에 따라 변화해야 한다고 명시할 경우 그 원리를 정형적이라 부르자"(Nozick, 같은 책: 199).

110 롤스에 따르면 "순수 절차적 정의가 성립하는 경우" "바르고 공정한 절차가 있어서 그 절차만 제대로 따르면" "그 결과도 마찬가지로 바르고 공정하게 된다."(Rawls, 1999: 136) "순수 절차적 정의에 있어서는 이득의 분배"는 "공공적인 규칙의 체계에 따라 이루어"진다. 또한 "이러한 종류의 절차적 정의에 있어서는 분배의 옳음이란 그 근거가 되는 협동 체제의 정의에 바탕을 두고 있"다(같은 책: 138). 롤스에 의하면 자신의 정의론에 입각하는 기본구조, 곧 "사회의 주요 제도가 권리와 의무를 배분하고 사회 협동체로부터 생긴 이익의 분배를 정하는 방식"(같은 책: 140)은 순수 절차적 정의의 체계다(같은 책: 134-140). 즉 롤스의 정의론에서는 순수 절차적 정의가 성립된다.

의가 성립되는 어떤 이론이 제시하는 정의의 규칙들에 종국상태적이거나 정형적인 원리들이 포함되지 않을 때, 이를 강한 의미의 권한이론으로 분류한다(같은 글).

셋째, 노직의 이론은 로머(J. Roemer)의 착취론의 한 유형이다. 로머에 의하면, 재산이 평등하게 분배될 때 누군가의 상황이 나빠지면 그는 착취자다(Van Parijs, 1995: 123). 또한 시초에 불평등하게 분배되는 재산의 유형에 따라 다양한 종류의 착취가 가능하다. 노직의 이론을 이러한 로머의 틀에 적용할 경우, 어떤 사회에서 자기소유권이라는 재산이 '시초'에 평등하게 분배되기만 하면 이 사회의 분배상태는 정의롭다. 판 빠레이스는 이 '시초'를 개인의 일생이나 특정한 시기 등과 같이 어떻게 특정하는냐에 따라, 또한 평등하게 분배되어야 할 '재산'을 무엇으로 설정하는냐에 따라, 노직의 정의론과 같은 유형의 권한이론이 매우 다양하게 조합될 수 있음을 강조한다(같은 글: 74 이하).

이러한 분석에 따를 때, '권한으로서의 정의'는 노직의 이론 또는 이와 유사한 유형의 이론에서만이 아니라, 순수 절차적 정의가 성립되는 모든 이론에 대해 적용가능하다. 또한 순수 절차적 정의가 성립되는 이론의 경우, 그 이론에 종국 상태적이거나 정형적인 원리가 포함되어 있는지와 무관하게 특정 대상에 대한 권한이 성립된다. 이렇게 볼 때 순수 절차적 정의가 성립되는 모든 정의론은 특정한 대상에 대한 특정한 권한의 정의로운 분배를 포함한다.[111] 이때 이러한 권한의 분배는 '자원/소득에 대한 권한의 정의로운 분배원칙, 곧 판 빠레이스적 의미에서의 분배정의의 원칙에 의해서도 가능할 것이다. 뿐만 아니라 이러한 분배정의의 원칙을 배경으로, 협동적 정의의 원칙이나 교환적 정의의 원칙 등에 의해서도 가능할 것이다.

---

111   판 빠레이스에 의하면 특정 정의론을 권한이론으로서 연구하려면, 그 정의론이 다루는 재산의 실체가 무엇인지, 예를 들어 토지인지 소득인지, 또한 그에 대한 권한의 속성이 완전한 소유권인지 또는 접근권인지 등에 대해서도 유의해야 한다(Van der Veen/Van Parijs, 1985: 71). 노직의 경우 '권한'이란 모든 종류의 사유재산에 대한 소유권한이라고 할 수 있다.

그런데 판 빠레이스는 "사회제도의 형성"이 무엇보다 "일관되고 설득력 있는 정의의 관념"에 의해 "인도"되어야 한다는 신념(Van Parijs/Vanderborght, 2017: 99) 아래, 보편적 정의의 규칙들을 설정하고 이 규칙들이 준수되는 사회를 형성하고자 한다. 이에 따라 실질적 자유지상주의의 관점에서 볼 때, 실질적 자유지상주의적 정의의 규칙들에 기초하여 행위한 개인들은 그 결과물에 대한 정의로운 '권한'을 갖는다. 이는 실질적 자유지상주의가 순수 절차적 정의가 성립되는 이론, 따라서 정의에 대한 권한이론임을 의미한다.[112] 판 빠레이스는 주로 '분배정의'와 관련하여 자신의 권한이론을 전개한다. 이런 맥락에서 정의로운 권한에 대한 그의 연구는 무엇보다 자원/소득에 대한 권한의 정의로운 분배를 연구하는 분배정의론의 형태로 전개된다.

그런데 자원/소득에 대해 정의로운 특정 권한 또는 권리를 설정하는 분배이론, 곧 분배정의론은 판 빠레이스의 이론으로 국한되지 않는다. 이때 특정한 분배정의론의 설득력 여부와 관련하여 중요한 기준은 특정한 자원/소득에 대해 특정한 사람들이 갖는 권한의 '근거'와 그 근거의 적절성일 것이다.[113] 이를 유념하면서 판 빠레이스의 분배정의론을 권한이론의 관점에서 재구성해 보자. 특히 그에게서 기본소득이 특정한 분배정의, 곧 특정한 자원/소득에 대해 모두가 무조건적으로 갖는 권한 또는 권리가 되는 근거에 대한 고찰을 중심으로 재구성해 보자.

---

112 판 빠레이스가 제시하는 분배정의의 원칙들은 종국상태적·정형적이다. 따라서 약한 의미에서의 권한이론이다.

113 판 빠레이스는 『기본소득』에서 노직의 이론을 비롯한 자유지상주의를 "정의로운 제도들이 존중하고 보호해야 하는 제도에 앞서 존재하는 개인적 권한"에 "의존"하는 이론으로 규정한다. 이에 따를 때 자유지상주의에서 '권한'은 제도와 무관하며 나아가 그에 앞서는 것이다. 반면 자신의 입장은 제도 이전 상태라는 제약조건 없이도 모든 것이 분배대상이 되어야 한다는 입장으로, 자유롭고 평등한 모두에게 공정하고 정당하게 기회가 분배되는 방식으로 제도들이 설계되어야 한다는 입장으로 제시한다(Van Parijs/Vanderborght, 2017: 122).

공유지에 대한 평등한 권한과 기본소득

『기본소득』에 의하면, 모두가 무조건적으로 권한을 갖는 특정한 '자원'은 "선물"(Van Parijs/Vanderborght, 2017: 105)이다. 이때 선물이란 "자연, 기술적 진보, 자본축적, 사회조직, 시민의식의 규칙(civility rules) 등을 통해 우리에게 무상으로 주어지는 것", 또는 "오늘날 우리가 그것을 위해 어떤 것도 행하지 않은"(같은 글) "공동의 유산"[114](같은 책: 106)이다. 판 빠레이스에 따르면, "우리 소득에 매우 불평등하게 합체되어 있는 이 거대한 선물"의 "공정한 몫"을 "모두가 받아야" 한다(같은 책: 105). 기본소득은 바로 이를 "보장"한다(같은 글).

이때 모두가 이 선물에 대해 무조건적인 권한을 갖게 되는 근거는, "오늘날 우리가 그것을 위해 어떤 것도 하지 않은" 채 모두가 "무상으로" 물려받는다는 사실과 관련된다(같은 글). 즉 누구도 이러한 선물에 대해 독점적 권한을 주장할 수 없고, 따라서 원칙상 모두에게 평등하게 사용할 권한을 부여하는 것이 공정하다는 사실과 관련된다. 판 빠레이스에게서 이러한 공정성은 실질적 자유지상주의적으로 논의된다. 실질적 자유지상주의, 특히 이에 함축된 기회평등주의에 따를 때 이러한 선물은 개인의 노력이나 선택과 무관하게 주어지는 것이다. 따라서 각자가 좋은 삶을 살기 위해 필요한 실질적 자유의 기회와 수단으로 이 선물에 대한 모두의 평등한 권한이 보장되어야 한다. 이때 판 빠레이스가 선물을 '공동유산'으로 본다는 점이 시사하듯, 선물에 대한 모두의 평등한 권한은 미래 세대까지 포함한 모두가 공동으로 사용·향유하는 권한, 곧 공유권한으로 보는 것이 적절할 것이다.

『기본소득』에서는 '선물'이 "오늘날 우리가 그것을 위해 어떤 것도 행하지 않았다"(같은 글)는 의미에서 주로 과거로부터 물려받는 "공동유산"(같은 책: 106)

114　판 빠레이스는 '선물'을 콜(D. H. Cole)의 을 따라 "공동의 유산"이라고도 부른다(같은 책: 106).

으로 제한되고 있다. 그렇지만『모두를 위한 실질적 자유』에서 시사되듯,[115] 판 빠레이스의 기회평등주의 원칙에 충실할 때, 이 선물은 원칙적으로는 "자기노력에서 유래하지 않는 전체 외부재산", 따라서 사회성원 모두가 그에 대해 평등한 권한을 갖는 공유지(commons)로 "최대한 넓게 설정"(곽노완, 2018: 160)된다.

판 빠레이스에 따르면 공유지, 곧 "이 모든 선물들"은 "모두에게 공정하게 분배"(Van Parijs/Vanderborght, 2017: 107)되어야 한다. 그런데 선물 또는 공유지를 미래세대도 포함하는 '모두'에게 공정하게 분배하는 것은 사실상 불가능하다. 뿐만 아니라 많은 공유지들은 거기에 생산적 활동이 투하되어야만 소득을 산출한다.[116] 이 경우, 아무런 생산적 활동을 수행하지 않은 자가 공유지에 대한 공유권한으로부터 공유지의 소득에 대한 평등한 권한을 요구하는 것은 부적절해 보이기도 한다.

그런데 현실에서 공유지는 정확히 인구 수 대로 나뉘어 개별적으로 사용되지 않는다. 뿐만 아니라 미래세대를 고려할 때, 또한 현실에서 많은 공유지가 사유화되어 있음을 고려할 때, 이러한 개별적 분할과 사용은 불가능하다. 나아가 각 개인의 상이한 소원과 소질과 취향 등을 생각할 때 이는 바람직하지도 않다. 이런 맥락에서 판 빠레이스는 모두의 공유지를 개인적 이익을 위해 사용하는 "특권"을 누리는 생산자들로부터 그 '특권'에 대한 "수수료"(fee)를 부가하여 이를 기본소득으로 분배할 것을 제안한다(같은 글).[117] 즉 그는 공유지에 대한 모

---

115 『모두를 위한 실질적 자유』에서 판 빠레이스는 자신의 노력과 무관하게 주어지는 내외적 천부(endowments), 곧 재능이나 외적 재산의 차이를 기본소득의 지급을 통해 최소화하여 기회의 평등을 가능한 한 최대로 달성하고자 한다. 다만 모두가 선호하지 않을 가능성이 높은 사람들, 예를 들어 장애인들에 대해서는 별도의 보상을 추가할 것을 제안한다(권정임, 2017: 22). 그런데 이때 내적 천부는 판 빠레이스에게서 공유지가 아니다. 형식적 자유가 침해될 수 있기 때문이다(같은 글: 21 이하, Van Parijs, 1995: 64).

116 예를 들어 농업용 토지를 들 수 있다.

117 공유지에 근거하여 기본소득의 재원을 정당화하는 논의는『모두를 위한 실질적 자유』에서는 임대논리의 형태로 전개된다. 이에 따르면 재능은 동일하나 취향이 다른 두 사람, 곧 종일 서

두의 공유권한에 기초하여, 공유지에서 유래하는 소득 또는 그 일부에 대한 모두의 평등한 소유권한을 인정한다. 따라서 그에게 기본소득의 지급은 "공정한 재분배"가 아니라 "공정한 분배"다. 또한 그 재원은 "생산자가 무에서 창조한 것에 대한 부과금이 아니다"(같은 글).

결국 판 빠레이스는 기본소득을 분배정의의 관점에서는, 공유지에 대한 모두의 평등한 공유권한에 근거하여 정당화한다. 이는 그가 실질적 자유지상주의라는 정치철학적 이념의 차원에서 요청한 분배정의, 곧 '모두를 위한 실질적 자유' 및 이를 위한 기본소득이 사실 공유주의에 기초함을 의미한다. 즉 모두가 평등한 권한/권리를 갖는 공유지라는 실체를 인정하면서 이에 기초하여 공유지와 관련되는 평등한 권리들을 주장하는 입장[118]에 기초함을 의미한다. 동시에 이 이념의 차원에서 요청한 분배정의가 공유주의와 통합됨으로써 온전한 분배정의로 성립됨을 의미한다. 사실 그는 "엄격히 말해서 우리의 분배정의 개념이 요구하는 것은 실질적 자유의 최소극대화가 아니라",[119] "이 자유의 기층을 형성하는 선물(gifts)의 최소극대화"(같은 책: 105)임을 부각한다. 나아가 이 논의를 전

평만 하고자 하는 사람과 돈만 벌고자 하는 사람은 전자의 몫에 해당하는 공유지를 후자에게 임대함으로써, 각자의 실질적 자유를 가장 높은 수준에서 누릴 수 있다(Van Parijs, 1995: 99 이하).『기본소득』에서의 수수료 논의는 이 임대논리를 보다 일반화한 것이라고 할 수 있다.

118 공유지와 관련되는 평등한 권한 또는 권리들로는 평등한 공유권을 비롯하여, 앞으로 제시될 새로운 공유지의 생산에 대한 모두의 직간접적 기여에 따른 권리, 공유지 관리에 대한 평등하고 민주적인 권리(권정임, 2018 참조) 등을 들 수 있다. 그런데 공유지와 관련되는 이러한 권한들을 인정하게 되는 기초는 공유지라는 실체에 대한 인정이다. 공유지의 보전이나 생산 및 공유지에서 유래하는 소득 등과 관련되는 여러 권한이 공유지라는 실체의 인정에 기초하기 때문이다. 판 빠레이스는 "선물"이라는 범주를 통해 공유지라는 실체를 인정한다. 또한 이에 기초하여 공유지와 관련되는 평등한 권리, 그의 경우, 공유지에 대한 모두의 평등한 공유권한과 기본소득에 대한 권한을 주장한다. 이런 이유로 이 글에서는 그가 원칙상 공유주의를 수용하고 있다고 해석한다.

119 이 문장에 이어 판 빠레이스는 "실질적 자유의 최소극대화"라는 "표현을 편의상 사용한다"고 덧붙이고 있다(같은 글).

개하는 『기본소득』 5장에서 그는 콜(G. D, H. Cole)이나 사이먼(H. A. Simon) 같은 공유주의 전통에 뚜렷이 연계하고 있다.[120] 결국 이런 맥락에서 실질적 자유지상주의는 자유주의 또는 자유주의적 평등주의와 공유주의의 통합이다.

노력소득원칙 또는 협동적 정의와 기본소득

그런데 실질적 자유지상주의에 따를 때, 소득에 대한 정의로운 권한은 자원에 대한 정의로운 권한에서 유래하는 소득으로 제한되지 않는다. 즉 소득에 대한 정의로운 권한이 판 빠레이스적인 분배정의에만 근거하지 않는다. 앞에서 고찰했듯이, 실질적 자유지상주의에 따를 때, 기회균등의 조건이 충족될 경우 생산적 노력을 기울인 자가 이 노력에 대한 응분의 몫(desert)을 취득하는 것은 '공정'하다. 즉 이 응분의 몫은 '착취', 곧 타자의 노동으로부터 '불공정'하게 획득한 이득이 아니다(Van Parijs, 1995: 137). 따라서 실질적 자유지상주의에 따를 때, 누군가의 생산적 노력에 대한 응분의 몫을 타자가 획득하는 것은 정당하지 못하다. 실질적 자유지상주의가 판 빠레이스적 의미에서의 정의에 대한 권한이론임을 고려할 때, 이는 실질적 자유지상주의가 생산적 노력에 대한 응분의 몫에 대한 당사자의 '권한', 정확하게 말해서 '소유권한'을 인정하는 것이라고 할 수 있다.

그런데 이처럼 생산적 노력에 대한 응분의 몫에 대한 소유권한을 인정하는 원칙, 곧 노력소득원칙은 판 빠레이스의 협동적 정의, 곧 협동의 부담과 혜택을 각자의 '생산적 기여'에 따라 분배하는 것과 사실상 같다. 결국 실질적 자유지상주의에 따를 때, 기회균등의 조건이 충족될 경우 모두는 협동적 정의에 따른 몫에 대해 소유권한을 갖는다. 실질적 자유지상주의가 판 빠레이스적인 의

---

120 콜처럼 사이먼 역시 "공동 유산" 또는 공동의 "사회적 자본"에 근거하여 기본소득을 지급할 것을 주장한다. 상세한 고찰을 위해서는 같은 책: 255 이하를 참조하라.

미에서의 권한이론임을 고려할 때, 또한 이러한 유형의 권한이론에서 분배정의만이 아니라 협동적 정의나 교환적 정의 등에 근거해서도 소유권한이 인정됨을 고려할 때, 이는 당연한 결과다.[121]

그런데 이 협동적 정의가 기본소득의 근거가 될 수는 없을까?『기본소득』에서 판 빠레이스는 기본소득의 근거를 선물, 곧 물려받은 공유지에 대한 평등한 공유권한으로 명시한다. 이런 맥락에서 그는 노력소득원칙, 곧 협동적 정의를 기본소득이 아니라 개별소득의 정의로운 분배를 위한 원칙으로 한정한다. 그런데 그는 동시에 기본소득이 저평가되는 노동이나 사회적으로 유용한 무급노동 또는 필수적·생산적인 무급노동에 대한 보상을 개선하는 효과를 통해, 상호성으로서의 정의와 관련하여서도 진보를 가져온다고 주장한다. 이 경우의 상호성이 사실상 협동과 관련되고 있음을 고려할 때, 이는 구체적으로는 기본소득이 협동적 정의와 관련하여 진보를 가져온다는 주장이다.

이러한 주장은 저평가되는 노동에 대해서는 적절하다. 그의 주장대로 저평가되던 노동이 기본소득의 지급에 기초한 노동자들의 협상력 강화를 통해 '응분의 몫'을 받을 수 있기 때문이다. 그렇지만 사회적으로 유용한 무급노동이나 필수적·생산적인 무급노동과 관련할 때, 이 주장은 적절성을 상실한다. 이에 대해 살펴보자.

『기본소득』에 따르면, 기본소득은 물려받은 공유지에 대한 평등한 공유권한에 근거하는 소득이다. 따라서 판 빠레이스에게 기본소득은 사회적으로 유용하거나 필수적·생산적인 무급노동에 대한 보상이 아니다. 이는 기본소득을 받는다고 해도 이러한 유형의 노동 또는 생산적 노력에 대한 응분의 몫이 주어지지 않음을 의미한다. 따라서 그가 정의한 '착취', 즉 타자의 노동으로부터 불공

---

121   권정임은 2017년 논문에서 노력소득원칙을 실질적 자유지상주의 분배정의의 원칙의 하나로 본다(권정임, 2017: 16 이하). 이 논문이 실질적 자유지상주의의 '분배정의'를,『기본소득』에서와 달리, '자원/소득에 대한 권한의 정의로운 분배'로 보고 있지 않기 때문이다. 이 논문은 판 빠레이스와 판더보의『기본소득』 발간 전에 집필되었다.

정하게 이득을 취하는 행위는 기본소득제의 시행에도 불구하고 근절되지 않는다. 오히려 이러한 유형의 생산적 노력이 기본소득을 통해 적절하게 '보상'받는다는 '명분'을 통해 정당화되고 은폐된다. 이러한 문제점을 해결하기 위해서는, 이러한 무급노동의 생산적 기여에 대한 응분의 몫을 기여자들에게 주어야 한다. 즉 협동적 정의를 이 유형의 노동에 대해서도 적용해야 한다. 이러한 적용가능성을 모색하기 위해 이러한 유형의 노동이 갖는 특성을 고찰해 보자.

첫 번째 특성은 이 유형에 속하는 노동 또는 노력이 제대로 보수를 받지 못하는 이유와 관련된다. 현존 사회에서 어떤 노동이나 노력이 사회적으로 유용하거나 필수적·생산적이지만 보수를 받지 못하는 이유는, 그러한 노력이 기업을 비롯한 사적 영리단체의 외부에서 수행되기 때문이다. 또는 이러한 영리단체의 활동을 위한 서비스를 제공하여 그 이득을 나누는 공적 또는 사적 기관의 외부에서 수행되기 때문이다. 결국 이런 맥락에서 사적 이익의 증대를 위해 사적으로 소유·관리되는 사유지의 외부에서 그러한 노력이 수행되기 때문이다.

생태운동을 비롯한 여러 시민운동의 경우로 예시할 수 있듯이, 이러한 유형의 노동은 자연환경이나 공공 공간/기반시설 및 지식과 문화 같은 공유지의 생산[122]에 대해 직간접적으로 기여하는 활동이라는 특성을 갖는다. 판 빠레이스가 특히 부각하는 가사·돌봄노동도 인간과 그의 '노동력'의 생산·재생산에 기여함으로써 사유지만이 아니라 공유지의 생산에 직간접적으로 기여한다. 나아가 현재 진행 중인 제4차 산업혁명과 함께 그 의의가 더욱 부각되듯, 인터넷 등을 통해 고용관계 외부에서 행해지는 "자유노동"은 "새로운 연합지성의 노동"이라는 형태로 빅 데이터 같은 거대한 인지적 공유지와 플랫폼 공유지를 창출한다(곽노완, 2017: 227 이하).[123]

사회적으로 유용하거나 필수적·생산적인 무급노동의 두 번째 특성은 이

---

122 여기서 '생산'은 '재생산'과 재생산을 통한 '개선'까지 포괄한다. 즉 넓은 의미로 사용된다.

123 이에 대한 상세한 고찰을 위해서는 곽노완, 2017, 이항우, 2017을 참조하라.

러한 유형의 노력의 수행주체로 '모두'를 설정할 수밖에 없다는 점이다. 그 노력의 정도 또한 개별적 주체를 일일이 확인하면서 측정할 수 없기 때문에, 모두의 노력의 '평균'으로 간주할 수밖에 없다는 점이다. 생태친화적 자연환경 및 공적 공간 같은 사회적 환경의 생산과 개선은 소수 활동가들의 활동만으로는 성취되지 않는다. 모두가 어떤 식으로든 참여한 결과라는 결론을 내리는 것이 합리적이다. 가사/돌봄노동도 그 수행주체를 '여성'으로 미리 한정할 필요는 없다. 현재 남성이 전혀 참여하지 않는다고 말할 수 없고, '남성'의 평등한 참여를 유도해야 한다. 또한 예를 들어 누구나 인생에서 최소한 한번은 인터넷을 통해 자료를 검색한다고 가정하는 것이 적절한 오늘날, 모두가 인지적 공유지의 생산에 평균적으로 기여한다고 설정하는 것 역시 합리적이다.[124]

사회적으로 유용하거나 필수적·생산적인 무급노동의 이러한 특성을 고려할 때, 이러한 노동 또는 노력에 대한 응분의 몫은 기본소득으로 지급하는 것이 적절하다. 이런 맥락에서 노력소득원칙, 곧 협동적 정의는 개별소득에 대한 소유권한의 근거이기만 한 것이 아니다. 협동적 정의는 기본소득의 소유권한에 대한 또 다른 근거이기도 하다. 이때 사유지의 생산에 대한 직간접적 기여가 개별소득의 근거라면, 공유지의 생산에 대한 직간접적 기여는 기본소득의 근거다. 살펴보았듯이 판 빠레이스는 기본소득이 상호성으로서의 정의, 특히 협동적 정의와 근본적으로 무관하지만 이와 관련하여 진보를 가져온다고 주장한다. 이제 이는 새로운 공유지의 생산에 대한 직간접적 기여와 관련되는 경우, 상호성으로서의 정의, 특히 협동적 정의가 기본소득에 대한 소유권한의 또 다른 근거가 된다는 주장으로 대체되어야 한다.

그런데 『모두를 위한 실질적 자유』에서 공유지는 '자기노력으로 환원되지 않는 전체 외부재산'으로 '원칙상' '최대한 넓게' 설정된다. 그렇지만 『기본소득』에서 판 빠레이스는 모두의 직간접적 기여를 통해 새롭게 형성되는 공유지

---

124   보다 상세한 고찰을 위해서는 권정임, 2016b: 41 참조.

및 이러한 기여에서 유래하는 기본소득에 대한 소유권한을 간과한다. 이는 『기본소득』에서 공유지에 대한 그의 이해가 '과거'로부터의 공동유산으로 한정되는 편향을 보인다는 사실과 무관하지 않을 것이다. 따라서 물려받은 공유지에 대한 공유권한만이 아니라 새로운 공유지의 생산에 대한 직간접적 기여에 따른 소유권한 역시 기본소득에 대한 권한의 근거로 보아야, 실질적 자유지상주의가 이론적으로 보다 정합적이 될 것이다.

다른 한편 이러한 간과는 '현재'와 '미래'에 새로 형성되는 공유지, 특히 4차 산업혁명으로 대변되는 과학기술과 산업의 발전과 함께 더욱 중요해지는 공유지, 곧 거대한 인지적 공유지와 플랫폼 공유지 등과 관련된 협동적 정의의 간과로 이어질 수 있다. 이런 측면에서 이 간과는 실천적·정치적 함의를 갖는다.

최소극대화 원칙의 이론적 지위와 역할

실질적 자유지상주의 분배정의론을 정의에 대한 권한이론의 관점에서 재구성하기 위해, 마지막으로 실질적 자유지상주의에서 '실질적 자유의 최소극대화 원칙'이 갖는 이론적 지위와 역할에 대해 살펴보자. 논의의 편의를 위해 기본소득의 적절한 크기에 대한 고찰에서 시작하자.

판 빠레이스는 공유지의 독점적 사용에 대한 '수수료'라는 형태로 공유지에서 산출된 소득의 일부를 거두어 기본소득으로 분배하고자 한다. 그렇다면 실질적 자유지상주의에 따를 때 이 '수수료'의 적절한 크기는 어떻게 규정될까? '수수료'가 모두 '조세'라고 단순화할 때, 또한 기본소득제만이 아니라 전체 사회의 생태적·경제적 지속가능성에 대한 고려를 전제할 때,[125] 수수료, 곧 기본

---

125   총산출의 일부는 기본소득제도뿐만 아니라 사회의 생태적·경제적으로 지속가능성을 위한 재투자나 대비를 위해 사용되어야 한다. 이에 대해서는 Van Parijs, 1995: 39 이하, 권정임, 2013: 126 이하를 참조하라.

소득의 크기는 실질적 자유의 최소극대화 원칙에 의해 규정된다. 이 원칙에 따라 기본소득의 크기가 어떻게 규정되는지 살펴보자. '실질적 자유'의 물적 기초 또는 재원이 기본소득이므로, 기본소득의 크기와 관련되는 이 절의 논의에서 이 원칙은 '최소극대화'로 축약된다.

최소극대화 원칙에 따라 판 빠레이스는 공유지의 사유화 및 공유지에서 유래하는 소득 일부의 사유화(Van Parijs, 1995: 101 이하)를 포함한 불평등을 허용하는 대신, 효율성을 증대시켜서 모두의 처지를 개선시키고자 한다.[126] 가능한 최대의 '평등'을 확보하여 '정의'를 실현하기 위해,[127] 그 중에서도 최소수혜자의 처지를 최대한 개선시키고자 한다. 그 결과 기본소득의 절대수준을 최대화하고자 한다. 공급측 경제학이 가정하듯 조세부담률이 올라갈수록 생산동기가 하락하여 공유지 순소득 총액이 줄어든다고 전제할 때, 이는 기본소득의 절대수준이 최대화되는 지점에서 조세율이 결정됨을 의미한다. 즉 다음 표의 2지점에서 결정됨을 의미한다.

그런데 순수 절차적 정의가 준수되는 권한이론이라는 실질적 자유지상주의의 특징을 고려할 때, 실질적 자유지상주의가 제시하는 정의의 규칙들에 따른 행위의 결과물에 대한 행위자들의 정의로운 '권한'은 실질적 자유지상주의에서 인정된다. 이는 실질적 자유지상주의에 따를 때, 최소극대화원칙에 따라 정해진 특정한 크기의 기본소득에 대해 모두가 소유권한을 갖는다는 것을 의미한다.

그런데 여기서 주목해야 할 것이 있다. 그것은 최소극대화 원칙이 기본소득에 대한 소유권한 자체의 근거는 아니라는 점이다. 기본소득에 대한 소유권한 자체의 근거는 '물려받은 공유지에 대한 공유권한', 그리고 앞 절에서의 제안

---

126 이는 실질적 자유지상주의에 따를 때, 이렇게 형성된 정의로운 사유재산에 대한 소유권한이 인정됨을 함축한다.

127 "정의란 최악의 전망을 가진 자들의 전망을 지속가능하게 최대화하는 것에 대한 것이다. 즉 모두가 희생하여 전망을 똑 같이 하는 것에 대한 것이 아니다."(Van Parijs/Vanderborght, 2017: 109).

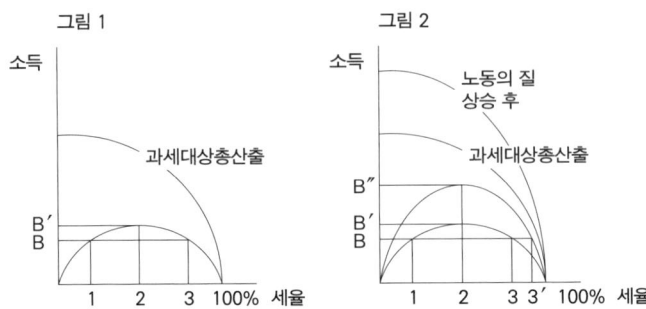

※그림 2는 기본소득의 지급으로 인해 특히 불쾌한 노동 분야에 대한 노동자들의 지원이 줄게 되고 이에 따라 그 분야의 노동력을 기계로 대체하여 생산성이 상승한 경우다.[128]

을 수용할 때, '공유지 생산에 대한 직간접적 기여에 따른 소유권한'이다. 이들에 근거하여 기본소득에 대한 소유권한이 발생하기 때문에, 최소극대화 원칙에 따라 기본소득의 정당한 크기를 규정하는 것이 가능해지는 것이다.

이러한 결론은 실질적 자유지상주의에서 최소극대화 원칙이 갖는 이론적 지위 및 역할과 관련하여 중요한 의의를 갖는다. 판 빠레이스의 자원/소득에 대한 권한이론으로서의 분배정의론에 따를 때, 최소극대화 원칙이 분배정의원칙이 아니라는 결론이 성립하기 때문이다. 물론 판 빠레이스는 권한이론의 관점에서의 '분배정의'를 자신이 자유주의 정치철학을 비판적으로 계승하여 발전시킨 '분배정의', 곧 '실질적 자유의 최소극대화' 또는 '모두를 위한 기본소득'과 통

---

128   이는 판 빠레이스가 자신의 초기 저작에서 행한 논증을 적용한 것이다(Van Parijs/Van der Veen, 1986: 163 이하 참조). 그는 초기에는 생태적 가치와 임노동을 통한 소외의 극복을 위해, 기본소득의 지급으로 인해 특히 불쾌한 노동 분야의 과소지원에 대한 대책으로 유발된 생산성의 상승을 반생태적인 경제성장이 아니라 더 많은 기본소득의 지급을 위해 사용하고자 한다(권정임, 2013a, 2013b: 110 이하). 그 결과 기본소득의 절대적 수준이 최대화되는 지점이 아니라 개인의 총소득에 비한 기본소득의 상대적 수준이 최대화되는 지점에서 기본소득을 위한 세율을 결정하고자 한다(Van Parijs/Van der Veen, 1986: 163 이하). 이때 그는 "개인소득이 전적으로 보편급여로 구성"(같은 글: 195)되는 사회를 목표한다.

합한다. 그렇지만 이는 동시에 이러한 통합이 없다면, 후자가 독립적인 분배정의원칙이 될 수 없다는 사실을 그가 잘 인지하고 있다는 사실을 보여준다.

결국 이 소절에서의 연구를 통해 다음과 같은 두 결론이 도출된다. 첫째, 실질적 자유지상주의에서 '최소극대화'는 독립적인 분배정의원칙이 아니라, 기본소득의 크기를 규정하는 원칙이다.[129] 둘째, 실질적 자유지상주의를 통한 자유주의적 평등주의와 공유주의의 통합에서, 특히 분배정의와 관련하여 공유주의가 자유주의적 평등주의보다 기본적인 역할을 수행한다. 실질적 자유지상주의에서도 기본소득의 근거는 자유 또는 실질적 자유가 아니라 공유지에 대한 모두의 평등한 공유권이다. 이때 후자에 따른 분배정의는 자유, 물론 실질적 자유지상주의적인 실질적 자유의 경제적 기초다. 이런 맥락에서 실질적 자유지상주의는 공유주의 분배정의론의 한 유형, 곧 공유주의의 자유주의적 평등주의적 버전이다.

지금까지 살펴보았듯이, 미드와 판 빠레이스의 기본소득론에서 기본소득은 '자유'와 '평등' 및 '효율성'이라는 세 가치와 결합된다. 두 사람 모두에게 기본소득의 근거는 '평등', 정확하게 말해서 공유지를 사용·향유할 기회에 대한 평등한 권리로서의 평등한 공유권이다. 이에 비해 '자유'와 '효율성'은 기본소득의 크기 결정과 관련된다. 미드는 '자유'와 '효율성'을 위해 생산적 부의 대략 50%만을 공유화하고자 한다. 판 빠레이스는 모두, 특히 최소수혜자를 위한 '자유'를 지속가능하게 최대한 보장하기 위해, 차등원칙에 따라 지속가능한 최대한의 기본소득을 추구한다.[130]

---

129 "실질적 자유의 최소극대화원칙만으로는 기본소득제가 충분히 정당화될 수 없다"(권정임, 2017: 26).

130 2017년 공저에서 판 빠레이스는 기본소득의 크기에 대해 보다 현실적이고 유연한 입장도 보여준다. 이에 따르면 기본소득이 반드시 완전(full) 기본소득, 즉 일생동안 제대로 살 수 있을 정도로 크기가 충분한 기본소득일 필요는 없다. 불안정하고 보수가 적은 일을 하면서도 미

판 빠레이스는 그 누구보다 '자유'를 위해 기본소득을 주장한다. 심지어 그는 분배정의란 일차적으로 "자유"의 "공정한 분배"(Van Parijs/Vanderborght, 2017: 104)라고 주장한다. 동시에 그는 동일한 저서의 다음 쪽에서 "엄격한" 의미에서 자신의 분배정의가 요구하는 것이, "실질적 자유의 최소극대화가 아니라" "자유의 기층을 형성하는 선물", 곧 공유부의 "최소극대화"(같은 책: 105)라고 명시한다. 분배정의에 대한 이러한 그의 일관되지 못한 진술을 어떻게 받아들여야 할까?

이 저서의 '서문'에서 분배정의의 대상으로 자원/소득만이 아니라 정치적 권리와 의무까지 포함하였다. 정치적 권리/의무가 자원/소득에 대한 접근에 영향을 미치기 때문이다. 이러한 정황을 반영하여 자원/소득의 분배정의가 사실은 정치적 권리/의무를 비롯한 정치 공동체의 규범체계와 통합되어 있음을 강조하였다.

그런데 이러한 사정은 정치적 권리와 의무의 정의로운 분배 역시 보다 심층적인 차원에서는 자원/소득의 정의로운 분배와 통합되어 있음을 의미한다. '자유'에 대한 권리가 그 경제적 수단에 대한 권리와 통합되지 못할 때, 이 권리는 '형식적'인 권리에 불과하다. 판 빠레이스는 '실질적 자유' 개념을 통해 이러한 한계를 극복하고자 한다. 이런 측면에서 그에게서 '자유'라는 정치적 권리에 대한 정의로운 분배는 자원/소득에 대한 분배정의와 통합되어 전개될 수밖에 없다. 그는 명시적으로 '자유'에 근거하여 기본소득을 주장한다. 그러나 이때 '자유'는 분배정의, 곧 자원/소득의 분배에서의 정의라는 좁은 의미의 분배정의

래를 위해 투자할 수 있는 정도의 크기라면 충분하다는 것이다. 그가 기본소득의 크기에 대해 이처럼 유연한 입장을 보이는 이유는 그가 기본소득의 점진적 도입을 예측·옹호한다는 점과 관련된다. 기본소득이 도입도 되지 않은 현재 시점에서 완전기본소득에 대한 논의는 시기상조라는 것이다. 이런 측면에서 그는 완전 기본소득의 액수에 대한 논의에 너무 많은 시간을 들이지 말 것을 권유한다. "완전한 기본소득을 단 한 방에 성취하려는 행동은 무책임하다"(Van Parijs/Vanderborght, 2017: 166). 이를 배경으로 그는 기본소득의 액수보다 기본소득의 도입이 가져올 효과를 더 고려하고자 한다(같은 책: 166 이하).

관점에서는 기본소득의 근거가 아니다. 많은 다른 기본소득론자들에서와 같이 그에게서도 분배정의 관점에서 기본소득의 근거는 '평등', 정확하게 말해서, 공유지에 대한 평등한 공유권이다. 그렇지만 그는 자원/소득 차원에서의 분배정의, 정확히 말해서, 공유지에 대한 평등한 공유권을 "자유"에 대한 권리의 "공정한 분배"(같은 책: 104)와 통합함으로써, 기본소득이 '자유'에 대해 갖는 정치적 효과를 가장 극적으로 보여준다.

Ⅱ부

분배정의와 기본소득

제4장
정치 공동체와 분배정의

1. 분배정의와 정치 공동체의 근본가치

분배정의 원칙인 것과 아닌 것을 판단하는 기준

지금까지 다양한 기본소득론을 분배정의 관점에서 재구성하여 비판적으로 고찰하였다. 이에 연계하여 II부에서는 분배정의 및 그 원칙에 대해 보다 깊이 있게 논의하고자 한다. 그 결과 기본소득이 분배정의로서 요청됨을 보이고자 한다. 이어서 기본소득의 실현방안에 대해 연구하고자 한다.

분배정의 원칙인 것과 아닌 것을 판단하는 기준에 대한 논의부터 시작해 보자. I부에서 살펴보았듯이, 분배정의 원칙으로 제시되는 원칙들 중에는 엄밀한 의미에서 분배정의 원칙으로 볼 수 없는 원칙들도 있기 때문이다.

특정한 가치나 이념을 분배정의 원칙이 되게 하는 기준은 무엇일까? 또 어떤 가치나 이념을 분배정의로서 주장하는 것은, 여러 실용적인 근거에서 주장하는 것을 제외할 때, 특정한 가치나 이념을 분배정의와 무관하게 그 자체 좋은 것 또는 가치 있는 것으로서 주장하는 경우와 어떤 차이점을 갖는 것일까? 이 문제의 해결을 위해 밀러(David Miller)가 시사하는 기준을 고찰해 보자.

밀러는 '필요의 원리'가 분배정의 원칙이 될 수 있는지에 대해 의문을 제시한다. 그에 따르면 오늘날 많은 사람들은 필요의 원리를 분배정의 원칙의 하나로 보고 있다(Miller, 1992). 사회보장제도, 특히 사회부조(social assistance)는 생계를 위해 도움을 '필요'로 하는 사람들에게 도움을 주는 필요의 원리에 기초하고 있다. 이러한 정황은, 밀러의 연구로 드러나듯, 많은 사람들이 필요의 원리를 분배정의 원칙으로 간주하는 제도적 배경이라고 할 수 있다.

이러한 인식과는 달리, 밀러는 필요의 원칙이 분배정의가 아니라 인도주의와 관련된다고 본다(Miller, 1992: 574). 즉 필요의 원칙이 분배정의 원칙이 아니라 인도주의적인 요청이라는 것이다. 그에 따르면 필요의 원리에 따른 급여이전이나 서비스 제공은 수혜자가 "강제할 수 있는 요청"이 아니다. 또한 수혜제공자가 "의무"로 받아들이지도 않는다. 필요의 원리에 따른 급여이전이나 서비스 제공은 "필수적으로" 이루어져야 하는 분배가 아니다((Miller, 1992: 573).

그의 이러한 견해를 앞의 문제제기, 곧 특정한 가치나 이념을 분배정의 원칙이 되게 하는 기준에 대한 물음에 적용해 보자. 그렇다면 분배정의 원칙이 될수 있는 원칙과 그렇지 않은 원칙을 구분하는 기준은, 급여와 서비스의 제공, 또는 일반화하여 말한다면, 특정한 자원/소득의 분배가 '필수적', '강제적'으로 요청될 수 있는지 여부일 것이다.

그렇다면 특정한 자원/소득에 대한 요구가 필수적·강제적일 수 있는 근거는 무엇일까? 이 질문에 대한 해답의 실마리는 인간이 사회적 존재라는 사실에서 찾을 수 있다. 우리 인간은 삶의 다양한 영역에서, 또한 다양한 방식으로 타인과 협동하면서 함께 살아갈 수밖에 없다. 또한 이처럼 함께 살기 위해 인간은 특정한 형태의 거버넌스를 포함하는 정치 공동체를 형성한다. 밀림에 버려지는 경우와 같은 극단적인 경우를 제외한다면, 인간은 언제나 특정한 정치 공동체 내부에서 태어난다. 또한 다른 정치 공동체로 이주하지 않는 한, 자신이 태어난 정치 공동체를 재생산하거나 변화·변혁시키면서 살아간다.

　　인간 삶의 이러한 특성을 고려할 때, 자원/소득에 대한 특정한 분배가 필수적·강제적일 수 있는 근거는 그가 속한 정치 공동체와 공동체 성원들이 이를 '인정'하는 것이다. 이러한 인정은 궁극적으로는 해당 사안이 그 정치 공동체의 거의 모든 성원이 동의하는 정치 공동체의 근본가치나 이념, 또는 근대 이후의 헌정주의 국가 개념을 통해 표현한다면, 헌정적 또는 헌법적 가치에 부합할 때 이루어진다. 특정 정치 공동체의 기본적인 정치적·경제적·사회적 질서, 곧 사회체제는 이러한 근본가치에 기초하거나 기초해야 한다. 정치 공동체 성원들은 명시적이든 묵시적이든, 자발적이든 비자발적이든 이러한 근본가치와 질서에 동의하고 이를 기반으로 협동하며 함께 살아간다. 특정 개인이 이러한 가치와 질서를 거부할 때, 그는 이 정치공동체에서 제대로 살아갈 수 없다. 또는 다수가 이러한 가치와 질서를 거부할 때, 해당 정치 공동체는 결국 해체되거나 다른 근본가치와 질서에 기초하는 공동체로 대체될 것이다. 결국 특정한 정치 공동체가 기초하는 근본가치 및 이를 구현하는 질서의 준수는 그 공동체 내부에서는 필수적·강제적이다. 위에서 제기한 문제, 곧 특정한 자원/소득에 대한 분배가 필수적·강제적일 수 있는 근거는 이를 적용할 때 해결된다. 즉 특정한 자원/소득의 분배에 대한 요구가 해당 정치 공동체와 사회체제의 근본가치에 기초함으로써 거의 모두가 동의할 수밖에 없을 때, 그 요구는 필수적·강제적이다. 또한 그러한 요구를 표현하는 원칙은 그 공동체에서의 분배정의 원칙이 된다. 이런 측면에서 분배정의는 그것이 명시적 또는 묵시적으로 전제하고 지지하는 특정 정치 공동체의 근본가치나 이념과 연관·통합되어 있다.

　　그렇다고 이러한 입장이 다음을 주장하는 것은 아니다. 즉 특정 분배정의론의 명시적 또는 묵시적 전제들이 정치 공동체의 근본가치에 기초하거나 이와 관련된다는 사실만으로, 그 분배정의론에 대해 해당 공동체의 거의 모든 성원이 필수적·강제적으로 동의한다고 주장하는 것은 아니다. 이러한 동의를 획득하기 위해서는 한편에서는 해당 분배정의론과 정치 공동체의 근본가치 간의 관계를 포함하여 해당 분배정의론 자체의 논리적 일관성과 강한 설득력이 요구되기 때문이다. 다른 한편에서는 해당 분배정의론이 생태적 제약까지도 포함하는 포괄적인 의미에서 해당 정치 공동체의 경제적 역량과 조건 내에서 실현가능해야 하기 때문이다.

그렇지만 여기서는 이 두 조건의 충족여부에 대해서는 일단 사상하자. 분배정의와 그것이 명시적 또는 묵시적으로 전제하고 지지하는 특정 정치 공동체의 이념이나 근본가치 간의 관계에 대해서만 보다 구체적으로 살펴보자.

정치 공동체의 근본가치는 해당 공동체의 정치적·경제적·사회적 질서, 곧 사회체제의 형성에 일관되게 관철되면서 이를 구속한다. 즉 이 근본가치는 인간 삶과 사회의 다양한 영역, 곧 정치, 경제, 문화, 사적 영역 같은 다양한 영역에 일관되게 관철되면서 이를 구속한다. 이는 〈서문〉에서 언급했던 '부분적 정의', 곧 정치적 정의, 분배정의, 교환적 정의 등이 근본가치에 의해 영향을 받을 뿐만 아니라 서로 영향을 미치면서 연관됨을 의미한다. 분배정의를 중심으로 이에 대해 살펴보자.

분배정의는 무엇보다 정치 공동체의 근본가치에 의해 직접적인 영향을 받는다. 다소 거칠게 말하자면 분배정의는 이 근본가치가 자원/소득의 분배와 관련하여 구체화된 것이라고도 할 수 있다.

분배정의와 다른 종류의 부분적 정의 간의 관계를 살펴보자. 정치적 정의와 교환적 정의 및 협동적 정의와의 관계를 중심으로 살펴보자. '인신의 자유' 등과 같은 정치적 권리나 의무는 자원/소득에 대한 접근에 직접적인 영향을 행사한다. 나아가 자원/소득에 대한 '정당한' 접근의 선행조건이 되기도 한다. 예를 들어 '인신의 자유'라는 정치적 권리가 없는 노예는 자신의 순수한 노동소득에 대해서도 접근할 수 없다. 이런 측면에서 자원/소득에 대한 접근을 규제하는 정치적 정의의 확립은 분배정의의 확립을 위한 조건이다. 나아가 여러 윤리학자들이 부각하듯이, 넓은 의미에서는 '정치적 권리와 의무'의 분배 역시 분배정의의 대상이라고 할 수 있다.

이러한 관계는 교환적 정의 및 협동적 정의와 분배정의와의 관계에서는 역전된다. 판 빠레이스와 드 브리예(Van Parijs, 1997: 3, de. Briey: 2011), 홀츠라이트너 등이 시사하듯(Holzleitner, 2009: 18), 자원/소득에 대한 분배정의의 확립은 교환적 정의와 협동적 정의의 전제가 된다. 현실적으로 자원/소득에 대한 분배가 있고 난 후에야 이를 기반으로 교환이나 협동이 발생할 수 있기 때문이다. 자원/소득이 좋은 '신분'을 타고났다는 이유만으로 소수 특권층에게 유리하게 분배되는 사회는 모두를 평등하다고 보는 현대인의 관점에서는 분배정의를 위반하는 사회다. 이러한 사회에서 특권층과 일반인이 예를 들어 생산수단의 사용에 대한 허가권과 노동력의 제공을 교환한다고 해 보자. 등가교환이라고 하는 교환적 정의가 지켜지지 않을 가능성이 클 것이다. 양자 간의 협동의 산물에 대한 분배 또한 부정의할 가능성이 클 것이다. 즉 특권층이 일방적으로 많이 차지할 가능성이 클 것이다.

결국 자원/소득에 대한 올바른 분배로서의 분배정의를 보다 깊게 연구하기 위해서는 이를 무엇보다 정치 공동체의 근본가치나 이념과 통합된 것으로서 연구해야 한다. 이에 대해서는 아리스토텔레스도 이미 시사한 바 있다. 이에 대해 살펴보자.

아리스토텔레스에서 정치 공동체와 분배정의

서구 고대에서 전해 내려오는 '정의'의 한 유명한 규정은 "각자에게 자신의 몫을 주는 것"이다. 이는 플라톤을 통해 전승되는 시인 시모니데스의 표현이다(홀츠라이트너, 2009: 14 이하). 이에 대해서는 즉시 다음과 같은 의문이 제기된다. 이때 자신의 몫이란 정확히 무엇을 의미하는가? 그 몫은 어떻게 결정되는가? 등등. 아리스토텔레스의 정의론은 이 질문에 대한 일정한 응답일 수 있다.

아리스토텔레스에 따르면 분배정의란 "가치(axia, 공적)에 따라 분배"(아리스토텔레스, 2007: 169)하는 것이다. 이를 보다 정확하게 이해하기 위해서는 『니코마코스 윤리학』에서 이 문구에 이어지는 문장을 주목할 필요성이 있다. 그에 따르면,

> "분배에 있어 정의로운 것은 어떤 가치에 따라 이루어져야 한다는 것에 대해서는 모든 사람이 동의하지만, 그럼에도 모든 사람이 동일한 것을 가치로 주장하는 것은 아니다. 민주주의자들은 자유(민의 신분)를 가치라 말하고, 과두정의 지지자들은 부나 좋은 혈통을 가치라고, 또 귀족정체를 지지하는 사람들은 탁월성을 가치라고 말한다. 그러므로 정의로운 것은 일종의 비례적인 것(analogon)이다."(아리스토텔레스, 2007: 169)

이 인용문에 따르면 특정한 정치 공동체의 체제마다 중요하게 여기는 가치가 있고, 분배는 개인이 지닌 이러한 가치 또는 공적에 "비례"하여 이루어져야 한다는 것이다. 아리스토텔레스는 여기서 분배정의가 특정한 정치 공동체의 체제, 특히 그 근본가치와 통합되어 있음을 시사한다.

그렇다고 그가 상대주의자인 것은 아니다. 그는 지적·도덕적으로 탁월한 자 또는 탁월한 자들이 사익이 아니라 "정치적 정의", 곧 "법"과 "자연적 정의"(아리스토텔레스, 2007: 184)에 따라 또한 "이성(logos, λόγος)"에 따라, 자유로운 정치 공동체 성원을 "동등하게", 곧 평등하게 대하는 체제를 이상적인 체제로 본다(같은 책: 182).[131] 이런 측면에서 그의 이상적 정치 공동체의 근본가치는 이성의 준수와 평등이다. 다른 한편 이 체제에서 분배정의는 덕과 지성에서의 개인의 공적에 비례하여 부, 공직 또는 명예 등을 분배하는 것이다. 이는 그가 자신의 이

---

131 "정치적 정의는 (...) 자유로우며 (...) 동등한 공동체 구성원들 사이에 성립한다. (...) 부정의를 행한다는 것은 단적으로 좋은 것들은 자신에게 너무 많이 배분하고, 단적으로 나쁜 것들은 너무 적게 배분한다는 것이다. (...) 그런 까닭에 우리는, 사람이 아니라 이성이 다스리게 하는 것이다. (...) 다스리는 사람은 정의로운 것의 수호자이며, 정의로운 것의 수호자라면 동등함의 수호자이기도 하다."(아리스토텔레스, 2007: 182).

상적 정치 공동체의 성원들, 곧 도시국가의 자유민 또는 시민을 모두 평등하게 고찰한 결과이기도 하다. 즉 모든 자유민이 평등하다고 전제하므로 공직이나 명예 같은 정치적 권리와 부를 '혈통'을 비롯한 특권적 요소가 아니라 '이성'을 훌륭하게 발휘하는 것을 보여준다고 그가 믿는 것, 곧 덕과 지성과 관련된 각자의 공적에 따라 분배하고자 하는 것이다. 이런 맥락에서 아리스토텔레스의 이상적 정치 공동체에서 분배정의는 그 공동체의 근본가치와 연관·통합된다.

결국 시모니데스와 플라톤이 언급한 '각자의 몫'은 아리스토텔레스에게서는 덕과 지성과 관련된 각자의 공적 또는 기여(desert)에 의해 결정된다. 이런 측면에서 아리스토텔레스가 옹호하는 분배정의 원리는 덕과 지성과 관련된 '기여의 원칙'으로 요약된다. 이때 정치 공동체 구성원의 평등이 전제된다. 이러한 분배정의 관점에 따를 때 그가 비판하는 다른 정치 공동체들, 곧 소수 귀족의 사익을 꾀하는 과두정체, 어리석은 군중의 사익을 추구하는 민주정체, 폭군의 사익을 추구하는 폭군정체는 분배정의를 위반하는 체제이기도 하다.[132]

그런데 아리스토텔레스의 정의로운 사회는 정치공동체의 성원이 문자 그대로 당시의 '자유로운 시민'으로 제한되는 사회, 곧 노예나 여성이 배제되는 사회다. 이는 그의 분배정의 원칙을 제약한다. 즉 그는 자신의 분배정의 기준인 공적 또는 기여에서 노동을 통한 기여를 배제한다. 구체적으로 말해서 여성들의 돌봄·가사노동을 통한 기여는 물론, 노예들의 노동을 통한 기여 또한 배제한다. 동시에 여성들과 노예들의 노동 성과의 대부분은 사실상 남성 시민들이 덕과 지성에서의 기여에 따라 분배받는다. 이는 그의 분배정의론의 설득력을 떨어뜨

---

132 아리스토텔레스는 지배자의 수가 일인, 소수, 다수인가에 따라 여섯 가지 정체로 분류한다. 즉 한 사람이 공동 이익을 위해 통치하면 왕정, 사익을 위해 지배하면 폭군정이다. 소수가 공동 이익을 위해 통치하면 귀족정, 사익을 위해 지배하면 과두정, 다수가 공동 이익을 위해 통치하면 선정/혼합정, 사익을 위해 지배하면 민주정이다(김경희, 2009: 40). 근대의 '인민주권론'과 결합되기 전까지 유럽에서 민주주의는 대체로 아리스토텔레스를 따라 사회 하층의 정치와 연관되었다. 즉 '공동 이익보다 빈민을 위한 통치'나 '보통사람들의 전제'라는 경멸적 의미로 사용되었다(Held, 2006: 74, 권정임/강남훈, 2019: 18).

린다. 이러한 약점은 "공동의 재산"으로부터 산출되는 생산물에 대한 그의 분배기준에 의해 한층 강화된다. 그가 "공동의 재산"으로부터 생겨나는 생산물도 자신의 분배정의 원칙에 따라 덕과 지성에서의 공적에 비례하여 분배할 것을 주장하기 때문이다(아리스토텔레스, 2007: 172).

결국 아리스토텔레스의 분배정의는 그가 이상적으로 생각하는 정치 공동체의 근본이념, 곧 이성에 따라 행해지는 모든 자유민에 대한 평등한 통치라는 이념과 통합되어 있다. 이를 통해 그는 한편으로는 특정한 집단의 사익만을 추구하는 당대의 현실 정치를 비판한다. 그렇지만 다른 한편 그의 이상적 정치 공동체는 동시에 노예와 여성을 공동체의 평등한 성원으로 인정하지 않고 그들에게 평등한 정치적 권리를 부여하지 않는 공동체이기도 하다. 살펴보았듯이 이는 그의 분배정의론 또한 제약한다.

아리스토텔레스 이후 중세까지 서구 사회는 대체로 신분제 사회체제와 통합된 정의관과 분배정의관을 보여준다. 그 주된 이유는 기본적으로 자유로운 시민들의 정치 공동체를 지향했던 고대 아테네와 달리, 아리스토텔레스 이후 고대와 중세 사회의 주된 형태가 신분제 사회였기 때문일 것이다. 아퀴나스가 전형적으로 보여주듯이, 이 신분제 사회에서 각자의 몫은 결국 그의 '신분'과 대체로 일치하는 사회경제적 지위에 의해 결정된다. 아퀴나스에 따르면 모든 사람은 자신에게 귀속된 몫을 받아야 한다. 그런데 그 몫을 결정하는 문제에서 부자들이 공동체에서 가장 높은 지위를 갖고 있기 때문에 마땅히 존경받아야 한다는 것이다(Holzmann, 2014: 38 이하). 즉 가장 많은 몫을 받아야 한다는 것이다. 이때 부자들이란 대체로 귀족과 일치할 것이다.

아리스토텔레스의 분배정의론이 고유한 한계에도 불구하고 이상적인 정치 공동체의 근본가치와 통합되어 당대의 분배상태에 대해 비판적인 기능을 수행하였다면, 아퀴나스의 분배정의론은 당대 정치 공동체의 근본이념, 특히 신분제 이데올로기에 따른 권리와 의무의 차별성을 그대로 수용하여 이를 분배정의 문제에도 무비판적으로 적용했다고 평가할 수 있다.

아리스토텔레스가 시사하듯이, 특정 사회의 분배체제의 근본 한계는 그 분배체제가 속한 정치 공동체의 근본가치나 이념에 연계되어 있다. 따라서 그 근본 한계를 넘어서고자 한다면, 이는 무엇보다 그 특정 정치 공동체의 근본가치의 한계를 넘어서는 시도에 명시적 또는 묵시적으로 연계되어야 한다. 이는 노예와 여성까지 포함하여 사회의 모든 성원에게 아리스토텔레스의 표현대로 '동등한', 곧 평등한 분배에 대한 권리를 부여하는 분배정의론이 근대부터 본격적으로 시작될 수 있었음을 의미한다. 신분제를 넘어 모두의 '자유'와 '평등'이라는 근본가치에 기초하는 정치 공동체를 창출하고자 하는 시도들이 그때부터 본격적으로 전개되기 때문이다.

2. 근대 계몽주의 해방 기획과 정의

자본주의의 확산과 계몽주의 해방 기획

서구에서 '근대'라는 새로운 시대가 열리게 되는 계기는 대략 16세기부터 발전·확장해간 자본주의적 상품생산이다. 이로 인해 농촌의 장원제도와 도시의 길드제도로 대변되는 봉건제의 경제적 기초가 와해되기 시작한다. 아울러 공고하던 중세의 계급과 신분적 지배체제 역시 자본주의의 성공에 힘입어 부상한 유산자계급, 곧 부르주와지에 의해 도전받기 시작한다. 또한 장원제에 속박되어 있던 농노들은 대거 도시로 이주하여 광범한 무산자 계급, 곧 프롤레타리아트를 형성하게 된다.

이러한 봉건적 정치공동체와 사회체제의 와해는 '계몽주의'로 총칭되는 거대한 지적·정치적·사회적·문화적 기획의 직접적 배경이 된다. 계몽주의는 17세기에서 19세기까지 유럽 전역에서, 또한 학문·정치·문화 등을 망라하는 광범한 영역에서 전개된 변혁운동이다. 따라서 계몽주의의 내부에는 다양한 사조들이 있다. 그럼에도 불구하고 계몽주의는 한 가지 공통되는 특징을 갖는다. 그것은 계몽주의가 봉건적·신분적 지배체제와 신학적 도그마를 비롯하여, 모든 자연적·사회적 강제와 구속으로부터 인간을 해방하고자 했던 '해방'의 기획이라는 점이다(Haug, 1994, Aufklärung: 719, Schalk, 1971: 622).

인간의 해방과 관련하여서도 계몽주의의 다양한 사조들은 공통적 특징을 갖는다. 그것은 원칙상 모든 인간이 그 누구 또는 그 어떤 것으로부터도 '지배' 받지 않을 권리를 가지고 있다고 보는 것이다. 즉 모든 인간을 자유롭고 평등한 존재로 보는 것이다. 물론 적지 않은 계몽주의자들, 특히 로크 같은 초기 계몽주의자들의 경우, 이처럼 자유롭고 평등한 인간은 실제로는 남성 재산소유자로 한정된다. 세금을 낼 수 있는 사람들, 곧 유산계급 성인 남성들만이 새로운 정치 공동체를 창출하여 그 공동체의 정당한 성원, 곧 시민이 될 수 있다고 보았던 것이다. 그렇지만 이들의 이론이 시민을 모두로 확장하는 것과 반드시 모순적인 것은 아니다. 또한 계몽주의 운동의 진행과 함께 이론적으로도, 현실적으로도 시민의 외연은 노동자와 무산자, 여성으로 점차 확장된다.

인간에 대한 이러한 전망은 나아가 인간의 자유와 평등이 보장되는 새로운 정치 공동체, 곧 '자유'와 '평등'이라는 근본가치에 기초하는 정치 공동체에 대한 모색으로 이어진다. 이러한 정치 공동체에서 행해지는 행위가 '올바르기' 위해서는 기본적으로 모든 성원의 '자유'와 '평등'을 보장할 수 있어야 한다. 이런 맥락에서 이 공동체에서 '정의' 또는 그 기준은 '자유'와 '평등'의 보장이다. 또한 이 정치 공동체의 근본가치를 자원/소득의 분배에 적용할 때, 분배정의 또는 그 기준은 자원/소득의 분배에서 '자유'와 '평등'의 보장이다. 결국 계몽주의 운동과 함께 근대에 들어 이처럼 '자유'와 '평등'이 새로운 정치 공동체의 근본가치가 됨에 따라, '자유'와 '평등'은 근대 사회의 "보편적" "조직 원리"가 된다(Fitzpatrick, 2011: 24, 45). 다른 한편 모든 성원의 '자유'와 '평등'의 보장을 추구하는 사회의 거버넌스 형태는 모두에 의한 자기통치 또는 자치, 곧 '민주주의'

이외의 것일 수 없다.[133] 이런 측면에서 '민주주의'의 보장은 자유와 평등의 보장과 함께, 이 새로운 정치 공동체의 정의, 특히 '정치적 정의'의 핵심이 된다.

형식적 자유와 평등 및 자유주의

그런데 계몽주의, 특히 초기 계몽주의 이론가들이 옹호한 '자유'와 '평등'의 한계는 이에 대한 권리를 가진 집단의 외연이 사실상 유산계급 남성으로 제한된다는 점으로 한정되지 않는다. '자유'와 '평등'이 단지 법 앞의 '자유'와 '평등', 곧 '형식적' '자유'와 '평등'만을 의미한다는 점에 의해서도 한정된다. 이러한 한계는 시민의 외연이 유산계급 남성을 넘어 확장되어도 해체되지 않는다.

형식적 자유와 평등만을 주장하는 입장에 따르면, 그 어떤 재산도 갖지 못한 노동자와 부유한 자본가는 법적으로 똑같은 권리가 보장된 자유롭고 평등한 시민이다. 따라서 이들의 '자유의지'에 따라 체결된 고용계약은 정의롭다. 각자의 법적 자유와 평등의 보장을 전제로 한 계약이기 때문이다. 이때 노동자가 생계 때문에 '실제로는' 매우 불리한 계약조건을 강요받을 수 있다는 사실이 전혀 고려되지 못한다. 이런 측면에서 이때의 '자유'와 '평등'은 '형식적'이다. 이처럼 '자유'와 '평등'이 형식적이라는 점에서, 계몽주의, 특히 초기 계몽주의의 '자유'와 '평등'은 그에 대한 권리를 가진 집단만이 아니라 그 의미에 있어서도 대체로 제한적이다. 이후 '자유'와 '평등'에 대한 권리를 갖는 집단이 점차 확장되어 왔던 것과는 달리 그 의미는 현재, 곧 21세기에 이르기까지도 대부분의 경우 여전히 제한적이다. 즉 법적·형식적 의미를 가질 뿐이다.

이처럼 형식적 의미에서의 '자유'와 '평등'은 특히 자유주의 사상에 의해 대변되어 왔다. 그런데 자유주의 사상이 태동하던 초기에 '자유'와 '평등'은 '형

---

133 '자치'라는 의미에서의 '민주주의'에 대해서는 권정임/강남훈, 2019를 참조하라.

식적'이라는 한계에도 불구하고 중요한 역할을 하였다. 이에 대해 살펴보자.

16, 17세기의 유럽사회에서는 자본주의적 상품생산의 확장과 함께, 봉건적 신분제 사회가 해체되면서 새로운 계급질서가 형성되어 갔다. 즉 귀족이 아닌 시민들의 사유재산 축적도 가능해지면서, 유산자계급의 권력이 봉건귀족과 무산자계급 모두에 비해 강화되어 갔다. 봉건적 질서를 벗어나는 사유재산의 축적이 가능할 뿐만 아니라, 사유재산의 축적 자체가 권력의 원천이 되는 새로운 시대, 새로운 세계가 열린 것이다. 그런데 이 새로운 시대, 새로운 세계의 질서는 유산자계급만이 아니라 사회성원 전체에 의해 '올바른 것'으로, 즉 정의로운 것으로 인정받아야만 유지될 수 있다. 이때 이러한 인정의 핵심은 당연히 이러한 질서를 초래한 핵심요인, 곧 봉건적 질서를 넘어서는 사유재산의 형성과 축적에 대한 인정이다. 이런 맥락에서 '정의'의 관점에서 사유재산과 그 축적을 정당화하는 문제는 당대의 시대적 과제라고 할 수 있다.

자유주의 사상은 이러한 시대적 과제에 대한 답변의 하나라고 할 수 있다. 이런 맥락에서, 로크가 전형적으로 보여주듯이, 자유주의 전통에서 '자유'에 대한 논의는 처음부터 "소유권에 핵심적 역할을 부여하면서"(Van Parijs, 1995: 15) 시작될 수밖에 없었다. 사유재산과 그 축적에 대한 로크의 논의를 살펴보자.

사유재산에 대한 로크의 정당화 논의

사유재산에 대한 로크의 정당화 논의는 자연법·자연권 사상과 사회계약론에 기초한다. 그에 의하면 사회계약을 체결하기 전의 '자연상태'는, 각자가 최선의 삶을 위해 자연이 부과한 자연법 또는 이성에 따라 자신의 "행동"과 "소유"에 있어서 "완전한 자유"와 "평등"[134]을 행사하는 상태다(Locke, 1690: §4). 그런데 이

---

134 여기서 평등은 누구나 '이성'과 자유에 대한 이러한 권리를 부여받았다는 의미에서의 형식적·추상적 평등이다.

는 "사소한 다툼"(같은 글)에 의해서도 '전쟁상태'로 변할 수 있다. 따라서 사람들은 이를 방지하기 위해 사회계약을 체결한다.

계약의 목적은 '전쟁상태'를 예방하여, 각자가 자연상태에서 자연법에 따라 누리던 자연권, 곧 "행동"과 "소유"에서의 "완전한 자유"와 "평등"을 보장하는 것이다. 비록 자연상태 및 이 상태에서의 자연법과 자연권이라는 비현실적인 가정에 기초하기는 하지만, 결국 로크는 '자유'와 '평등'이라는 근본이념에 기초하여 새로운 정치 공동체, '자유'와 '평등'이 보장되는 정의로운 정치 공동체의 창출을 모색하고 있다. 이런 측면에서 그의 이론은 계몽주의 기획의 한 전형을 보여준다.

그런데 로크는 각자의 신체, 각자의 행동의 한 유형으로서의 노동 및 노동 산물을 그의 '정당한' 재산으로 본다(같은 책: § 27). 즉 그는 자신이 인간의 신체 및 그 기능에 대해 설정하는 '소유권', 소위 '자기소유권'을 노동의 첨가를 매개로 다른 대상에 대한 '소유권'으로 확장한다. 또한 이런 맥락에서 자연법적인 권리, 곧 "행동"과 "소유"에서의 "완전한 자유"와 "평등"에 대한 자연권은 "재산"에 대한 권리를 포함하게 된다. 즉 그가 재산으로 보는 것들, 곧 "생명"과 "자유" 및 자유로운 행동과 소유의 결과물에 대한 권리를 포함하게 된다(같은 책: § 124). 물론 이는 이 재산권, 나아가 정당한 사유재산의 축적 또한 자연권임을 의미한다. 자연권으로서의 '자유'와 '평등'에 기초하기 때문이다.[135]

정의로운 재산에 대한 로크의 이러한 논리는 그에게서 사유재산과 그 축적이 정의롭기 위한 조건이 '자유'와 '평등'의 보장, 정확하게 말해서 '평등한 자유의 보장' 또는 '자유의 평등한 보장'임을 의미한다. 그에 따를 때 사유재산은 특정 대상에 누군가의 노동이 부가될 때 발생한다. 이때 노동의 수행 주체가 자

---

135 이처럼 로크는 홉스와 마찬가지로 "자연법을 자연권으로 바꾸어 개념화"(이국운, 2010: 104)
함으로써, "적극적·긍정적·사전적으로 정치 체제를 설계하는 이념"(같은 글)을 획득한다. 자
연권에 비해 "자연법은 실정법의 효력을 탄핵하는 '소극적·부정적·사후적' 방식으로만 작동
될 수밖에 없었다"(같은 책, 2010: 103).

연법적인 의미에서 자유롭고 평등하다면, 곧 각자 이성에 기초하여 자유롭게 살아갈 권리가 누구에게나 똑같이, 즉 '평등하게' 보장된다면, 그 노동산물에 대한 노동주체의 소유는 정의롭다. 즉 형식적 의미에서의 자유가 모든 성원에게 평등하게 보장된다는 조건 아래 형성된 사유재산은 정의롭다. 다시 말해서 사유재산이 정의롭기 위한 조건은 형식적 자유의 평등한 보장이다.

이처럼 로크는 정의로운 사유재산의 조건을 밝힘으로써 사유재산의 정당화라는 자신의 시대적 과제에 대해 나름대로 답한다. 이 해답은 이후 특히 자유지상주의에 큰 영향을 미치게 된다. 나아가 '정의'와 '분배정의' 또는 그 기준을 '평등한 자유의 보장'으로 보는 관점 역시 이후 자유주의 사상의 발전에 지대한 영향을 미치게 된다.

로크 이론과 자유지상주의의 난점과 한계

그러나 정의로운 재산에 대한 이러한 견해는 몇 가지 문제점을 갖고 있다. 무엇보다 논의의 출발전제의 하나인 자기소유권 개념의 설득력이 취약하다. 이 개념이 인간의 신체 역시 소유대상으로 보는 관점을 함축하기 때문이다. 또한 이 개념을 통해 로크가 담아내고자 하는 것, 즉 각자의 신체에 대한 각자의 통제권 보장은 '자기결정권'이나 '자율', 또는 이러한 의미로서의 '자유'를 통해서도 담보할 수 있기 때문이다. 나아가 이 개념들이 신체를 소유의 대상으로 보는 논쟁의 여지가 있는 관점과 결합하지 않는다는 점에서 '자기소유권' 보다 우월하기 때문이다.

이 문제를 사상한다고 해도 곧장 다음과 같은 의문이 떠오른다. 모두에게 '평등한 자유'가 형식적·법적으로 보장된다는 조건이 충족될 경우, 누군가의 자유로운 노동이 어떤 대상에 첨가되기만 하면 그 대상은 정말 그의 정의로운 소유물, 플라톤이 말한 '각자의 몫'이 되는 것일까? 어쨌든 이 견해는 로크가 지향하는 정치 공동체의 근본이념, 곧 '자유'와 '평등'에 근거한다. 적어도 로크는 그렇게 믿고 있다. 그렇다면 그의 견해가 모두가 동의할 수밖에 없는 강제성과 필연성을 갖게 되는 것일까? 이에 대한 결론을 내리기 위해서는 그의 논의의 내적 일관성과 설득력, 나아가 그의 논의와 자유와 평등에 기초하는 정치 공동체 간의 내적 일관성을 따져볼 필요성이 있다.

사실 로크 자신조차 모두에게 '평등한 자유'를 형식적·법적으로 보장한다는 조건만 충족되면, 누군가의 자유로운 노동이 대상에 첨가되기만 하면 그 대상이 그의 정당한 소유물이 된다고 주장하지는 않는다. 타인이 소유할 수 있는 자연물이 충분하다는 단서 아래(Locke, 1690: § 27), 그가 자신의 소유론을 전개하기 때문이다. 그러나 오늘날 이러한 '충분성의 단서'가 적용될 수 있는 여지는 그다지 많아 보이지 않는다.

로크로부터 많은 영향을 받은 현대의 자유지상주의자, 노직(R. Nozick)은 이러한 난점에 정면으로 도전한다.[136] 그리하여 누군가 토마토 쥬스 한 통을 바다에 던져서 그의 노동이 바다에 스며들어간다고 할 때, 이것이 바다에 대한 그의 소유권 주장을 정당화할 수 있는가라는 물음을 제기한다(Nozick, 1974: 221). 이어서 누군가의 노동 첨가가 그 대상에 대한 그의 소유를 정당하게 하는 것은 노동 첨가가 노동 대상을 개선하여 가치를 창출하기 때문이라고 주장한다(같은 글). 그러나 이는 기껏해야 노동이 첨가되어 발생한 부가가치(곽노완, 2015b: 120)의 소유, 또는 순수한 노동을 통한 기여의 소유만 정당화할 수 있다. 즉 노직 역시 로크의 논의에 함축된 이 난점을 해결하지 못한다.

그럼에도 불구하고 로크는 더 나아간다. 즉 그는 화폐사용과 교환을 매개로, 누군가의 직접적인 노동이 첨가되지 않은 대상, 곧 그가 임금을 주고 사용권을 획득한 타인의 노동이 첨가된 대상과 이자처럼 자신의 재산을 통해 생겨

---

136 이런 측면에서 즈월린스키는 노직의 자유지상주의 이론을 "신-로크적 자연법 이론"이라고도 부른다(Zwolinski, 2011: 1).

난 소득까지 정의로운 사유재산과 그 축적으로 본다(Locke, 1690: §28, §85, 곽노완, 2015: 121). 이를 통해 그는 앞에서 제기한 두 난점에 새로운 난점을 추가한다. 피고용인이 생산한 모든 부에 대한 고용자의 소유권을 어떻게 정당화할 수 있는가? 재산에서 파생되는 모든 불로소득에 대한 재산가의 소유권은 또 어떻게 정당화할 수 있는가?

결론적으로 로크는 근대 사회의 등장과 함께 점점 더 많은 지지를 획득해 간 정치 공동체의 새로운 근본가치, 곧 '자유'와 '평등'에 기초하여 분배정의론을 전개하지만, 그의 분배정의론이 높은 내적 일관성과 설득력을 갖고 있다고 보기는 어렵다. 이는 로크의 분배정의론 및 그 핵심을 계승하는 자유지상주의 분배정의론에 대해 이론적으로도 많은 이견이 형성되어 왔던 이유의 하나일 것이다.

뿐만 아니라 '형식적 자유의 평등한 보장'이라는 그의 정의관, 나아가 분배 정의관은 '자유'와 '평등'이라는 근대 정치 공동체의 두 근본이념에서 '자유', 정확히 말해서 '형식적 자유'에 우위를 부여하는 것이기도 하다. 평등과 관련된 문제를 사실상 형식적 자유에 대한 권리를 '평등하게' 부여하는 문제로 환원하기 때문이다. 이를 통해 자원/소득의 소유나 분배에서의 평등에 대한 문제들을 사실상 해체해 버리기 때문이다. 이런 측면에서 로크는 이후 벌린 등이 대변하는 자유와 평등을 대립적으로 보는 전통(I. Berlin, 1958)에 대해서도 영향을 미친다.

실질적 평등과 실질적 자유의 단서: 루소의 분배정의론과 그 영향

자유와 평등 개념의 '형식화'와 양자 간의 대립을 넘어서는 단서는 루소(J. Rousseau)의 사상에서 찾을 수 있다. 18세기 프랑스 계몽주의를 대표하는 사상가 중의 한 사람인 그는 '프랑스 혁명의 철학자'로 불릴 만큼, 프랑스 혁명에 지대한 영향을 미치기도 하였다. 그 역시 자유와 평등이라는 근본가치에 기초하는 새로운 정치 공동체를 기획한다.

> "모든 사람들의 가장 큰 선이 모든 입법 체계의 궁극적인 목적이어야 하겠지
> 만, 그것이 정확히 무엇으로 성립되어 있느냐고 묻는다면 우리는 두 가지 주
> 요 목적, 즉 자유와 평등에 귀착한다는 것을 발견할 것이다."(Rousseau, 1762:
> 204)

이 저서의 주제로 제한하여 고찰할 때, 그의 정치 공동체 기획은 크게 두
가지 측면에서 로크와 차별화된다.

첫째는 그가 '자유'를 '평등' 없이는 지속될 수 없다고 보는 점이다(같은 글).
즉 "어떤 시민도 재산으로 다른 시민을 살 수 있을 만큼 부유하지 않고, 어느 누
구도 자기 몸을 팔아야 할 만큼 가난하지 않"(같은 글)아야 한다. 이러한 견해를
통해 그는 '자유'와 '평등'을 대립적으로 보면서 '자유'에 우위를 두는 로크 또는
자유지상주의적 자유주의 전통과 구분된다.

둘째는 공유지에 대한 인류 모두의 평등한 공유권리에 대한 인정이다. 이
에 따를 때, 로크의 소유권 이론과 분배정의론, 곧 공유지에 대한 특정한 개인의
노동의 투하가 해당 공유지와 그 소득 전체에 대한 소유와 분배를 정당화하는
이론은 정의롭지 않다.

> "공유지에 발을 들여놓는 것만으로 그곳 주인이라고 바로 주장할 수 있을까?
> 다른 사람들을 그 땅에서 한순간에 쫓아낼 힘이 있다는 것만으로, 그들한테
> 서 언젠가 그곳에 돌아올 권리를 빼앗을 수 있겠는가?
> 한 사람의 인간 또는 한 국민이 광대한 영토를 독점하여 온 인류로부터 이것
> 을 빼앗는 일이 어떻게 가능할까? 그것은 용서해서는 안 될 횡령일 뿐이다.
> 자연이 사람에게 공동의 것으로 준 주거와 식량을 나머지 온 인류로부터 빼
> 앗기 때문이다"(Rousseau, 1762: 174 이하).

그에 따르면 사람들은 무엇인가를 소유하기 전에 서로 연합한다. 이후 모든 성원에게 충분한 만큼의 토지를 확보하여 공동으로 향유(enjoy)하거나, 서로 평등하게 또는 주권자가 정해주는 비율로 나누어 갖는다(같은 책: 176). 그런데 그의 이상사회에서 주권자는 모든 인민이다. 따라서 그가 기획하는 정치 공동체에서 주권자가 정해 주는 비율이란 모든 인민에게 평등한 비율이다. 결국 그가 이상적으로 생각하는 공유지의 사용방식 또는 소유방식은 '공동 향유'나 '평등한 분할소유'다.

이때 공동으로 향유되든 또는 평등하게 분할소유되든, 공유지는 여전히 공유지 또는 루소의 표현을 따른다면 "공공재산"(the public good)이다. 따라서 공동의 향유자 또는 평등한 분할소유지의 소유자는 엄밀히 말해서 해당 공유지의 보관자 또는 "관리자"(depositaries)에 다름 아니다(같은 책: 175). 또한 이때 '공동 향유'는 사실상 관료의 소유와 향유로 전락하는 구 동구권의 '공적 소유'와도 근본적으로 다르다.[137]

루소의 이러한 공유지의 분배정의는 공동체 성원들을 실질적으로 자유롭고 평등하게 고찰한 성찰의 결과라고 할 수 있다. 동시에 이는 한편으로는 그들 간의 실질적 평등을 보장한다. 다른 한편 이 실질적 평등은 모든 성원들의 실질적 자유를 보장한다. 공유지의 정의로운 분배에 기초하여 성원들이 생계 때문에 "자기 몸을 팔아야"(같은 책: 204) 할 필요성으로부터 원칙적으로 자유로워지기 때문이다. 또한 각자 원하는 대로 좋은 삶을 영위해 갈 수 있는 경제적 기초를 확보하기 때문이다.

이런 측면에서 루소는 로크로부터 영향 받은 자유주의 전통에 고유한 두 특성, 곧 '자유'와 '평등'의 형식화 및 양자 간의 대립에 기반하여 '자유'에 우위를 두는 특성을 극복하고 있다. 나아가 '정의'와 '분배정의' 개념과 관련하여서

---

137 이러한 '공적 소유'와 구분되는 또 다른 소유형태로서의 '공유'에 대해서는 곽노완, 2010a: 150 이하, 2010b: 80 이하를 참조하라.

도 큰 진전을 가져온다. 근대적인 '정의'와 '분배정의'의 기준, 곧 '자유와 평등의 보장'이 로크적인 '자유와 평등의 형식적 보장'이라는 수준을 넘어 '자유와 평등의 실질적 보장'으로 심화되기 때문이다.

루소 사상의 이러한 특징은 이후 롤스, 드워킨, 판 빠레이스 등으로 대변되는 현대의 자유주의적 평등주의에 영향을 미친다. 자유주의적 평등주의는 다양한 좋은 삶의 개념을 똑같이 존중한다는 의미에서 자유주의적이다. 동시에 이는 자원을 평등하게 분배하고자 한다는 점에서 평등주의적인 현대 자유주의의 한 조류다(Van Parijs/Vanderborght, 2017: 109).

다른 한편 루소는 공유지의 정의로운 분배방식과 관련하여서도 큰 영향을 행사한다. 공유지 공유의 두 관점에 대한 단서를 제공하기 때문이다. 첫 번째 관점은 모두의 공동향유라는 의미에서 공유다. I부에서 살펴보았듯이, 많은 근·현대 기본소득론자들이 채택하는 방식이다. 두 번째 관점은 공유지의 평등한 분할소유다. 자유주의적 평등주의를 대표하는 두 저명한 철학자, 곧 롤스와 드워킨의 정의론과 분배정의론은 기본적으로 이 관점에 기초하고 있다. 자유와 평등이라는 근본가치에 기초하는 분배정의론에 대해 보다 깊이 있는 연구를 진행하기 위해, 이 두 관점을 비교해 보자. 먼저 평등한 분할소유 관점에 입각하는 롤스와 드워킨의 이론에 대해 살펴보자.

3. 공유지의 평등한 분할소유와 분배정의: 롤스와 드워킨을 중심으로

1) 롤스의 정의론

상호 협력체계로서의 사회관과 정의의 원칙[138]

정의의 원칙들을 포함하여 롤스의 정의론을 이해하기 위해서는 인간과 사회에 대한 그의 기본관점부터 살펴볼 필요가 있다. 이에 따르면 인간은 무엇보다 자신의 능력의 완전한 발휘를 위해 타인들과의 "적극적 협동"을 필요로 하는 존재다. 또한 사회는 기본적으로 개인들 간의 "사회적 연합"(social union) (Rawls, 1999b: 671) 또는 "협력체계"(system of cooperation)(같은 책: 37)다.

이러한 사회관에 따를 때 좋은 사회를 형성하기 위해서는 사회적 협동에서 오는 이득은 최대화하고 이해관계의 "상충"은 올바르게, 곧 정의롭게 해결할 필요성이 있다. 롤스는 이를 위해 무엇보다 협동을 위한 정의로운 정치적·사회적·경제적 조건의 창출을 중요하게 본다. 그는 이런 조건을 갖춘 사회를 "질서정연한 사회"(well-ordered society)(같은 글)로 범주화한다. 이런 맥락에서 그에게 정의란 이러한 질서정연한 사회를 규제하는 원리다.

그런데 그에게 사회의 질서정연함은 특히 사회의 기본구조(basic structure)와 관련된다. 기본구조란 정치적 기본법이나 기본적인 사회경제 질서 같은 주요 제도가 권리와 의무를 배분하고 사회협동으로부터 생긴 이익의 분배를 정하는 방식(같은 책: 40)을 의미한다. 그에게서 정의에 대한 연구는 무엇보다 사회의 정의로운 기본구조(basic structure)에 대한 연구라는 형태로 진행된다. 이때 그

---

138   이 부분에서의 롤스 소개는 권정임, 2016b 「공유사회의 기본소득과 롤스의 정의의 두 원칙」을 수정·보완한 것이다.

는 합리적인 사람이면 인생의 계획을 실현하기 위해 누구나 갖고자 하는 대상을 "사회적 기본재"(social primary goods) (Rawls, 1999a: 54)[139]로 범주화한다. 또한 권리, 자유, 기회, 소득과 부 및 자존감을 이러한 기본재로 제시한다(Rawls, 1999b: 142). 이때 그는 특히 자존감을 "가장 중요한 기본재"로 본다(Rawls, 1999a: 477). 나아가 그는 이 기본재들의 분배가 기본구조에 의해 결정된다고 가정한다. 이런 맥락에서 그에게 정의의 원칙이란 무엇보다 기본구조에 구현되어 기본적 권리와 의무 및 기본재의 분배를 정의롭게 규제하는 원칙이다. 따라서 그에게 정의의 원칙은 분배정의의 원칙을 포괄한다.

그런데 롤스에 따르면 정의의 원칙 같은 도덕이 '실현'되기 위해서는 인간의 도덕적 감정과 태도의 발달이 필요하다. 이때 그는 "상호성"(reciprocity)을 자신의 정의의 원칙이 실현되기 위한 도덕적 태도로 제시한다. 즉 "도덕적 인격들로서" 모두가 평등하므로 "타인에 대한 배려나 자신에 대한 관심 중 어느 것도 우선성을 갖지 못하며, 사람들 사이의 조정은 정의의 원칙들에 의해 이루어진다"(Rawls, 1999b: 622)는 것이다.

롤스에 따르면 도덕적 태도의 발달은 "자연적 애착"(같은 책: 624) 같은 인간의 특정한 자연적 태도의 형성에 기초한다. 이에 연계하여 그는 "심리학적 사실"(같은 책: 634)로서의 상호성, 곧 "같은 것으로 응답하려는 성향"(같은 글)을 도덕적 태도로서의 '상호성'이 기초하는 자연적 태도 또는 도덕심리학적 사실로 제시한다. 그에 따르면 부모가 베푸는 사랑은, 자녀 역시 '같은 것' 곧 '사랑'으로 응답하려는 자연적 성향에 기초하여 부모에 대한 자녀의 사랑과 존중이라는 도덕적 태도의 발전을 촉발한다. 또한 동일한 논리가 개인과 그 개인이 속한 집단과 사회로 적용되면서, 사회제도에 구현되어 있는 정의의 원칙들에 대한 사랑과 존중이라는 도덕적 태도로까지 발전한다는 것이다. 이런 측면에서 롤스의

---

139   "social primary goods"에 대한 번역은 *A Theory of Justice*(Rawls, 1999a)의 번역본(Rawls, 1999b)을 따르지 않았다.

정의론이 기초하는 사회관을 보다 정확하게 표현한다면, 그것은 상호성에 기초하여 서로 협력하는 사회다.

이제 롤스의 정의의 원칙들에 대해 살펴보자. 롤스는 정의의 원칙을 '무지의 베일'로 대변되는 공정한 조건 아래 "합리적인 사람들이 선택하는 원칙"(Rawls, 1999b: 51)으로 제시한다. 그의 정의의 원칙의 도출에 있어서는 특히 다음에 대해 계약당사자들이 만장일치로 동의할 것이라는 가정이 중요하다.

첫째는 정의의 원칙들을 선택함에 있어 우연, 곧 재능 같은 천부적 운이나 사회적 여건 때문에 그 누구도 유리하거나 불리해서는 안 된다는 점이다(같은 책: 54).

둘째는 모든 기본재들이 평등하게 분배된 "가상적인 최초의 상황"(같은 책: 108)이 개선점을 판단함에 있어 기준이 된다는 점이다. 그 결과 불평등을 통해 이 최초의 상황에서보다 모든 사람의 처지, 특히 최소수혜자의 처지가 개선될 수 있다면, 그러한 불평등은 일반적인 정의관에 부합될 수 있다는 점이다(같은 글) (차등원칙).

이 가정들에 기초하여 롤스는 '평등한 자유의 원칙'으로 대변되는 정의의 제1원칙[140]과, '차등의 원칙'(difference principle)과 '기회균등의 원칙'으로 축약되는 정의의 제2원칙을 계약당사자들이 합리적으로 선택하는 정의의 원칙으로 제시한다. 제1원칙은 제2원칙에 대해, 기회균등원칙은 차등원칙에 대해 우선적이다. 이에 따라 차등원칙은 평등한 자유와 공정한 기회균등의 조건 아래, 최소수혜자의 장기적인 기대 극대화를 목표한다(같은 책: 272).

---

140 '평등한 기본적 자유'에는 투표의 자유나 공직을 가질 자유 같은 정치적 자유, 언론/결사의 자유, 양심의 자유, 사상의 자유, 인신의 자유, 이유 없는 체포/구금으로부터의 자유, 사유재산을 소유할 권리가 있다(Rawls, 1999b: 106). 그런데 이때 그는 생산수단의 소유에 대한 권리는 기본적인 권리로 보지 않는다(같은 책: 107). 나아가 『정의론』에서와는 달리 『공정으로서의 정의』에서는 '사유재산을 소유할 권리' 자체를 '평등한 기본적 자유'의 목록에서 제외하고 있다. 아마도 기본적 자유로 인정되는 사유재산에 대한 정당화와 관련되는 어려움 때문일 것으로 추측된다(권정임, 2016: 42).

그런데 분배정의는 특히 차등원칙과 관련된다. 또한 차등원칙은 롤스의 정의론에서 기본소득론을 도출할 수 있는지 여부와 관련하여 찬반 양 진영 모두에서 가장 많은 논란을 불러일으키는 부분이기도 하다. 이와 관련하여서는 무엇보다 차등원칙과 상호성의 관계에 대한 해석이 핵심적이다. 이에 대해 살펴보자.

살펴보았듯이 롤스는 '상호성에 기초하여 서로 협력하는 사회'라는 사회관에 기초하여 정의론을 전개한다. 이는 그의 차등원칙이 상호성에 기초함을 함축한다. 실제로 차등원칙을 따를 때, 불평등을 허용한 대가로 증대된 이득은 최소수혜자를 비롯한 모두의 이득증대로 이어진다. '개미', 곧 개미처럼 노동하기를 좋아하고 또 일도 잘 하는 사람들은 보다 많은 재산을 사용하여 보다 많이 생산한다. 그 결과 타인을 위한 소득보조를 위해 세금을 더 많이 내어도 더 많은 이득을 본다. '베짱이', 곧 베짱이처럼 노동보다는 돈 안 되는 서핑 같은 예체능 활동이나 봉사활동을 좋아하는 사람은 개미 같은 사람이 보다 많은 재산을 사용하는 불평등을 허용하는 대신 소득보조의 혜택을 받음으로써 이득을 본다. 차등원칙이 상호성에 기초한다는 것은 자명해 보인다.

그러나 롤스는 차등원칙과 관련하여 상호성을 이렇게 제시하지 않는다. 즉 상호성을 충족하기 위해 '베짱이'의 노동, 최소한 '노동의지'를 요청한다. 그가 차등원칙이 함축하는 '상호성'을 이처럼 '노동의무에 기초하는 상호성'으로 정식화하게 되는 직접적인 계기는, 차등원칙이 동등한 돈벌이 능력을 지닌 사람들 중 일보다 여가를 선호하는 사람들에게 유리한 재분배시스템으로 귀결될 것이라는 그에 대한 머스그레이브(R. Musgrave)의 비판(Van Parijs, 1995: 96)이다. 이에 대응하여 롤스는 『정치적 자유주의』에서 "여가"(leisure time)(Rawls, 1993: 181)를 기본재에 포함시킨다. 그에 따르면 24시간에서 하루 표준노동시간을 뺀 시간이 표준적인 여가시간이다.

이러한 그의 조처는 '베짱이'와 관련하여 중요한 함의를 갖는다. '베짱이'는 따라서 표준노동시간에 달하는 추가적인 여가, 곧 기본재를 가지며, 이는 표준노동시간 동안 노동하는 최소수혜자의 소득과 등가라는 것이다. 따라서 '베짱이'는 공적 자금을 통해 생계를 지원받을 자격이 없다는 것이다(Rawls, 1993: 182, Rawls, 2001: 179).

나아가 『공정으로서의 정의』(2001)에서 롤스는 차등원칙이 전제하는 상호성을 상호간의 노동에 기초하는 상호성으로 보다 체계적으로 명시한다. 그에 의하면 보다 사정이 좋은 자는 그들의 재능을 연마하여 그들 자신을 포함한 모두의 상황을 개선해야 한다(Rawls, 2001: 76). 최소수혜자 역시 "상호이익"을 위해 "보다 적은 자원"으로나마 사회적 협업체계에서 그들이 할 수 있는 "모든 몫(share)"을(같은 책: 139) 해야 한다. 즉 보다 사정이 좋은 자와 좋지 못한 자 간의 관계가, 상호 간의 노동에 기초한 상호적인 관계이어야 한다는 것이다. 또한 이에 연계하여 그는 정의로운 사회의 기초가 되는 공정한 협업체계를 위해, 모든 사회성원이 "노동의지"를 가져야 한다고 명시한다(Rawls, 2001: 179). 이어서 모두가 노동의지를 가져야 한다는 "이 전제를 차등원칙 속에 표현"하기 위해 여가를 기본재에 포함시킨다고 명시한다(같은 글). 즉 '베짱이', 예를 들어 종일 파도타기만 하는 말리부 서퍼는 '여가시간'이라는 형태로 사회에서 이전할 필요가 있는 기본재를 이미 충분히 갖고 있으므로, "스스로 생계를 부양해야 한다는 것이다"(Rawls, 1993: 182). 결국 차등원칙은 '노동의무에 기초하는 상호성'을 그 적용조건으로 포함한다. 이를 약하게 해석할 때, 사회로부터 소득보조를 받기 위해서는 최소한 노동의지만이라도 보여주어야 한다. 즉 자발적 실업자는 롤스의 최소수혜자에서 배제된다.

정의의 원칙과 재산소유 민주주의

그런데 롤스는 "자유롭고 평등한 시민들 간의 장기간에 걸친 공정한 협력"(Rawls, 1999b: 22)이 가능한 사회를 창출하기 위해, 정의의 원칙을 제시하는 데서 머무르지 않는다. 자신이 제시하는 정의의 원칙을 충족시킬 수 있는 사회 체제에 대한 관점도 함께 제시한다.

롤스는 자유방임 자본주의와 국가사회주의만이 아니라 복지국가 자본주의 역시 자신의 정의의 원칙을 충족할 수 없는 사회로 본다. "형식적 평등만을 보장"하면서 불평등의 시정을 최소화하는 자유방임 자본주의와 자유에 대한 권리를 침해하는 국가사회주의와 달리(Rawls, 2001: 137 이하), 복지국가 자본주의는 평등한 자유를 인정하면서 재분배 정책을 통해 불평등을 적극적으로 시정 내지 완화하고자 하는 체제라는 점에서 그의 이러한 진단은 흥미롭다. 그렇지만 그는 복지국가의 사후적인 선별적 재분배 정책만으로는 재산소유의 광범한 불평등(같은 책: 138)과 소수 계급에 의한 재산의 독점(같은 책: 139)을 막지 못한다고 본다.[141] 그 결과 복지국가 자본주의가 "차등원칙을 위반하는 과도한 소득격차"(Rawls, 1999b: 21)를 허용한다고 본다. 따라서 부와 정치적 영향력의 격차 또한 허용한다고 본다. 그 결과 이런 체제에서는 '차등원칙'만이 아니라 '평등한 정치적 자유'와 '기회균등원칙' 또한 제대로 준수되지 못 할 가능성이 크다는 것이다.

롤스는 복지국가 자본주의가 이러한 한계를 갖게 되는 근본적 이유가 복지국가 자본주의 정책이 사후적인 정책이기 때문이라고 본다. 즉 복지국가 정책이 "각 시기가 시작하는 순간"의 재산과 교육 같은 인적 자본의 불평등을 수용한 채, "각 시기의 마지막 순간에" 불행한 사람들만 선별하여 복지를 제공하는 정책이라는 점이다. 이에 따라 그는 "각 시기가 시작하는 순간"(같은 글)에 사람들이 재산과 인적 자본을 평등하게 소유하는 체제를 자신의 정의의 원칙을 충족할 수 있는 사회로 본다. 구체적으로 그는 재산을 대체로 평등하게 분할소유하는 재산소유 민주주의 체제와 자유 사회주의(liberal socialism) 체제를 이러

---

141 여기서 재산이란 롤스가 말하는 "실질적 재산"(real property), 곧 "생산적 재산과 자연자원"
     이다(Rawls, 2001: 138).

한 체제로 제시한다. 자유 사회주의 체제에서는 생산수단을 사회가 소유하지만, 정치적·경제적 권력은 각각 다수의 민주적 정당과 민주적 기업들로 분산되어 있다(Rawls, 2001: 138). 따라서 정의의 제1원칙이 보장되며, 재산에 대한 권리가 실질적으로는 고르게 분산된 사회라는 것이다.

그런데 롤스는 이 두 체제 간의 우열을 가리는 문제에 대해서는 유보한다. 이는 각 국가의 역사적 제반 조건을 비롯한 여러 현실적 상황을 통해 해결될 문제라는 것이다(Rawls, 1999b: 22, Rawls, 2001: 136 이하). 그렇지만 그가 자본주의 국가인 미국 국민이라는 점, 그리고 『정의론』에서 미드(J. Meade)에 연계하면서 재산소유 민주주의 체제에 대해 보다 상론한다는 점을 고려할 때(Rawls, 1999b: 20 이하), 그는 재산소유 민주주의체제를 더 선호한다고 볼 수 있다.

롤스는 재산소유 민주주의가 실현되기 위해 생산적 재산과 인적 자본의 광범위한 소유가 보장되어야 한다고 본다. 또한 이를 위해 그는 정치적 자유를 보장하는 제도적 뒷받침과 교육과 훈련을 제공하여 보장되는 기회균등 외에, 상속 및 증여에 관한 법률 개정을 통한 재산의 분산소유를 주장한다(Rawls, 1999b: 22). 또한 차등원칙을 이 체제, 곧 모든 시민들이 법적으로만이 아니라 재산 또는 자원/소득과 관련하여서도 평등하고 자유로운 체제, 따라서 모든 시민들이 실질적으로 평등하고 자유로운 체제에 명시적으로 연계하여 서술한다. "차등의 원칙은 자유롭고 평등한 시민들이 여러 세대 동안 협력하는 공정한 체제로 이해되는 사회를 위한 호혜성의 원칙 내지 상호성의 원칙인 것이다"(같은 글).

롤스의 정의론에 대한 지금까지의 고찰을 역사적 맥락에서 조망해 보자. 롤스는 기본적으로 "자유롭고 평등한 시민들 간의 장기간에 걸친 공정한 협력체계"(같은 글)로서의 사회를 기획한다. 이런 측면에서 그의 기획은 근대의 해방적 정치 공동체 기획과 그 근본가치에 맞닿아 있다. 나아가 다음과 같은 측면에서 특히 루소의 기획을 계승·발전하고 있다.

첫째는 그가 '자유'와 '평등'을 대립적으로 보거나 '평등'의 의미를 '자유에 대한 권리의 평등' 또는 "형식적 평등"(Rawls, 2001: 137)으로 축소시키지 않으면서 재산 또는 자원/소득의 평등을 강조한다는 점이다. 이런 측면에서 그에게서도 '정의'와 '분배정의'의 기준은 '자유와 평등의 실질적 보장'이다. 물론 이때 그는 루소와는 달리 절대적 평등이 아니라 '효율성'과 결합된 '차등의 원칙'이라는 의미에서의 평등을 강조한다.

둘째는 그가 재산 또는 "실질적 재산", 곧 "생산적 자산과 자연자원"(같은 책: 138)에 대해 모든 성원이 갖는 권리를 사실상 인정한다는 점이다. 그가 '각 시기가 시작하는 순간의 재산'에 대한 '평등한 분할소유'나 '사회적 소유'를 주장하기 때문이다. 이러한 주장은 그가 루소와 마찬가지로 인류 또는 사회성원 모두가 사용할 권리를 갖는 공유지를 인정하는 것이라고 할 수 있다.

나아가 그는 자신의 정의의 원칙을 충족할 수 있는 사회로 재산소유 민주주의 사회나 자유 사회주의 사회를 제시한다. 이 또한 이상적 사회로 공유지를 평등하게 분할하여 소유하는 분할소유사회나 공동으로 향유하는 사회로 보는 루소의 입장에 맞닿아 있다. 물론 롤스가 사실상 재산소유 민주주의를 선호한다는 점에서, 그의 이상 사회는 평등한 분할소유사회에 더 가깝다.

롤스 이론의 난점과 한계

그러나 롤스 이론은 다음과 같은 난점과 한계를 보인다.

첫 번째는 '상호성' 개념의 비일관성과 관련된다. 살펴보았듯이 상호성은 그의 이론에서 중요한 개념의 하나다. 그는 상호성, 곧 '같은 것을 같은 것으로서 응답하려는 성향'을 기본적으로 개인들이 정의의 원칙을 수용하고 존중하기 위한 도덕적 태도로 제시한다. 그가 부모/자식 간의 관계를 이러한 상호성의 예로 제시한다는 데서 알 수 있듯이, 이때의 '같은 것'이란 '사랑이나 존경' 또는 이를 구현하는 대상을 의미한다. 즉 경제적으로 등가적인 것을 의미하지 않을 뿐만 아니라, 그 대상, 예를 들어 부모가 제공한 집이나 의복 또는 화폐 등과 똑같은 것을 의미하지도 않는다. 예를 들어 가난한 성년 자식은 재화를 통해서는 부모님께 보은하지 못해도 돌봄 제공이나 잦은 문안인사 등을 통해서도 보은할 수 있다. 이 가난한 사람을 배은망덕한 불효자로 볼 사람은 없다.

그런데 그가 상호성을 차등원칙에 적용할 때에는 사정이 달라진다. '비등가성'은 변함없지만, 그는 노동, 그것도 사실상 돈벌이가 되는 생계노동이라는 동일한 대상을 통한 응답만을 상호적인 것으로 본다. 따라서 그에게서는 최소한 생계노동에 대한 '의지'라도 갖고 있는 실업자만이 차등원칙의 수혜대상이 될 수 있다. 반면 자발적 실업자, 예를 들어 소속 공동체를 사랑하여 법질서를 잘 준수하고 열심히 투표에 참가하지만 온종일 거의 파도타기만 하는 서퍼는 수혜에서 배제된다. 그런데 법질서의 준수와 투표행위는 앞에서 말한 도덕적 태도의 차원에서는 공동체와 다른 사람들이 그에게 주는 것에 대한 응답이다. 그러나 이것이 차등원칙의 차원에서는 인정되지 않는 것이다.

이러한 난점을 해결하기 위해서는 무엇보다 차등원칙이 기초하는 상호성 역시 '같은 것을 같은 것으로 응답하려는 도덕적 태도'라는 보다 넓은 의미로 이해할 필요가 있다. 그 결과 노동을 통한 기여만이 아니라 정치적 참여 같은 생계노동을 통하지 않는 기여까지 차등원칙이 기초하는 상호성으로 포함할 필요가 있다.

그런데 롤스는 이러한 재구성을 위한 단서 또한 주고 있다. 예를 들어 그는 가정에서의 "재생산노동" 또한 "사회적으로 필수적인 노동"(Rawls, 2001: 162)으로 간주한다. 나아가 노동분업의 폐해라고 할 수 있는 "단조롭고 천편일률적인" 업무에만 종사하는 것을 비판하는 한편, 이러한 종사가 주는 자존감의 훼손을 사회적으로 의미 있는 일(work)을 함으로써 극복할 수 있다고 주장한다(Rawls, 1999a: 464). 즉 그는 생계노동만이 아니라 유의미하고 유용한 모든 종류의 일의 가치를 사실상 인정하고 있다. 이는 '베짱이'가 수행하는 유의미하고 유용한 일의 성과가, 타인들이 생계노동을 통해 생산한 결과의 일부를 분배받는 것에 대한 '응답'일 수 있음을 의미한다. 즉 차등원칙이 기초하는 상호성을 굳이 생계노동을 통한 상호성으로 제한할 필요가 없음을 의미한다.

롤스는 미드의 재산소유 민주주의는 지지하면서도 그와 달리 기본소득은 반대한다.[142] 기본소득을 반대하는 이유로 그가 제시하는 것이 바로 차등원칙이 기초하는 '상호성' 위반이다. 그러나 이때 그는 차등원칙에 기초하는 상호성을 노동, 그것도 생계노동에 연계한다. 그 결과 자신의 상호성 개념의 일관성을 떨어트림과 동시에 차등원칙이 갖는 '상호성'의 의미를 좁힌다. 뿐만 아니라 자신의 노동 개념의 일관성도 훼손한다. 사실 그의 상호성 개념과 노동 개념의 보다 포괄적인 의미에 초점을 맞출 때, 여러 시도들이 보여주듯이, 그의 정의론에 기초하여 기본소득론을 정당화하는 것도 가능하다.[143]

롤스의 이론이 갖는 두 번째 난점과 한계는 그의 이론적 배경이 되고 있는 실제 사회가 2차 세계대전 이후부터 1970년대라는 한정된 시기에 선진 자본주의국가에만 존재했던 완전고용사회, 평생직장이 보장되던 완전고용사회라는 점이다. 이러한 사회를 배경으로 강조되는 '생계노동의지에 기초하는 상호성'을 다른 사회, 예를 들어 4차 산업혁명으로 대변되는 현대 사회에 적용하기란 사실상 불가능할 것이다. 현대 사회에서는 대량실업과 불안정 노동 및 잦은 직업변동이 양산되기 때문이다.

롤스의 이론이 갖는 세 번째 난점과 한계는 정의의 원칙들을 포함하여 그가 제시하는 정책들이 그의 이상적 정치 공동체, 곧 재산소유 민주주의 사회의 달성과 관련하여 근본적인 문제점을 갖고 있다는 것이다. 그의 이론에 따를 때

---

142 1988년 파리에서 개최된 롤스의 『정의론』 불어판 출판을 기념하는 학술대회에서 판 빠레이스는 롤스와 대화할 기회를 가졌다. 여기서 롤스는 노동을 전혀 하지 않으면서 온종일 말리부 바다에서 파도타기만 하는 "말리부 서퍼는 공적 급여(public benefit)를 통해 자신의 삶의 방식이 보조받을 것을 정당하게는 기대할 수 없다"(Van Parijs, 2010a: 2)며, 기본소득에 대한 자신의 반대를 분명히 하였다.

143 이러한 시도로는 권정임, 2016b, 목광수, 2019, 최광은, 2019 등을 들 수 있다.

재산소유 민주주의를 달성하기 위해 사용할 수 있는 정책적 수단은 한편으로는 상속/증여에 관한 법률 개선을 통한 재산의 지속적 분산, 정치적 자유의 공정한 가치를 뒷받침하는 제도의 창출 및 교육과 훈련을 제공함으로써 보장되는 공정한 기회균등이다(Rawls, 1999b: 22). 다른 한편으로는 차등원칙에 입각한 재분배 정책이다. 이를 위해 그는 면세점을 넘는 수준부터의 총지출에 대해 정률 소비세를 적용하여 "적절한 사회적 최저선"을 보장하고자 한다.[144] 차등원칙은 이 사회적 최저선을 올리거나 내리고, 또한 한계세율을 조정함으로써 달성된다는 것이다(Rawls, 2001: 161).

그런데 이처럼 재원이 한정되며 또한 사회적 최저선의 보장을 목표한다는 점에서 차등원칙은 재산소유 민주주의를 위한 적극적인 정책이 될 수는 없다. 또한 피케티(Piketty. 2013)가 보여주듯 재산소득이 노동소득에 비해 비교할 수 없을 만큼 커져가는 자본주의적 현실을 고려할 때, 현재와 같은 사회체제에서 차등원칙에 대해 체제변혁의 기능을 기대한다는 것은 무리해 보인다. 무엇보다 롤스에게 차등원칙에 따른 재분배 정책은 재산소유 민주주의로 이행한 후에야 제대로 실현될 수 있는 정책이다.

따라서 롤스에게서 재산소유 민주주의의 실현을 위해 적극적인 의미를 갖는 정책은 첫 번째 유형의 정책, 특히 상속/증여에 관한 법률 개선을 통한 재산의 지속적 분산이다. 롤스는 이 정책을 구체적으로 서술하지는 않는다. 그렇지만 재산소유 민주주의를 실현하기 위해 상속/증여 제도를 개선하고자 하는 그의 의도를 가장 강하게 해석할 때, 또한 차등원칙이 '시초평등'을 전제한다는 점과 기회균등원칙에 충실할 때, 그가 채택할 상속/증여 개선책은 기존에 소수에게 상속/증여되던 재산을 공동체의 모든 성원들에게 나누어 주는 '사회상속'의 형태를 취할 것이라고 추측해 볼 수 있다. 그 중에서도 성인으로서의 생활을 시

---

144 프리만(Samuel Freeman)은 롤스가 "노동과 생산적 노력과 기여"를 고려하여 소득세보다 소비세를 선호한다고 본다(Freeman, 2007: 228).

작하는 시점에 모두에게 동일한 재산을 주는 기본재산(basic endowment) 제도라고 추측할 수 있다.[145] 이 제도가 "성인생활의 출발선에서 가급적 기회의 균등을 실현해 보자는" "목표"를 두고 있기 때문이다(Van Parijs/Vanderborght, 2017: 30이하). 그러나 이 제도는 재산소유 민주주의의 실현 및 기회균등 또는 기회의 실질적 평등과 관련하여 다음 두 가지 측면에서 근본적인 한계를 갖고 있다.

첫 번째는 기본재산제도를 통해 재산소유 민주주의, 기회균등 또는 기회의 실질적 평등을 매우 제한적인 정도로만 실현할 수 있다는 점이다. 상속/증여 세율을 높이면 재단설립이나 이민 등을 통한 조세저항과 회피가 발생하기 때문이다. 예를 들어 현재 상속세율이 높은 미국 같은 나라에서도 실효세율은 10%를 넘지 못한다. 결국 상속/증여 제도를 개선하더라도 이를 통해 달성되는 기회의 실질적 평등의 수준은 높지 않을 것이다. 따라서 이 상태에서 실시되는 차등원칙에 따른 재분배 정책이 복지국가 자본주의가 허용하는 과도한 소득격차 및 이에 따른 부와 정치적 영향력의 격차를 효과적으로 차단하리라는 보장은 없다고 보인다.

두 번째는 기본재산을 탕진하거나 잘못 관리하여 잃게 되는 위험이 있다는 점이다. 그 결과 부족하게라도 주어지던 기회의 실질적 평등의 지속성이 보장되지 않는다는 점이다.[146] 물론 롤스는 이때 차등원칙에 기초하는 재분배 정책을 실시하고자 할 것이다. 그러나 많은 사람들이 기본재산을 잃어버린 상태에서 차등원칙에 입각한 재분배 정책을 실시할 경우, 이는 롤스가 비판하는 복

---

145 기본재산제도에 대해서도 이미 18세기 이래 많은 제안들이 있어 왔다. 이를 주장한 대표적인 학자로는 18세기의 페인(Th. Paine), 현대의 토빈(J. Tobin), 액커만/앨스톳(B. Ackermann, A. Alstott) 등을 들 수 있다(Van Parijs/Vanderborght, 2017: 29).

146 청년기에 "받은 재산으로 인생의 여러 기회 중 어떤 것을 선택한다는 것에는 큰 제한이 따른다. 여기에는 지적인 능력, 부모의 관심, 학업적 성취, 사회적 네트워크, 그 밖의 여러 요인들이 강력한 영향을 미친다." 이런 것들이 "결핍된 이들은 인생의 출발점에서 그 돈의 용처를 현명하게 선택할 능력이 떨어질 수밖에 없고 (...) 젊은 날의 자유 때문에 평생의 자유가 위협 받는다"(Van Parijs/Vanderborght, 2017: 31).

지국가 자본주의적 재분배 정책과 큰 차이가 없을 수 있다. 그런데 이 두 번째 문제점은 사실 공유지의 '평등한 분할소유 관점'에 내재하는 문제이기도 하다. 이 관점 자체는 재산이 시초에 평등하게 분할된 이후 개인의 재능이나 성향과 취향 및 운의 차이에서 생겨나는 빈부의 격차를 시정할 수 있는 방안을 내포하고 있지 않기 때문이다. 차등원칙은 이러한 문제점을 보완하는 정책이라고 할 수 있다. 그러나 살펴보았듯이 기본재산제도에 차등원칙을 결합했을 때의 실효성은 보장되지 않는다. 결국 기회의 실질적 평등을 지속적으로 보장하지 못한다는 점은 재산의 평등한 분할소유모형 및 이에 기초하는 재산소유 민주주의에 내재하는 한계다. 롤스는 차등원칙을 통해 이러한 한계를 극복하고자 하지만, 그 효과는 보장되지 않는다. 이런 측면에서 롤스는 재산의 평등한 분할소유모형 자체에 내재한 한계에 의해 제약된다.

2) 드워킨의 분배정의론

드워킨 역시 롤스와 마찬가지로 '자유'만이 아니라 자원/소득의 분배와 관련되는 '실질적 평등'을 추구한다. 이런 측면에서 그에게서도 정의와 분배정의의 기준은 자유와 평등의 실질적 보장이라고 할 수 있다. 그의 분배정의론이 추구하는 이상적 정치 공동체가 루소의 평등한 분할소유사회에 맞닿아 있다는 점 또한 롤스와 유사하다. 물론 철학과 분배정의의 구체적인 내용과 관련하여서는 양자는 서로 다르다. 흥미로운 점은 무엇보다 드워킨의 평등한 분할소유 모형에서는 자원/소득의 평등한 분배가 개인마다 다른 재능이나 소원 및 주관적 가치평가에 기초한다는 점이다. 우선 그의 분배정의론을 살펴보자.[147]

---

147 이어지는 드워킨의 분배정의론에 대한 서술의 많은 부분은 곽노완 2015a 「좋은 삶과 기본소득-기본소득을 향한 드워킨 분배정으론의 재구성」을 수정·보완한 것이다.

드워킨의 정치철학과 윤리적 개인주의

드워킨의 분배정의론은 그의 정치철학적 기획의 일부다. 정치철학적으로 그는 "포괄적 자유주의 이론"(comprehensive liberal theory) (Dworkin, 2000: 5)을 기획한다. 『최고의 덕목』(*Sovereign Virtue,* 2000)에서 스스로 밝히듯이, 이 기획은 현대 자유주의 이론에서 가장 영향력 있는 두 이론에 대한 비판적 대결의 산물이다(같은 책: 4 이하). 즉 그는 한편에서는 벌린(I. Berlin)과 대결한다. 그가 중요한 정치적 가치들, 특히 자유와 평등을 대립시키기 때문이다. 이에 반해 그는 이 가치들을 통합하는 자유주의 이론을 기획한다(같은 글).

다른 한편에서 그는 롤스(J. Rawls)(같은 책: 5 이하)의 '정치적 자유주의'와 대결한다. 드워킨에 따르면 롤스는 사회계약장치를 통해 정치적 주장의 근거를 만장일치적인 합의에서 찾음으로써 정치적 도덕을 개인의 자유에 대한 책임 같은 더 일반적인 윤리적 가치들로부터 분리한다. 이에 반해 드워킨은 정치적 도덕과 윤리적 가치의 이분법을 해체하고자 한다. 이러한 의도를 실현하기 위한 그의 전략은 개인 자신과 관련되는 것으로서의 윤리적 원칙들, 곧 "윤리적 개인주의"(같은 글)의 원칙들을 설정하고 이 원칙들과 연속적인 또는 이 원칙들에 민감한 정치이론을 구성하는 것이다.[148] 드워킨의 분배정의론은 이러한 정치이론의 일부다. 따라서 그의 분배정의론에 대해 체계적으로 고찰하기 위해서는 윤리적 개인주의의 원칙들부터 살펴보아야 한다.

드워킨의 윤리적 개인주의의 출발전제는 모든 개인이 '좋은 삶'을 추구하며, 이 때 이들의 운명은 크게 "선택"(choice)과 "여건"(circumstances)이라는 두 계기에 의해 결정된다는 것이다(같은 책: 322). 선택이란 인성(personality)을 반영한다. 인성은 다시 전반적 인생계획이나 기호, 선호 및 신념 등을 포괄하는 "소

---

148   윤리적 개인주의와 비연속적인 또는 이에 둔감한 정치이론의 예로 드워킨은 롤스 및 공리주의의 이론을 제시한다.

망"(ambition)과 열성 등과 같이 소망추구방식에 영향을 미치는 성품(character)으로 나뉜다. 여건은 개인이 사용할 수 있는 자원을 의미한다. 이는 부와 재산 및 이들을 사용할 수 있는 기회 같은 비인격적 자원(impersonal resources)과 개인이 지닌 육체적 · 정신적 능력이나 재능, 건강, 일반적 체력 등으로 구성되는 인격적 자원(personal resources)으로 세분된다(같은 글).

드워킨은 이러한 출발전제에 기초하여 윤리적 개인주의의 두 원칙을 전개한다. 첫 번째 원칙은 "각 개인의 삶이 잘 이루어지는 것이 평등하게 중요하다"(같은 책: 324)는 '평등한 중요성'의 원칙이다. 두 번째 원칙은 개인의 인성, 특히 소망에 따른 '자유로운 선택'에 대한 "특별한 책임"(같은 글)의 원칙이다.[149] 즉 드워킨은 평등과 자유라는 자유주의의 전통적인 두 가치를 포괄하는 윤리적 개인주의의 이 두 원칙에 기초하여 정치철학을 전개한다. 또한 이를 통해 그는 벌린과 롤스의 한계를 넘어서고자 한다. 이에 따라 그는 자신의 윤리적 개인주의의 첫 번째 원칙에 기초하는 "평등한 배려"(equal concern)의 원칙, 곧 "정부"가 "시민들 모두의 운명을 평등하게 배려"(같은 책: 1)해야 한다는 원칙과 윤리적 개인주의의 두 번째 원칙, 곧 '특별한 책임의 원칙'을 자신의 정치철학의 기본원칙들로 설정한다.

드워킨의 분배정의론

드워킨의 분배정의론은 그의 정치철학의 이 두 원칙들에 기초한 자원분배에 대한 도덕이다. 따라서 그의 분배정의론은 '특별한 책임의 원칙'에 따라 개인의 자

---

149 윤리적 개인주의의 이 두 원칙은 드워킨의 2004년 저작에서는 "모든 인간의 삶"이 보유한 "고유한 가치의 원칙"과 "개인적 책임의 원칙"이라는 인간존엄의 두 원칙으로 재정의된다(Dworkin, 2004, 한: 22이하). 그의 2011년 저작에서 첫 번째 원칙은 "자기존중의 원칙"으로 표현된다(Dworkin, 2011: 327 이하).

유와 선택을 존중함과 아울러, '평등한 배려'의 원칙에 따라 "전체 자원에 대한 사람들의 몫"(같은 책: 12)을 최대한 평등하게 할 것을 목표하는 '자원 평등론'의 형태로 전개된다. 이러한 자원 평등론의 목표를 사람들의 운명과 부의 형성에 영향을 미치는 두 계기, 곧 선택과 여건에 적용할 때, 드워킨에게서 분배정의의 척도는 자원분배가 선택에는 민감(sensitive)하고 여건에는 둔감(insensitive) (같은 책: 323)하게 이루어지는 것이다. 여건은 자유로운 선택의 결과가 아니며, 따라서 이들에 대해 책임을 논하는 것은 의미가 없기 때문이다(같은 글).[150] 분배정의의 이러한 척도에 걸맞게, 드워킨은 무엇보다 선택에 민감하고 여건에 둔감한 분배정책을 개발하고자 한다(같은 책: 334). 따라서 그는 무엇보다 여건의 평등화를 추구하게 된다. 이런 측면에서 그의 평등주의는 공동체의 모든 성원들에게 "자신의 가치에 따라 삶을 기획할 진정으로 평등한 기회"나 여건을 "제공"(Dworkin, 2006: 108)하고자 하는 '기회평등주의'의 하나다.[151]

살펴보았듯이 드워킨은 여건을 비인격적 자원과 인격적 자원으로 분류한다. 이에 따를 때 빈부격차의 요인 역시 물려받는 선물이나 유산 같은 비인격적 자원에서의 차이와, 재능이나 건강으로 대별되는 인격적 자원에서의 차이로 대별된다. 그런데 이 차이들은 사실상 특정 개인이 태어날 때 갖는 유전적이거나

150　이처럼 개인의 자유 및 자유로운 선택에 대한 책임을 평등과 통합하여 분배정의론을 구성함으로써 그는 "균일한 평등이론"이 아니라 "책임을 고려한 평등이론"(김정오 외, 2011: 95)을 기획한다.

151　판 빠레이스(Van Parijs, 2010: 3 이하)와 염수균(염수균, 2011: 281-284) 역시 드워킨의 평등주의를 기회평등주의의 하나로 분류한다. 이들에 따를 때 기회평등주의는 모든 사람에 대해 결과의 평등이 아니라 자유로운 자기실현을 위한 기회의 평등을 보장하고자하는 이념으로, 기회의 평등이 보장되는 한 각 개인의 자유로운 선택에 따른 결과의 차이는 인정한다(Van Parijs, 같은 글: 3). 그런데 아이러니하게도 드워킨 자신은 기회평등주의를 비판한다. 이는 그가 기회평등주의를 사실상 출발문(starting-gate)이론으로 보기 때문이다. 출발문 이론이란 시초자원평등만 보장된다면 이후의 어떤 부정의한 분배도 정당하다고 보는 이론으로, 사실상 '시초자원의 평등한 분배 + 이후의 자유방임'을 옹호하는 이론이다(Dworkin, 2000: 86 이하).

환경적인 '운'(luck)의 차이들이다. 그에 따를 때 이러한 운을 평등하게 하여 자원을 여건에 둔감하게 분배할 수 있는 방식은 두 가지다. 분배가 이루어진 후 그 결과를 평등하게 하는 '사후 평등'과 분배 이전에 여건을 평등하게 하는 '사전 평등'이 그것들이다. 이들에 대해 살펴보자. 먼저 평등한 자원분배에 대한 그의 기준부터 살펴보자.

　　드워킨의 자원 평등론에 의하면 자원은 각 개인의 '소망'에 따른 자유로운 선택에 기초하여 최대한 평등하게 분배되어야 한다. 이에 따를 때 자원이 최대한 평등하게 분배된 상태란 각 개인이 분배받는 자원의 종류와 양은 각 개인의 '소망'에 따라 상이하지만, 분배결과에 대한 각 개인의 만족도는 평등하여 다른 사람의 몫을 선망하지 않는 상태다. 이런 맥락에서 그는 평등한 분배의 기준으로 "선망검사"(envy test) (Dworkin, 2000: 67)를 통과한 선망부재를 제시한다. 이에 기초하여 드워킨은 사후 평등을 다음과 같은 극복하기 어려운 난점을 갖는다는 이유로 거부한다. 첫째, 사후 평등을 따를 때 모든 투자 운이 부정되는데, 이는 개인의 선택에 대한 책임을 심각하게 훼손시킨다는 것이다. 둘째, 사고로 장애를 갖게 된 사람의 사후적 보상은 아무리 많은 돈을 써도 달성되지 않는다는 것이다. 즉 사후평등은 "시정의 상한선"을 갖지 못하며 따라서 "비합리적"이라는 것이다(Dworkin, 2006: 109 이하). 결국 여건의 평등화를 위해 그는 '사전 평등'의 관점을 취하게 된다.

　　그런데 여건의 사전 평등화를 달성하기 위해서는 해결해야 하는 문제가 있다. 누가 어떤 여건 속에서 태어나고 또 어떤 여건을 계속 접하게 되는지는 대체로 '운'의 문제다. 따라서 여건의 완전한 사전 평등화, 다시 말해 어떤 선망도 존재하지 않을 정도로 재능과 환경 등을 정의롭게 사전에 분배하는 것이 원칙적으로 불가능하다는 점이다. 이 문제를 해결하기 위해 드워킨은 운을 '맹목적 운'(brute luck)과 '선택 운'(option luck)으로 나누면서 양자를 보험논리로 매개한다.

　　맹목적 운이란 타고난 운이며 따라서 자유로운 선택과 무관한 운이다. 반면 선택 운이란 숙고한 도박처럼 "예측했고 그 결과 피했을 수도 있는 위험

(risks)을 받아들임으로써"(같은 책: 73) 생기는 운이다. 모든 맹목적 운은 특정 불운을 당하거나 특정 행운을 갖지 못했을 '위험'에 대비하여 가입하는 보험을 통해 선택적 운으로 전환된다. 즉 보험가입을 통해 자유로운 선택과 무관한 운이 자유롭게 선택한 운으로 전환된다. 그 결과 여건의 평등화가 이루어지면서 여건에 둔감하고 선택에 민감한 자원의 재분배가 달성된다는 것이다. 이런 맥락에서 드워킨에게서 여건, 곧 개인이 사용할 수 있는 자원의 평등은 '위험의 평등'이다(Dworkin, 2002: 14). 이는 그의 기회평등주의가 상대적임을 의미한다. 즉 그에게서 좋은 삶을 위한 모두에게 평등한 기회가, 보험논리에 기초한 개인의 선택에 상대적으로 평등한 기회임을 의미한다. 이러한 기회의 상대적 평등화를 위해 그의 자원 평등론은 모두를 "위험의 관점에서 평등한 위치에 놓는"(Dworkin, 2000: 341) 정책의 개발을 목표하게 된다.

이러한 정책의 개발은 드워킨에게서 몇 가지 방법론적 전제들에 기초하여 진행된다.

첫 번째는 이 세상에 무수히 많은 운들이 있다는 사실과 관련된다. 원칙적인 차원에서 드워킨은 미모를 비롯하여 누군가 원치 않는 불이익을 낳는다고 보는 그 어떤 운에 대해서도 보험설계를 적용할 수 있다고 본다(Dworkin, 2000: 24, 82 이하). 그러나 그는 실제로 문제가 될 수 있는 운들은 평균적인 사람들이 손해를 보면서도 보험에 가입할 만한 몇 가지 악운들로 한정된다고 본다. 보험회사에 이득을 주지 않는 보험은 존재할 수 없고, 따라서 "모든 보험은 손해 보는 거래"이기 때문이다(같은 책: 334). 이에 따라 그의 자원 평등론은 이 몇 가지 악운들로 제한되어 전개된다.

두 번째는 현실 사회가 개인들의 여건이 엄청나게 차이나는 사회라는 점과 관련된다. 그는 이로 인해 자원평등의 일반적 목표, 곧 여건이 아니라 선택에 민감한 분배를 위한 정책개발이 실제로는 매우 어렵게 된다고 본다(같은 글). 또한 그는 보험사들이 유전정보 등에 기초하여 특정인에게 더 높은 보험료를 청구하는 등 피보험자들을 상대로 차별적인 보험정책을 적용할 수 있다고 본다(같

은 책: 77). 이 문제들을 해결하면서 여건에 둔감하고 선택에 민감한 분배정의론을 전개하기 위해 드워킨은 연구를 다음과 같은 이중적 절차를 통해 진행한다.

우선 그는 우선 비인격적 여건 또는 자원, 곧 "재산"이 "공정"하게 "분배"(같은 책: 332)된 '시초평등상태'에 대한 모형을 창출하고자 한다. 이후 재능 같은 인격적 자원 및 시초평등을 통해 평등하게 분배할 수 없는 상속재산 같은 기타 여건(이하 기타 여건)에 따라 차이나는 소득을 평등하게 하는 모형을 창출하고자 한다. 이 모형은 시초평등상태의 모형에 기초하여 창출된다. 즉 그는 "평등한 시초재산"을 전제로 인격적 자원 및 기타 여건과 관련되는 피할 수 없는 악운이 모두에게 평등하게 닥칠 수 있다는 "평등한 위험"(같은 책: 102)과 "평균적 인간"을 기준으로, "통계적으로" 구성(같은 책: 345)되는 가설적 보험설계모형을 개발한다. '시초평등'부터 살펴보자.

드워킨은 난파선 선원들이 자원이 풍부한 무인도에 표류하여 자원을 분배한다는 가정 아래, 모두에게 재산과 기회를 공정하게 분배하는 시초의 자원분배에 대한 논의를 진행한다(Dworkin, 2002: 14 이하). 이러한 시초상태의 주요특징은 아직 사유재산이 없으며, 따라서 특정 자원에 대한 선행하는 권리를 누구도 갖고 있지 않다는 것이다. '평등'은 바로 이러한 시초상태에서 공정하고 정의롭게 자원을 분배하는 방식으로 제안된다. 그에 의하면, '평등'은 전체 삶에서 이용할 수 있는 자원이 선망검사를 충족시키는 방식으로 모두에게 평등하게 분배되어야 한다고 요청한다(Dworkin, 2000: 70). 다시 말해서 특정인에 의한 특정 자원의 자유로운 사용이 그 자원의 '기회비용', 곧 그가 특정자원을 선택함으로써 다른 사람이 포기하게 되는 가치를 대가로 지불하여야 함을 요청한다. 또한 이 때 각자 자유롭게 선택한 자원들의 기회비용 총계가 모든 사람들에게 동일할 것을 요청한다. 곧 신고전파 경제학의 왈라스(Walras) 균형을 이룰 것을 요청한다(같은 책: 68 이하). 이처럼 평등한 분배의 구성요소로 각 개인의 자유로운 선택을 명시함으로써, 그는 자원평등에 대한 그의 이상이 "자유의 특별한 성질과 중요성에 직접적으로 그리고 분명하게 민감"(Dworkin, 2000: 122)함을 보여준다.

드워킨에 의하면, 사람들은 시초의 평등한 분배 이후에도 "계속해서 자원 분배의 평등을 유지할 수 있는 그런 사회를 만들기를 원한다"(Dworkin, 2000: 83). 이러한 가정 아래 그는 인격적 자원과 기타 여건에서 평등, 물론 '위험의 평등'을 달성하기 위한 방안을 모색한다. 그런데 재능이나 상속재산은 '선택 운'이 아니라 '피할 수 없는 운'에 속한다. 이에 따라 그는 이들과 관련된 위험의 평등을 달성하기 위해 보험논리를 적용한다. 이때 보험설계는 현실적인 상황에 기초하는 것이 아니라 가설적 상황에 기초한다. 따라서 이 보험설계는 가설적 보험설계의 형태로 진행된다.

　　이러한 가설적 보험설계를 위해 드워킨은 먼저 각자가 자신의 재능은 알지만 그 재능이 산출할 수입과 해당 재능을 고용할 수 있는 경제적 여건의 존재 여부 등에 대해서는 모른다고 전제한다. 이어서 시초분배 전에 사용가능한 원자재와 기술에 대한 정보, 모두의 기호와 소망 및 위험에 대한 태도에 대한 정보(같은 책: 94) 및 보험과 관련되는 현대경제의 모든 변수들을 컴퓨터에 입력한다. 또한 이를 통해 시초평등의 상태와 생산·거래가 시작되면서 귀결될 예상수입구조, 곧 각 수준의 수입에서 버는 사람들의 수를 예측한다고 가정한다(같은 글). 이후 그는 각자가 '평등한 위험'의 전제 아래 특정 보험에 가입한다(같은 글, 같은 책: 76 이하)고 가정한다. 이 때 그는 이 평등한 위험에 대한 전제가 특정 수준의 수입을 얻거나 특정한 불운을 당할 확률이 모두에게 동일하다는 가정 아래, "모두가 동일한 보장수준에 대해 동일한 보험료"를 지출하는 "공동체 보험율"(community rate) (Dworkin, 2000: 332)에 대한 가정을 통해 충족된다고 본다. 또한 그는 보험료는 시초분배 이후 번 미래의 소득에서 지불한다고 본다(같은 책: 94). 나아가 그는 평균적인 사람들이 보험가입을 할 정도로 심각한 위험을 초래하는 악운으로, 장애, 최소한 최저생계비를 보장할 수 있는 직업을 갖기 위해 필요한 재능의 부재, 실업, 하층 자녀로 태어나는 악운 및 상속과 관련된 악운 등을 제시한다.

　　이때 드워킨은 '시초평등'과 이에 함축된 자원평등론이, '위험의 평등'과 달리, 현실에서 추구해야 할 자원평등의 이상이 아니라 '위험의 평등'에 기초하는 가설적 보험설계모형의 창출을 위해 요청되는 '방법론'임을 명시한다(같은 책: 334). 2008년 한국에서의 인터뷰에서는 '시초평등'이 "가설적 보험에 있어 보험의 수준을 계산하는 하나의 요인일 뿐"(김정오 외, 2011:82)이냐는 질문에 대해 명시적으로 그렇다고 대답한다(같은 책:84).

이처럼 가설적 보험설계모형을 통해 특정 사회에서 가능한 보험의 종류와 보험료 및 보장수준을 추론한 드워킨은, 이를 다시 조세모형으로 전환함으로써 특정 사회에 가능한 복지프로그램을 창출하고자 한다. 그런데 지금까지의 가설적 보험모형을 그대로 조세체제로 전환할 경우, 그는 역진적 조세의 문제, 재능과 소득조사 등에 따른 고비용의 문제, 재능과 능력을 감추는 행위 등과 같은 도덕적 해이 문제 및 불확실성과 관련된 여러 문제 등을 피할 수 없게 된다고 본다(같은 책: 100). 이 문제들을 해결하기 위해 그는 복지혜택의 조건으로 수혜자가 일정한 비율을 공동으로 부담하게 하는 한편, 재능/소득에 대한 입증의 부담을 지게 하는 제도적 장치를 마련할 것과 누진세제도를 도입할 것을 주장한다(같은 책: 100 이하). 자신의 복지프로그램의 핵심문제가 시초재산의 평등한 분배 이후 재능에 의한 소득격차의 평등한 조정과 관련되는 문제라는 이유로, 그는 이 복지프로그램의 주요재원을 소득세로 설정한다.[152]

나아가 그는 "가설적 보험 논의가 허용할 재산상의 차이들조차 없애"려는 노력을 해야 한다고 주장한다(Dworkin, 2000: 107). 이를 통해 그는 분배정의로서의 자원평등에 대한 자신의 기획을 현대 복지국가 자본주의 수준 이상으로 전개하고자 한다. 즉 그는 자신의 자원평등기획을 "현대 민주주의에서 직업과 수입을 분배하는 데 있어 중요한 역할"을 하는 "계층"이 소멸하는 지점까지 전개하고자 한다(같은 책: 345). 또한 이를 위해 그는 상속세를 향상된 공교육과 계층

---

152 투자수익 역시 기술과 재능의 차이를 반영하는 한 과세된다(같은 책: 91, 각주 8). 상속세 역시 "재산상속인의 소득세 형태"(김정오 외, 2011:83)로 과세된다.

화의 충격을 완화하기 위해 사용하자는 구체적 정책제안까지 한다(같은 글). 이러한 정책이 시행되면 시간이 흐르면서 계층이 소멸할 것으로 그는 낙관한다(같은 글).

다른 한편 드워킨은 보편적인 재분배정책, 나아가 기본소득을 분배정의의 '원칙' 차원에서 부정의한 것으로서 반대한다. 이 정책들이 게으름을 '선택'한 결과에 대한 '책임'을, 근면을 선택한 사람에게 '전가'한다는 것이다. 따라서 "정의의 요청"을 "이탈"(같은 글)한다는 것이다.[153] 이에 걸맞게 그는 보험사가 취업을 위한 훈련과 취업알선을 제공하면서 보장수급기간의 상한선을 두지 않고 보장하는 보험을 이상적인 실업보험모형으로 제시한다(같은 책: 340). 이 때 취업을 위한 실업당사자의 노력(같은 글) 또는 노동의지 및 보험사가 제공하는 그 어떤 직업이라도 피보험자가 수용해야 한다는 점(같은 책: 336)은 보장혜택의 조건이다.

드워킨의 분배정의론과 재산의 평등한 분할소유모형

지금까지 살펴보았듯이 드워킨은 루소나 롤스와 달리 재산을 직접적으로 평등하게 분배하자고 제안하지는 않는다. 그렇지만 그는 누진적 소득세에 기초한 재분배를 통해, 재산이 평등하게 분할소유되었을 때와 유사한 소득효과를 창출하고자 한다. 이런 측면에서 그의 분배정의론이 함축하는 이상적 사회체제는

---

153 그런데 그는 최저생계비 이하의 소득을 올리는 가구/개인의 소득과 최저생계비 간의 차액의 일부를 노동의지 심사없이 지급하는 마이너스 소득세(negative income tax)에 대한 지지를 표명함으로써(Dworkin, 1983: 208), 노동의지를 복지수혜의 조건으로 설정하는 전통적 복지체제의 노동중심주의로부터 한 걸음 물러선다. 그렇지만 동시에 자신의 지지가 분배정의 차원에서의 지지가 아니라 효율성과 공정성 차원에서의 지지임을 밝힌다. 어떤 형태의 재분배제도를 고안하든 급여의 일정 부분이 노동의지가 없는 사람들에게 귀속되는 것을 피할 수 없을 뿐만 아니라, 노동의지 심사를 통해 노동의지가 있는 사람들을 거부하는 "불공정"을 범할 수 있다는 것이다(같은 글). 이때 그는 선별작업에 따른 행정비용 등도 고려한다(Dworkin, 2000: 321 이하).

재산의 평등한 분할소유모형 또는 재산소유 민주주의의 변형형태라고 할 수 있다. 이러한 결론은 그가 궁극적으로 계층의 완전한 소멸을 기대했다는 사실을 통해 더욱 설득력이 높아진다.

그렇지만 그가 제안하는 정책을 통해 이러한 이상사회를 창출한다는 것은 어려워 보인다.

무엇보다 그가 평등한 자원분배의 기준으로 제시하는 '선망부재'와 이에 기초하는 '시초평등상태'는 판 빠레이스나 피츠패트릭이 적절하게 비판하듯이 복지 평등주의(welfare egalitarianism)의 난점의 하나인 "비싼 취향(expensive tastes)의 문제"(Van Parijs, 1995: 50 이하, 69 이하, Fitzpatrick, 2011: 28 이하), 곧 취향의 차이로 인해 외부자원을 불평등하게 분배하는 불합리에 빠진다. 피리 부는 취향을 가진 사람과 파이프오르간을 연주하는 취향을 가진 두 사람의 만족도를 동일하게 하기 위해, 각자에게 실제로는 가격 차이가 매우 큰 두 대상, 곧 피리와 파이프오르간을 '동등한 가치'를 갖는 대상으로서 제공해야 한다는 불합리에 빠지는 것이다.

나아가 이 문제 및 이 정책의 복잡성과 실현가능성에 대해 도외시하더라도, 그가 제안하는 정책들이 다음과 같은 한계들을 벗어나기 어렵다고 보이기 때문이다. 무엇보다 그에게 평등은 악운을 만날 위험에 대한 '위험의 평등'이다. 평균적인 사람들이 보험료를 납부하는 대가를 치루면서 대비하고 싶은 악운이므로, 여기에 해당하는 악운의 종류가 제한된다. 또한 보험료도 낮게 설정된다. 그 결과 예를 들어 그에게 재능의 부재로 인한 저소득이나 실업에 대비한 보험은 최저생계비 또는 이를 다소 넘는 저소득보장형이다(Dworkin, 2000: 96 이하). 결국 그의 모형에 따를 때, 실업이나 장애 같은 몇몇 악운에 처한 사람들이 최저생계비 또는 이를 다소 넘는 수준의 복지수혜를 받게 된다. 이런 사회는 그의 이상 사회에 한참 미치지 못하는 사회다.

평등과 자유, 드워킨의 범주로는 '평등한 배려의 원칙'과 '자유에 따르는 특별한 책임의 원칙'에 기초하는 '자원 평등론'이라는 그의 분배정의론이 이처럼 그의 이상에 한참 미치지 못하는 정책들로 구체화되는 이유는 무엇일까? 여러 가지가 있겠지만 여기서는 이 저서와 관련하여 중요한 한 가지, 즉 방법론적 개인주의에 대해서만 논의하고자 한다.

드워킨에게서 '시초평등상태'가 일종의 '왈라스 균형상태'라는 사실 등이 보여주듯이, 그는 신고전파 경제학과 그 방법론, 곧 방법론적 개인주의의 영향을 받고 있다. 이와 관련하여 그가 자원의 평등한 분배와 관련하여 선호를 비롯한 개인의 주관적 가치평가를 적극적으로 반영하고자 하는 점은 루소의 논의 같은 고전적 논의에 비해 발전적인 측면으로 평가할 수 있다. 그러나 그는 방법론적 개인주의로 인해 비인격적·인격적 여건에 지대한 영향을 미치는 기본적인 사회·경제질서의 정의문제, 또는 롤스적인 '기본구조'의 정의문제를 간과한다. 개인들은 언제나 미리 존재하는 특정한 기본 질서와 이를 구현하는 사회관계 안에서 탄생한다. 이는 이 기본 질서가 개인적 자유에 따른 '선택', 나아가 선천적으로 타고나는 부분을 제외한 '인성'을 형성하는데도 지대한 영향을 미침을 의미한다.

그렇지만 드워킨은 방법론적 개인주의로 말미암아 인성과 자유로운 선택에 대한 기본질서의 영향을 사상한다. 그런 상태에서 그는 무수히 많은 여건들을 사전적으로 평등하게 해야 한다는 난제에 직면한다. 그 결과 그는 피할 수 없는 악운, 그 중에서도 평균적인 사람이면 누구나 비용을 지불하더라도 피하고 싶어 할 몇 가지 악운에 대해, 그것도 그들이 기꺼이 낼 만큼의 낮은 보험료나 세금으로 충당되는 낮은 수준의 선별적 복지만을 제안하게 되는 것이다. 이마저 자유에 대한 특별한 책임의 원칙에 기초하여, 노동(의지) 조건부로 제안한다.

이런 맥락에서 롤스의 정의론이 개인의 책임민감성에 취약하다는 그의 비판은 오히려 롤스의 방법론에 대한 비판으로 해석하는 것이 적절해 보인다. 즉 롤스가 방법론적 개인주의에 입각하지 않기 때문에 '정치적 도덕'의 기초를 개인과 관련되는 '윤리적 원칙'에서 찾지 않는다는 비판, 따라서 오류를 정정하기 위해 그의 방법론을 수정해야 한다는 비판으로 해석하는 것이 적절해 보인다.

사실 롤스는 자유에 따른 책임의 중요성을 부정한 적이 없다. 나아가 그는 기본 구조가 정의로울 경우 개인의 합리적 선택과 행위의 결과에 대해서 그 개인이 책임져야 함을 명시하고 있다(Rawls, 1999b: 658 이하).[154]

3) 대안 찾기

지금까지 롤스와 드워킨의 정의론과 분배정의론에 대해 살펴보았다. 이를 통해 그들 역시 루소처럼 '정의'와 '분배정의'를 평등과 자유의 실질적 보장에서 찾고 있음을 보였다. 이들의 논의가 갖는 의의와 긍정적인 영향력은 지대하다. 예를 들어 판 빠레이스는 롤스를 자유주의적 평등주의 전통과 현대 정치철학의 정초 자로 평가한다(Van Parijs/Vanderborght, 2017: 109). 그럼에도 불구하고 이 글에서 는 이들의 정의론과 분배정의론, 특히 분배정의론이, 이들의 의도와는 달리, 평 등과 자유를 실질적으로 보장하는 데에는 미흡하다고 평가하였다. 이 절을 마 무리하기 전에 그들의 한계를 재산의 평등화와 관련된 그들의 기본관점, 곧 평 등한 분할소유 관점을 중심으로 요약해 보자.

드워킨은 누진적 소득세에 기초한 재분배를 통해, 재산이 평등하게 분할 소유되었을 때와 유사한 소득효과를 창출하고자 한다. 이런 측면에서 그의 분 배정의론이 함축하는 이상적 사회체제는 재산의 평등한 분할소유모형 또는 재 산소유 민주주의라고 할 수 있다. 그렇지만 이러한 그의 기획은 무엇보다 방법 론적 개인주의에 의해 제약된다. 그 결과 그의 분배정의론은 실제로는 '심각한

---

154 그렇다고 해서 이것이 기본구조가 부정의할 경우, 개인이 자신의 자유로운 행위에 대해 책임 질 필요가 없음을 함축하지는 않는다고 보인다. 롤스의 우선적 관심은 기본구조의 정의로움 이다. 따라서 위 인용은 기본구조가 부정의한 상태에서 개인이 부정의하게 행위했을 때, 개인 적 책임에 대해 해당 개인이 책임져야 할 뿐만이 아니라 기본구조도 정의롭게 변화해야 한다 는 주장으로 보인다.

위험'의 평등론으로 축소된다. 또한 평등과 자유의 실질적 보장은 실업이나 장애 같은 몇몇 악운에 처한 사람들이 최저생계비 또는 이를 다소 넘는 수준의 복지수혜를 받는 것으로 환원된다. 드워킨의 이론이 이러한 환원을 평등과 자유를 실질적으로 보장하는 것으로 제시하는 이론이라면, 우리는 이 이론에 기초해서는 현실에 존재하는 거대한 빈부격차와 이에 기초하는 정치적 권력의 격차에 대해 정의와 분배정의의 관점에서 더 이상의 문제제기를 할 수 없게 될 것이다. 그런데 그의 이론이 이러한 함의를 가짐을 부정할 수가 없다.

롤스는 정의와 분배정의 문제를 사회의 기본구조와 관련하여 논의함으로써, 방법론적 개인주의에 기초하는 드워킨보다 유리한 관점을 획득한다. 즉 그는 재산의 평등한 분할소유 또는 재산소유 민주주의라는 정의와 분배정의의 이상을 실현하기 위해, 사회의 기본구조 자체를 정의의 원칙에 따라 정의롭게 형성하고자 한다. 그렇지만 그의 이러한 시도는, 살펴보았듯이, 기회의 실질적 평등을 지속적으로 보장할 수 없다는 재산의 평등한 분할소유모형 자체에 내재한 한계에 의해 제약된다.

이제 재산 또는 공유지의 평등화를 위한 또 다른 관점, 곧 '모두의 공동향유' 또는 '공유'의 관점에서 분배정의를 탐색해 보자.

공유지에 대한 '공유' 관점은 I부에서 고찰했던 많은 기본소득론자들이 명시적 또는 묵시적으로 전제하는 입장이기도 하다. 그들이 어떻게 공유지에 대한 모두의 권리를 정당화하는지에 대해서는 이미 필요에 따라 부분적으로 소개하였다. 따라서 다음 장에서의 논의는 주요 이론가가 제시하는 이론에 대한 비판적 계승이라는 형태를 취하지 않는다. 오히려 논의는 인류 사회의 생태적 · 경제적 역량과 조건을 전제로 근대의 해방적 정치 공동체 기획의 근본이념, 곧 '자유'와 '평등'에서 추론하는 형태로 전개된다. 앞에서 제시했듯이 특정한 자원/소득의 특정한 분배를 요구하는 이념이나 원칙은 해당 정치 공동체의 근본가치에 근거하면서 논리적으로 일관되고 설득력이 있을 때, 나아가 해당 정치 공동체의 경제적 역량이나 조건을 준수할 때, 공동체의 거의 모두가 동의한다는 의미에서 필수적·강제적인 원칙, 곧 분배정의의 원칙이라고 할 수 있기 때문이다.

이러한 전개를 통해 무엇보다 롤스와 드워킨이 제대로 충족시키지 못한 분배정의의 기준, 곧 소득/자원 분배에서의 평등과 자유의 실질적 보장을 충족시키는 분배정의 원칙을 제시하고자 한다. 동시에 이 분배정의의 원칙이 롤스와 드워킨의 이론이 갖는 한계와 문제점을 해결함을 보일 것이다. 또한 '상호성'이나 '자유에 대한 책임' 같은 그들이 강조하는 도덕과 윤리의 원칙 또한 일관되게 준수함을, 나아가 더 잘 준수함을 보일 것이다.

제5장
기본소득의 근거로서의 분배정의

1. 순수한 노력(efforts)의 산물과 기여에 따른 분배

근대의 해방적 정치 공동체 기획의 근본가치, 곧 '자유'와 '평등'에서 분배정의를 추론해 보자. 이때의 자유와 평등이 '형식적인 자유와 평등'이 아니라 '실질적인 자유와 평등'이라는 가정 아래, '실질적인 자유와 평등'에 합치하면서 이를 구현하는 분배정의를 추론해 보자. 논의를 단순하게 전개하기 위해, 16세기 100인의 건강하고 동일한 농업수련을 받은 농민이 아메리카 대륙으로 이주하여 건설한 소규모 농촌 공동체를 가정하자. 그 곳에서의 정의로운 생산과 분배 체제를 상상해 보자.

연합한 농민들은 누구도 거주하지 않는 지역에 정착하였다. 따라서 토지를 비롯한 그 지역의 자연은 농민들이 합의하여 사용할 수 있다. 100인의 농민들은 모두가 실질적으로 자유롭고 평등하게 살아갈 수 있는 공동체를 건립하기로 합의하였다.

살아가기 위해 이들은 무엇보다 그 지역의 자연을 자유롭고 평등하게 사용할 수 있어야 한다. 편의를 위해 이들의 생계노동, 곧 농업을 위한 토지의 분배만을 생각해 보자. 루소가 제안한 데로, 이때 토지를 평등하게 사용하기 위한 방식은 크게 다음 두 가지일 것이다.

첫 번째는 토지를 그 양과 질 모두를 고려하여 평등하게 분할소유하여 각자 자기 몫의 토지에서 농사를 짓는 것이다. 이때 이들에게 토지가 평등하게 분배된다는 것은 이들에게 생업과 관련하여 실질적으로 평등한 기회가 부여됨을 의미한다. 이처럼 기회의 실질적 평등이 충족될 경우, 각자의 노력(efforts)의 성과, 곧 각자의 노동과 절제나 인내 등과 같이 생산에 직·간접적으로 기여하는 행위[155]의 산물은 각자에게 귀속되는 것이 정의로울 것이다. 100인의 농민 누구도 이에 대해 이의를 제기하지 않을 것이다.

두 번째는 공유 방식, 곧 토지를 100인이 공유하여 다 함께 협동하여 농사를 짓고 그 성과를 평등하게 분배하는 것이다. 규모의 경제, 협업과 분업 등으로 인한 생산성과 효율성의 상승이 발생할 경우, 첫 번째 방식이 아니라 이 두 번째 방식이 채택될 가능성이 높다.

기회의 실질적 평등이 충족될 경우, 즉 이 두 번째 방식의 경우 토지의 공동사용만이 아니라 동일한 노동조건도 충족될 경우, 그 성과를 평등하게 또는 정의롭게 분배하는 방식은 첫 번째 방식, 곧 각자의 기여에 따른 분배와 동일할 것이다. 물론 이 두 번째 경우에는 생산과 재생산을 위한 비용이 먼저 공제된 후, 순수한 공동의 노력소득이 각자의 기여에 따라 분배될 것이다. 이런 측면에서 이는 판 빠레이스가 말한 '협동적 정의', 곧 협동의 부담과 혜택을 각자의 생산적 기여에 따라 분배하는 것이라고도 할 수 있다(Van Parijs/Vanderborght, 2017: 103, 권정임/곽노완, 2019: 17). 그런데 이때의 '각자의 기여'는 각자가 개별적

---

[155] 예를 들어 누군가는 보다 생산적인 기술 개발을 위해 연구를 할 수도 있다. 이를 위한 인내나 절제는 직접적인 노동은 아니지만 생산에 기여한다. 생산적 '노력'이라는 범주를 통해 이 글에서는 생산에 대한 직·간접적 기여 모두를 포괄한다.

인 업무를 수행하기 위해 개별적으로 들인 노력의 양 또는 시간에 따라 측정되지는 않을 것이다. 이 경우 게으르거나 일을 잘 못 하는 자가 더 많은 몫을 받는 결과가 발생하기 때문이다. 따라서 '각자의 기여'는 개별적인 차원에서가 아니라 평균적인 차원에서 평가될 것이다.[156]

그런데 누군가는 이때의 분배정의가 협동의 결과를 각자의 기여에 따라 분배하는 것이 아니라, 협동에 참여한 모든 성원들에게 똑같이 분배하는 것이라고 주장할 수도 있다. 즉 협동에서의 분배정의의 기준으로 '결과 평등주의'를 제시할 수도 있다. 그러나 이는 자유주의 전통과 자유주의적 평등주의, 특히 드워킨이 강조하는 자유에 따르는 '특별한 책임'을 무시하는 입장이다. 자유는 이 공동체의 근본가치의 하나다. 따라서 결과 평등주의적인 분배정의는 이 공동체, 나아가 자유를 근본가치로 보는 그 어떤 공동체에서도 지지될 수 없다.

지금까지의 논의는 한편에서는 '기여에 따른 분배'가 분배정의 원칙이기 위해 중요한 조건이 무엇보다 기회의 실질적 평등임을 의미한다. 반면 기회의 형식적 평등만이 충족될 때, '기여에 따른 분배'는 분배정의의 충분한 기준이 될 수 없다. 예를 들어 100인의 농민 중 한 사람이 자신의 의지와는 달리 농업수련을 받을 기회를 가질 수 없었던 이유로, 평균에 한참 미치지 못하는 기여를 했다고 하자. 그래서 자신의 '기여에 따라' 매우 낮은 몫을 받았다고 하자. 엄밀한 의미에서 이 경우 분배정의는 제대로 준수되었다고 할 수 없다. 이런 맥락에서 피츠패트릭은 기회평등주의를 과거로부터의 부정의를 시정하지 않는다고 비판한다(Fitzpatrick, 2011: 39 이하). 그렇지만 이러한 비판은 기회의 실질적 평등을 주장하는 입장에 대해서는 더 이상 유효하지 않다. 과거의 부정의가 시정되거나 또는 최소한 이에 대한 적절한 보완조치가 취해질 때, 기회가 실질적으로 거의

---

156 각자의 생산적 노력과 기여를 객관적으로 평가하기 위해 다양한 경제학 이론들이 존재한다. 그러나 이 저서에서는 이 이론들에 대한 상세한 논의는 생략하고자 한다. 앞으로 이 글에서 각자의 생산적 노력과 기여에 대한 평가는 '객관적으로' 이루어진다고 가정한다.

평등해지기 때문이다.

　다른 한편 지금까지의 논의는 실질적으로 자유롭고 평등한 사회에서 '기여에 따른 분배'가 실질적 평등과 자유를 실현하는 분배정의의 원칙임을 의미한다. 이 원칙에 따를 때, 기여하지 않는 자는 어떤 몫도 분배받을 수 없다. 그런데 모두의 자유와 평등이 실질적으로 보장되는 공동체이므로, 이러한 비기여는 해당하는 농민의 자유에 따른 것이다. 그는 자신의 자유의사에 따라 어떤 생산적 노력도 하지 않았다. 따라서 어떤 몫도 분배받지 않음으로써 자신의 자유로운 선택과 행위에 대한 책임을 져야 한다. 기여에 따른 분배라는 이 분배정의 원칙은 자유주의적 평등주의를 포함하여 자유주의 전통, 특히 드워킨이 강조하는 자유에 따르는 '특별한 책임의 원칙'을 준수한다. 따라서 이 분배정의 원칙은 자유와 평등을 실질적으로 보장하고자 하는 어떤 공동체에 대해서도 유효하다.

　그러나 로크와 자유지상주의와는 달리 이 기여에 따른 분배원칙은 '자기소유권' 개념을 전제하지 않는다. 자기소유권 개념은 인간을 소유대상으로 여긴다는 점에서, 모두에게 평등하게 부여되어야 할 자유의 원칙과 모순적이다. 따라서 이 기여에 따른 분배원칙은 노동에 대한 자기소유권에 기초하여 노동이 첨가된 대상 전체 또는 노동의 첨가에 의해 개선된 대상 전체에 대한 소유권을 주장하는 로크나 노직의 이론과는 구분된다. 이 원칙이 주장하는 것은, "사람들의 심리적 및 신체적 온전성(integrity)"(Rawls, 2001: 75)을 전제로, 누군가의 순수한 생산적 노력이나 기여에 의해 새로 창출된 부나 부가된 가치, 기여에 정확하게 해당하는 만큼의 몫에 대해서는 사적 소유권이 인정된다는 것이다. 이런 측면에서, 밀(J. S. Mill)이 말했듯이, "사유재산의 진정한 의미"는 "개인의 고유한 노동과 절제의 산물을 그 개인에게 보장하는 것"(J. S. Mill, 1871: 261)이라고 할 수 있다.[157]

---

[157] 밀에 따르면 타인의 고유한 노동과 절제에서 유래한 재산을 보장하는 것은 사유재산제의 본질이 아니다. 이는 단지 우연적 결과에 불과하다. 또한 이는 사유재산을 정당하게 하는 사유

이제 새로운 농민들이 이주해 왔다고 가정하자. 그런데 기존의 농부들이 각자가 부여받은 토지 또는 공유의 토지에 대해 배타적인 사용권을 주장한다고 가정하자. 이 경우 앞에서 말한 기여의 원칙이 엄밀한 의미에서 분배정의 원칙이기 위해서는, 이 공동체로 다른 농민들이 이주해 왔을 때 이 새로운 이주민들을 위한 토지 또한 충분해야 한다. 공동체에 속하는 토지의 범위를 확장해서라도 토지가 충분해야 한다. 그래야만 이 공동체에서 기여에 따른 분배가 분배정의이기 위한 조건, 즉 기회의 실질적 평등이 충족되기 때문이다. 왜냐하면 토지란 특정 개인이나 집단의 순수한 노력의 산물이 아니기 때문이다. 따라서 그 어떤 개인이나 집단도 토지에 대한 근본적 권리를 주장할 수 없기 때문이다. 결국 먼 옛날부터 현자들이 말해 왔듯이, 토지, 나아가 자연은 인류 모두를 위한 '선물'이기 때문이다. 그러나 공짜라고 탕진해 버려도 좋은 선물이 아니라 미래 세대도 실질적으로 평등한 향유의 기회를 가질 수 있도록 아끼고 가꾸어 가야 할 선물이기 때문이다. 이런 측면에서 사유재산의 성립조건으로서 로크가 부가한 단서, 즉 사적 소유권이 성립하기 위해서는 타인을 위한 자연자원이 충분히 남아 있어야 한다는 단서는 그의 소유권 이론의 적절성 여부와는 무관하게 타당하다.

이제 토지 향유 기회를 실질적으로 평등하게 만들기 위한 방법을 모색해 보자. 왜냐하면 이 조건이 충족되어야만 '기여에 따른 분배'가 정의롭기 때문이다. 나아가 분배정의라는 이 저서에서 다루는 주제의 일반성에 걸맞게, 이에 대한 모색 역시 토지와 유사한 특성, 곧 공동체 성원 모두가 향유할 권리를 갖는 모든 자원이나 재화, 곧 공유지로 일반화하여 연구해 보자. 먼저 공유지에 대해 보다 상세하게 살펴보자.

재산제의 목적을 진작하는 것이 아니라 이 목적과 갈등을 형성한다(J. S. Mill, 1871: 261).

2. 공유지(commons)

공유지란 원래 중세 유럽에서 농노들이 영주와 공유하던 토지를 일컫는다. 오늘날 이 개념은 오스트롬(E. Ostrom)을 기원으로 하는 공유운동이나 네그리/하트 등에 의해 대중화되었다.[158] 오스트롬에 연계하여 공유이론을 전개하는 볼리어(D. Bollier)에 따르면, 공유지라는 용어의 기원은 정복왕 윌리엄과 노르만 시기까지 거슬러 올라간다. 이 용어는 노르만 단어 commun에서 유래하는 것으로 추정되는데, commun은 '선물'이라는 뜻과 그에 대한 '의무로서의 답례'라는 뜻을 모두 갖는다(Bollier, 2015: 250 이하). 이 어원에 연계하여 해석할 때, 중세 유럽의 공유지, 곧 특정 봉건적 공동체의 토지로 대변되는 자연적 부는 해당 공동체 성원 모두가 향유(enjoy)할 권리를 갖는 '선물'이자 개선하여 답례해야 할 '의무'가 있는 공유부로 해석할 수 있다.

그런데 이러한 의미에서의 공유지는 중세의 유럽에 국한된 것이 아니다. 예를 들어 오스트롬은 『공유의 비극을 넘어』(Ostrom, 1990)에서 세계 여러 곳에서 전승되어 오는 공유지의 공유와 관리사례를 연구하여 보여주고 있다. 이 저서에서 공유지에 대한 오스트롬의 연구는 공유자원(common pool resources)이라는 특정한 유형의 자원체계, 그것도 소규모의 공유자원 연구로 제한되고 있다. 공유자원이란 성원 누구나 이용할 수 있다는 점에서 비배제적이지만 사용과 함께 양이 감소한다는 의미에서 경합적인 자원이다. 그렇지만 이후의 공유지에 대한 연구에서 그녀의 연구는 지식 같은 비배제적·비경합적인 공공재, 대기 같은 지구적 공유지까지 포괄하게 된다(Hess/Ostrom, 2011: 10 이하). 즉 공동

---

158 오스트롬은 2009년에 여성으로서는 최초로 노벨경제학상을 수상하였다. 1990년도 저서 *Governing the Commons*가 『공유의 비극을 넘어』로 국내에 번역되었다. 공유지와 관련되는 네그리/하트의 대표작으로는 우리나라에서는 『공통체』로 번역된 *Common Wealth*(2009)가 있다.

체의 성원들 모두가 평등하게 향유할 기회를 갖는 자원과 재화를 포괄하게 된다. 이런 측면에서 그녀에게 공유지란 공동체 성원 모두가 평등하게 향유할 기회를 갖는다는 의미에서의 평등한 권리, 곧 공유권을 갖는 자원과 재화라고 할수 있다.

오스트롬의 이러한 연구를 계승하는 볼리어에 따르면, 공식적인 성문법 체계가 갖추어지기 이전에 세계 곳곳에서 공유지를 향유할 기회의 평등을 목표하는 관습법적인 계약체계들이 있어왔다. 또 이들 중에서 공적인 필요성이 인정되는 관습법은 국가의 법적 장치 내에 공식적으로 포함되기도 하였다고 한다. 그는 역사적으로 가장 오래된 사례로 535 AD 로마제국 시기 『유스티니아누스 법전』에서 재산법에 "공유물"(res communes)이라는 범주를 통해 공유재산을 정의하는 명확한 항목을 포함시킨 사례를 들고 있다(Bollier, 2014: 134 이하).

"자연의 법에 따라 다음과 같은 것들은 인류 공동의 재산이다 − 공기, 흐르는 물, 바다, 그 바다의 해안 …… 또한 모든 강과 항구도 공공물이며 따라서 항구와 강에서 낚시를 할 권리는 모두에게 공통되는 권리다. 그리고 국가의 법에 따라, 해안의 이용도 공공의 권리이며 같은 식으로 바다 자체도 그러하다. 해변에서 바다낚시를 할 권리는 모든 인간에게 속한다."(Bollier, 2014: 135 에서 재인용, 강조는 원문)

오늘날의 대표적인 기본소득 이론가의 한 사람인 영국의 경제학자 스탠딩 역시 공유지와 관련되는 중세 영국의 관습법이 영국 헌법의 기초가 되는 두 문서, 즉 1217년의 삼림헌장(The Charter of the Forest of 1217)과 마그나 카르타(Magna Carta)에서 등장하고 있음을 강조한다. 그에 따르면 특히 삼림헌장은 "모두가 공유지 내부에서 또한 공유지를 통해 실현가능한 생존에 대한 권리를 가진다"고 명시한다(Standing, 2019: 5).

공유지에 대한 이러한 고대와 중세의 사례들은 아직 '자유'와 '평등'이라는 근본가치를 뚜렷이 지향하지 않는 정치 공동체에서의 사례라는 점에서 흥미롭다. 논리적인 차원에서는 정치 공동체가 모든 성원의 '자유'와 '평등'에 기초할 때만, 특정 개인이나 집단의 순수한 노력의 산물이 아닌 자원이나 재화를 향유할 성원 모두의 평등한 기회를 권리로서 인정하는 것이 가능하기 때문이다. 이런 측면에서 이 사례들은, 볼리어가 언급했듯이, 문자가 사용되기 이전부터 한정된 집단 내부에서 존재했던 공유지의 공동 향유 관습에서 비롯될 것으로 추측된다.

3. 공유지에 대한 평등한 권리와 공유지 배당(commons dividend) 또는 기본소득

앞 절의 사례들이 보여주듯이, 토지와 토지에 부속된 재화들을 비롯한 자연자원은 오랜 옛날부터 공유지로 간주되어 왔던 대표적인 공유지다. 이러한 공유지를 향유할 기회를, 1절에서 요청했듯이, 미래세대까지 포함하는 모든 성원에게 실질적으로 평등하게 하는 것이 가능할까?

『공유의 비극을 넘어』에서 오스트롬이 연구했던 공유지는 공유지와 이를 공유하는 성원들의 규모가 비교적 작다. 이 경우 공유지를 사용 또는 향유할 기회의 평등을 실질적으로 보장하는 것에는 큰 어려움이 없다. 성원들이 동의한 공유지 관리와 이용의 규칙에 따라 성원들이 공유지를 사용하면 된다. 이처럼 실질적 기회의 평등이 준수되었으므로, 이 경우 협동적 정의나 기여의 원칙에 따른 수익의 분배는 정의롭다.

그렇지만 많은 공유지들은 그에 대한 권리를 가지는 성원 모두가 직접적인 사용·향유의 기회를 갖기에는 양적으로 제한되어 있다. 또 고갈될 수도 있다. 나아가 어떤 공유지, 예를 들어 지하자원은 자본과 기술을 가진 사람들만 실질적으로 향유할 수 있다. 이런 경우 모두가 공유지를 직접 관리하거나 모두에게 동질의 공유지를 직접 나누어 주는 형태로 공유지를 향유할 실질적으로 평등한 기회를 제공하는 것은 거의 불가능하다. 이런 측면에서 공유지의 평등한 분할모형 또는 재산소유 민주주의는 내재적 한계를 갖는다.

그러나 스탠딩이 미드(J. Meade)의 '사회배당' 정책에 연계하여 제안 (Standing, 2017: 182)하듯이, 이 기회를 공유지 소득에 대한 배당, 곧 "공유지 배당"(commons dividend)의 형태로 제공(Standing, 2019: 10)한다면 이 모순은 해결된다. 특정 공유지를 직접 사용·향유할 기회를 갖지 못하는 성원도 이 배당을 획득함으로써 해당 공유지를 사실상 향유하게 되기 때문이다. 이때 해당 공유지를 직접 사용한 사람들은 자신들의 순수한 기여소득 또한 취득할 것이다. 기여에 따른 분배가 정의롭기 위한 조건, 곧 해당 공유지를 사용 또는 향유할 기회의 실질적 평등이 기본소득이라는 형태로 충족되었으므로, 이때의 기여소득은 물론 정의롭다. 나아가 재능이나 열정을 비롯한 주관적 요소를 고려한 결과 특정 공유지를 최적임자들이, 또한 효율성과 생산성이 담보되는 규모와 방식으로 사용한다면, 해당 공유지는 더 많은 부를 산출할 것이다. 그 결과 직접적 생산자들의 기여소득과 모두를 위한 기본소득 모두가 더 증대할 수 있을 것이다. 특히 규모의 경제를 실현할 수 있다는 점에서, 공유지의 공동사용 또는 공동향유, 곧 공유는 공유지의 분할소유 또는 재산소유 민주주의보다 우월하다.

이처럼 공유지 배당은 모두가 실질적으로 평등하게 공유지를 향유할 기회에 대한 권리, 곧 공유지에 대한 모두의 평등한 공유권에 기초하여 지급된다. 이때 공유지 배당은 모두에게 무조건적으로, 개별적으로, 또한 정기적으로 지급되는 소득, 곧 기본소득이다. 이처럼 기본소득을 공유지 배당으로 볼 때, 기본소득의 지급은 자원/소득과 관련되는 분배정의 원칙의 하나로서 정당화되고 요청된다.

나아가 이러한 공유지 배당을 통해 모두는 각자 자유롭게 좋은 삶을 영위하기 위한 경제적 기초를 제공받게 된다. 즉 공유지 배당 또는 기본소득은 모두의 '실질적 자유'의 기초가 된다.

기본소득의 이러한 효과, 곧 각자의 자유를 신장하는 효과는 많은 자유주의자들이 기본소득을 옹호하는 주된 이유다. 그런데 기본소득은 기본적으로 자원/소득의 분배와 관련되는 문제다. 따라서 무엇보다 자원/소득의 분배의 올바름과 관련되는 분배정의 차원에서 정당화될 수 있어야 한다. 그런데 모두는 공유지를 향유할 평등한 기회에 대한 권리, 곧 공유지에 대한 평등한 공유권에 기초하여 공유지 배당이라는 특정한 소득에 대한 권리를 갖는다. 이는 공유지에 대한 평등한 공유권이야말로 분배정의 관점에서 기본소득의 근거임을 의미한다.

　　앞에서 언급했듯이 이때 이 평등한 공유권에 근거하는 기본소득은 자유를 실질적으로 향유하기 위한 경제적 기초가 된다. 그런데 자유가 보장되기 때문에 사람들은 이 평등한 공유권을 배당을 받는다는 조건 아래 양도할 수 있다. 이는 자원/소득의 분배정의를 정치적 권리/의무를 비롯한 정치 공동체의 규범체계와 통합적으로 고찰할 때, 즉 '통합적 의미에서의 분배정의' 관점에서 고찰할 때, '자유' 또한 기본소득의 근거의 하나임을 의미한다. 그러나 자원/소득의 분배정의, 곧 '좁은 의미에서의 분배정의'와 통합되지 않을 때 '자유'는 그 자체만으로는 기본소득의 근거가 될 수 없다.

　　주목되는 것은, 좌파 자유지상주의와 실질적 자유지상주의가 보여주듯이, 자유주의적 기본소득론자들 역시 기본소득을 분배정의의 차원에서 정당화할 때는 대부분 공유지에 대한 모두의 실질적으로 평등한 권리에 기초한다는 점이다. I부에서 살펴보았듯이 판 빠레이스는 공유지, 그의 용어로는 '선물'을 개인적 이익을 위해 사용하는 "특권"을 누리는 생산자들로부터 그 '특권'에 대한 "수수료"(fee)를 부가하여 이를 기본소득으로 분배할 것을 제안한다(Van Parijs/Vanderborght, 2017: 107). 이 수수료는 『모두를 위한 기본소득』(1995)에서 그가 전개하는 논리를 따르자면(Van Parijs, 1995: 99 이하), 공유지를 특정 개인에게 임대해 준 대가로 받는 '지대'라고 할 수 있다.[159]

159　공유배당의 크기, 곧 공유지로부터의 수수료 또는 지대의 크기를 측정하는 방법은 다양하다.

지금까지 공유지에 대한 모두의 평등한 권리에 기초하여 기본소득을 지급하는 것이 분배정의의 원칙임을 보였다. 또한 기본소득이 지급될 때, 공유지에 대한 실질적·평등한 기회가 모두에게 제공되는 효과가 발생함으로써, '기여에 따른 분배'가 개별적 소득과 관련된 분배정의의 원칙으로 성립되기 위해 중요한 조건이 충족됨을 보였다. 그런데 공유지는 지금까지 고찰한 자연자원으로 제한되지 않는다. 나아가 새로 생겨나고 있으며 앞으로도 계속 생겨날 것이다. 이에 대해 살펴보자. 또한 이런 경우의 분배정의와 기본소득에 대해 살펴보자.

4. 공유지의 생산·재생산에 대한 모두의 기여와 기본소득 및 4차 산업혁명

공유지란 '자유'와 '평등'에 기초하는 정치 공동체의 성원 모두가 실질적으로 공유지를 평등하게 향유할 기회에 대한 권리, 곧 공유권을 갖는 자원과 재화다. 공유지에 대해 성원 모두가 이러한 공유권을 가질 수 있는 이유는 이러한 자원과 재화가 특정 개인이나 집단의 순수한 생산적 노력의 산물이 아니기 때문이다. 따라서 첫 번째 분배정의 원칙, 곧 각자 또는 특정 집단의 기여에 따른 분배의 대상이 아니기 때문이다. 또한 '자유'와 '평등'이라는 근본가치를 수용한다면, 성원 누구에게나 이에 대한 향유의 기회가 주어지는 것이 합당하기 때문이다. 이런 맥락에서 공유지란, 그 어원에 함축되어 있듯이, 성원 모두에게 주어지는 '선물'이라고 할 수 있다.

이처럼 공유지가 특정 개인이나 집단의 순수한 생산적 노력의 산물로 환

부록 1에서는 이러한 방법의 하나로서 섀플리 가치에 입각한 측정을 제시하고 있다.

원될 수 없는 '선물'임을 고려할 때, 공유지는 자연 또는 자연자원, 즉 자연적 공유지로 한정되지 않는다. 콜이 부각하듯, 현 시점에서 부가되는 사람들의 순수한 노력을 제외한 생산력은 모두를 위한 '공동의 유산'이라고 할 수 있기 때문이다(G. D. H. Cole, 1944: 144). 유사한 맥락에서 노벨 경제학상 수상자인 사이먼(H. A. Simon)은 현재 미국이나 북서유럽 국가들에서 발생하는 소득의 90%가 이러한 공동의 유산, 특히 "축적된 지식"이라고 할 수 있는 "사회적 자본"이 창출하는 것이라는 결론을 제시한다. 그 결과 70%의 정률세를 도입할 경우, 이를 통해 정부지출 자금을 모두 충당하게 될 뿐만 아니라, 기본소득을 지급하여 소득 수취자들에게 기존의 세 배에 달하는 소득을 제공하게 된다는 것이다(H. A. Simon, 2001: 35 이하).

이러한 사정을 반영하듯 네그리와 하트는 공유지를 크게 "생태적 차원"과 "사회경제적 차원"으로 분류한다. 생태적 차원은 물질적 세계의 공유지로 자연이 주는 모든 것을 포괄한다. 사회경제적 차원은 사회적 생산의 결과물 중에서 사회적 상호작용과 차후의 생산에 필요한 것을 포괄한다(Negri/Hardt, 2009: 16 이하). 지식과 메트로폴리스, 금융 등은 후자에 속하는 공유지다(같은 책: 16, 232). 다른 한편 볼리어는 공유지를 '자연'과 '공공 공간/기반시설' 및 '지식과 문화'라는 세 범주로 분류한다. 여기서 자연은 대양의 밑바닥에서 제3세계 식물군의 유전적 비밀까지 포괄한다(Bollier, 2014: 72-115). 결국 공유지는 공동체 성원들이 평등한 권리를 갖는 자연적·역사적·사회경제적 자원 내지 재화를 포괄한다(곽노완, 2016: 195).

자연공유지를 포함하여 현존하는 거의 모든 공유지는 역동적인 변화를 겪는다. 그 결과 공유지의 대부분은 악화되거나 개선된다. 또한 새로 생겨나기도 한다. 제4차 산업혁명의 진행과 함께 양산되며 "21세기의 원유와 천연가스"로 불리는 빅 데이터(이항우, 2017: 244), 인터넷 플랫폼 등이 새로 생겨나는 공유지의 대표적인 예라고 할 수 있다.

공유지의 이러한 변동은 각각의 공유지에 고유한 물리적 속성에만 기인하는 것이 아니다. 또한 사회 속에서의 인간의 실천, 곧 사회적 실천과 그 간접적 영향으로 인해 공유지는 변해가거나 새로 창출된다. 이는 공유지가 퇴락하지 않고 잘 보존되거나 개선되기 위해, 또한 새로 창출되기 위해 인간의 노력 또는 기여가 필요함을 의미한다.

그런데 3장 2절에서 판 빠레이스의 기본소득론을 논의하면서 살펴보았듯이, 이처럼 공유지를 생산·재생산하여 새로운 공유지를 창출하거나 개선하는 데 기여하는 인간의 노력에는 몇 가지 특성들이 있다. 이에 대해 환기해 보자.

첫 번째 특성은 이러한 노력이 공유지를 생산·재생산한다는 점에서 사회적으로 유용하거나 필수적이라는 점이다. 예를 들어 생태운동을 비롯한 여러 시민운동을 통한 노력은 자연환경이나 공공 공간/기반시설 및 지식과 문화 같은 공유지의 생산에 대해 직간접적으로 기여한다. 가사·돌봄노동은 인간과 그의 '노동력'의 생산·재생산에 필수적이다. 따라서 사유지만이 아니라 공유지의 생산과 재생산에도 필수적이다. 나아가 현재 진행 중인 제4차 산업혁명과 함께 그 의의가 더욱 부각되듯, 인터넷 등을 통해 고용 외부에서 수행되는 "자유노동"[160](이항우, 2017: 219)은 "새로운 연합지성의 노동"이라는 형태로 빅 데이터 같은 거대한 인지적 공유지와 플랫폼 공유지를 창출한다(곽노완, 2017: 227 이하).

두 번째 특성은 공유지를 생산·재생산하는 노력이 유용하거나 필수적임에도 불구하고 대체로 무보수라는 점이다. 현존 사회에서 어떤 노동이나 노력이 사회적으로 필수적이거나 유용하거나 또는 생산적이지만 보수를 받지 못하는 이유는, 그러한 노력이 기업을 비롯한 사적 영리단체의 외부에서 수행되기 때문이다. 또는 이러한 영리단체의 활동을 위한 서비스를 제공하여 그 이득을 나누는 공적 또는 사적 기관의 외부에서 수행되기 때문이다. 결국 이런 맥락에

---

160 자유노동(free labor)이란 테라노바(Terranova)에서 유래하는 개념이다. 인터넷 이용자들의 활동에 의해 자발적으로 제공되지만 디지털 자본주의에 의해 무료로 이용되는 노동을 의미한다(이항우, 2017: 212).

서 사적 이익의 증대를 위해 사적으로 소유·관리되는 사유지의 외부에서 그러한 노력이 수행되기 때문이다.

공유지를 생산·재생산하는 무급노동의 세 번째 특성은 이러한 유형의 노력의 수행주체로 '모두'를 설정할 수밖에 없다는 점이다. 그 노력의 정도 또한 개별적 주체를 일일이 확인하면서 측정할 수 없기 때문에, 모두의 노력의 '평균'으로 간주할 수밖에 없다는 점이다. 생태적, 사회적 환경의 생산은 소수 활동가들의 활동만으로는 성취되지 않는다. 모두가 어떤 식으로든 참여한 결과라는 결론을 내리는 것이 합리적이다. 가사/돌봄노동도 그 수행주체를 '여성'으로 미리 한정할 필요는 없다. 현재 남성이 전혀 참여하지 않는다고 말할 수 없고, '남성'의 평등한 참여를 유도해야 한다. 인터넷에 축적되며 인공지능의 중요한 생산수단인 빅 데이터(강남훈, 2016b) 또한 사실상 모두의 기여에 의해 산출된다고 볼 수밖에 없다. 누구도 일생동안 인터넷을 한 번도 사용하지 않을 확률이 거의 없기 때문이다. 또한 사용자가 너무 많고 각각의 기여도도 달라서 평균으로 처리할 수밖에 없을 뿐만 아니라, 누구의 데이터가 인공지능을 만드는 데 기여하였는지 알아낼 방법이 없기 때문이다. 나아가 설령 A 사람의 데이터가 실제로 이용되지 않고, B 사람의 데이터가 이용된 것을 안다고 할지라도, B 사람의 데이터가 아니라 A 사람의 데이터가 이용되었더라도 인공지능을 만들 수 있기 때문이다. 따라서 인공지능을 만드는 데 공헌할 기회의 균등이라는 원리에 의해서 두 사람은 동일한 권리를 가지게 되기 때문이다.

그런데 공유지의 생산·재생산에 대한 이러한 직간접적 기여 역시 넓은 의미에서는 생산적 기여다. 따라서 첫 번째 분배정의의 원칙, 곧 기여에 따른 분배 원칙이 적용되어야 한다. 논의했듯이 이때의 기여의 주체는 '모두'다. 모두가 일생동안 다양한 영역에서 유용하거나 필수적인 무급 활동을 하는 것이다. 이때 누군가는 가사·돌봄노동에, 다른 누군가는 생태운동에 더 많은 힘을 쏟을 것이다. 그렇지만 이러한 노력 전체, 곧 모두의 노력을 통해 전체 공유지가 생산·재생산된다. 이런 측면에서 공유지의 생산·재생산에 대한 직간접적 기여에 대한 응분의 대가 또는 몫은 공유지 전체의 생산·재생산에 대한 모두의 평균적인 기여라는 관점에서 접근하는 것이 적절하다. 따라서 기본소득의 형태로 지급되는 것이 적절하다.[161]

이러한 논의는 공유지의 생산·재생산에 대한 직간접적 기여에 대해 '기본소득'으로 보상하는 것이 분배정의 관점에서 올바름을 의미한다. 결론적으로 분배정의 차원에서 기본소득의 근거는 두 가지다. 즉 공유지에 대한 모두의 평등한 공유권만이 아니라 공유지의 생산·재생산에 대한 직간접적 기여다.[162]

5. 소유권의 관점에서 고찰한 '공유'의 의미와 공유부 기금(Common Wealth Fund)

공유지 소득의 배당으로서의 기본소득에 대해 보다 정확하게 이해하기 위해,

---

161 '자유노동'의 대가로 소액결제가 아니라 기본소득의 지급을 주장하는 이항우 역시 유사한 관점에 있다고 보인다. 그에 따르면 '자유노동'의 성과, 곧 콘텐츠와 데이터는 개별 노동의 산물이 아니라 "공통적·사회적 생산"의 산물이다. 따라서 그는 개인들 간의 직접적 교환관계에 기초하는 시장주의적 관점에 따른 특수하며 개별적인 보상이 아니라 "공통적·사회적 보상", 곧 기본소득을 통해 자유노동을 보상할 것을 주장한다(이항우, 2017: 233). 이러한 제안은 이재명 경기도 지사가 주관하여 2020년 2월 20일 경기도에서 실시된 '경기 데이터 배당'(data dividend) 정책에 의해 세계 최초로 실현되기 시작하였다. 이는 경기도가 지역화폐 데이터 거래를 통해 발생한 수익을 지역화폐 이용자들에게 되돌려 주는 것이다(박정훈 작성, 오마이뉴스, 2020. 02. 20).

162 기본소득의 이 두 번째 근거는 아동이 어른보다 적은 액수의 기본소득을 받는 것이 분배정의 관점에서 지지될 수 있음을 함축한다. 공유지의 생산·재생산에 대해 평균적으로 아동이 성인보다 덜 기여한다고 보는 것이 설득력이 있기 때문이다. 이는 부모 또는 이에 준하는 성인이 청소년에게 돌봄노동을 제공하지 그 역은 아니라는 점만으로도 분명해진다.

소유권의 관점에서 '공유'의 의미를 보다 명료하게 밝혀 보자. '공유'를 사회적으로 보장하기 위해서는 '공유'가 특정한 형태의 소유권으로 구체화되어 법제화될 필요가 있기 때문이다.

사실 "소유권"은 "사용권, 처분권, 수익권"으로 대표되는 "여러 가지 권리들의 묶음"이다(강남훈, 2015, : 141). 앞에서 루소의 공유모형이 구 동구권의 '공적 소유'와 근본적으로 다르다고 주장했었다. 그 근거로 루소적인 공유모형에서는 모두가 공유지의 관리자이지만, 공적 소유 모형에서는 사실상 소수 관료집단이 공유지의 독점적 관리자라는 사실을 제시했었다. 이제 이 문제를 소유권을 구성하는 세 권리, 곧 사용권과 처분권 및 수익권과 연관하여 보다 구체적으로 살펴보자.

공적 소유 모형에서는 법적으로는 생산수단 또는 공유지가 모든 인민의 소유로 명시되어 있다. 그러나 이들에 대한 처분권은 사실 관료집단이 갖는다. 이에 따라 사용권과 수익권은 관료집단의 의지대로 행사된다. 이때 이러한 행사가 관료집단 및 이들과 연합한 특정 집단이 아니라 모두를 위한 공익 또는 공동선(common good)을 위해 이루어진다는 보장은 없다. 이를 강제하는 구조적 장치가 없기 때문이다. 구 동구권에서 생산수단 및 공유지의 관리가 대체로 실패하거나 부패를 동반한 이유는 이러한 사실과도 무관하지 않을 것이다.

재산소유 민주주의 모형은 개별 소유자가 자신의 분할소유 몫에 대해 이 세 가지 권리를 모두 갖는다.

공유모형에서는 공유지에 대한 처분권과 수익권 및 사용권을 모두가 갖는다. 다만 사용권은 개인들이 직접 행사하거나 특정 개인이나 집단에 임대한다. 그 임대료 또는 지대는 기본소득으로 모두에게 지급된다. 처분권을 성원 모두가 가지므로, 원칙적으로 공유지는 헌정적 규범의 준수를 전제로 다수가 동의해야만 공유가 아닌 다른 형태로 처분될 수 있다. 이러한 소유권을 법제화함으로써, 공유지는 '공유자산'(common asset)이라는 자산 또는 재산의 특정한 형태가 된다.

공적 소유 모형과 재산소유 민주주의 모형에서는 공유지나 생산수단에 대한 관리 주체가 분명하다. 즉 전자의 경우에는 관료이고 후자의 경우에는 개별 소유자다, 그렇지만 공유모형에서는 공유지의 관리주체가 분명하지 않다. 원론적으로는 모든 성원이다. 그렇다고 모든 성원이 공유지의 관리와 기본소득과 관련되는 모든 안건에 대해 그때 마다 의사결정을 내리는 것은 실현불가능하다. 나아가 이는 비용과 비효율성 등을 고려할 때, 바람직스럽지도 않다. 따라서 공유지 관리의 기본원칙에 대한 모두 또는 다수의 동의를 전제로, 공유지를 실제로 관리하고 기본소득을 지급할 전문적·독립적인 집행기구, 예를 들어 "공유부기금"(Common Wealth Fund)(권정임/강남훈, 2018: 225)이 필요하다. 이러한 기금의 설계를 위해서는 매우 많은 연구가 필요할 것이다. 여기서는 이와 관련된 몇 가지 원칙적인 입장만 제시하고자 한다.

　　이러한 기금에 대한 단서는 미드(J. Meade)가 제시한 바 있다. 알래스카 영구기금은 현존하는 유사한 사례라고 할 수 있다. 이에 따르면 알래스카 주의 석유판매수익의 일부가 영구기금으로 적립된다. 이 영구기금의 수익은 모든 알래스카 거주자에게 배당된다(Widerquist/Howard: 2012: 3-8). 이를 통해 알래스카 주의 석유가 고갈된 이후의 미래세대도 석유라는 공유자산을 향유하게 된다. 반스의 '스카이 트러스트 기획'은 알래스카 영구기금을 확대 적용한 기획이라고 할 수 있다. 그는 자연재산만이 아니라 지적 재산권체계와 법적·금융적 하부구조를 포괄하는 사회재산까지 보편적 재산, 곧 공유자산으로 간주한다. 그는 이들에 대해 요금을 부과하여 기금을 창설하고자 한다(Barnes, 2014). 바루파키스에 따르면 부는 언제나 집합적으로 생산된다. 그는 기업들이 주식제도를 통해 아무런 대가도 치루지 않고 사회로부터 자본을 공급받는다는 사실을 강조한다. 이에 따라 그는 사회 성원 모두의 기여를 반영하는 공유 주식자본 및 이에 대한 배당권을 인정해야 한다고 주장한다(Varoufakis, 2016). 반스와 바루파키스의 제안은 미드의 공유주식 기금의 약점, 곧 그 재원이 명확하지 않다는 약점을 보완한다고 볼 수 있다.

스탠딩의 "국부펀드"(Sovereign Wealth Fund)(Standing, 2017: 182) 기획 역시 공유부 기금의 재원을 구체화한다. 나아가 그는 이 기금의 거버넌스를 위한 기본원리까지 제시한다.

스탠딩(G. Standing, 2017, 2019)에 따르면 그의 기획은 미드에게서 영향을 받은 것이다(Standing, 2017: 182). 그는 기금 조성을 위해 "사적 소유와 모든 유형의 재산(물리적·금융적·지적 재산)의 이용에서 오는 임대료 소득에 세금을 부과"(같은 책: 184)할 것을 제안한다. 즉 그는 사실상 공유자산 임대에 따른 지대를 공유부 기금 또는 국부펀드의 재원으로 제시한다. 이를 통해 그는 미드의 기금안이 갖는 한계, 특히 재원의 근거와 외연이 불명료하다는 한계를 뛰어넘는다. 나아가 그는 기금이 특히 세대 간 형평성을 고려하는 윤리적 원칙 아래 운영되어야 할 뿐만 아니라, 기회주의적인 정치적 목적에 이용되지 않기 위해 정부와 기업 양자 모두로부터 독립적인 거버넌스 구조를 갖추어야 함을 강조한다(같은 책: 154 이하, 185). 이를 통해 그는 기금을 투자전문회사나 국가가 관리할 것을 주장한 미드의 한계를 뛰어넘는다. 그렇지만 그는 자신의 공유부 기금, 곧 국부펀드가 어떻게 운영되어야 하는지에 대해 보다 구체적으로는 제시하지 않는다. 미드의 기획에 따르면 공유부 기금의 주 형태는 사적 기업에 대한 공유의 몫, 곧 공유주식자본(Commons Capital Stock)이다. 스탠딩의 국부펀드 또한 공유주식자본을 포괄할 수 있다. 따라서 공유부 기금의 거버넌스만이 아니라 공유부 기금의 한 부분인 공유주식자본의 거버넌스와 관련되는 보다 구체적인 연구가 필요하다고 보인다. 이때 사적 소유자나 경영진이 기업 경영의 도덕과 거시경제적인 규칙을 위반하지만 않는다면, 미드가 강조했듯이, 사적 소유자의 이익과 경영자의 자유로운 경영행위는 보장되어야 할 것이다. 단지 효율성만을 위해서가 아니라 자유를 위해서다. 자유, 이 경우 '경제적 자유'의 보장은 이 글이 지지하는 정의론과 분배정의론도 지지한다. 이때 공유주식자본은 경제민주화의 중요한 수단이 될 수도 있을 것이다.[163]

---

163 이상의 논의를 포함하여 공유주식자본의 거버넌스에 대한 보다 구체적인 고찰을 위해서는 권

6. 생태적 지속가능성과 기본소득: 생태자원의 분배정의와 기본소득

지금까지 모두가 실질적으로 평등하고 자유로운 정치 공동체의 분배정의를 탐색하였다. 이를 위해 이 공동체의 근본가치를 실질적으로 평등한 기회와 이에 기초하는 실질적 자유로 구체화하고, 이 근본가치에 기초하여 분배정의 원칙을 추론하였다. 그 결과 기여에 따른 분배와 공유부 또는 공유자산 수익에 대한 평등한 배당을 이러한 공동체의 분배정의원칙으로 제시하였다. 그런데 이때 공유부에 대한 평등한 배당은 그 공동체의 현재 성원만이 아니라 미래의 성원까지 누려야 하는 권리다. 해당 공동체가 차세대까지 포함하여 모두의 실질적 평등과 자유를 추구하고 보장하는 공동체이기 때문이다. 이러한 정황은 이 공동체의 분배정의 원칙이 '지속가능성' 원칙에 의해 규제됨을 의미한다.

'지속가능성'은 사회의 여러 측면과 관련하여 제기된다. 분배정의라는 주제와 관련해서는 특히 생태적 지속가능성과 경제적 지속가능성이 중요하다. 이 절에서는 우선 생태적 지속가능성에 대해서만 고찰하고자 한다. 경제적 지속가능성에 대해서는 다음 장인 6장 3절에서 논의할 것이다.

인간과 인간사회는 그 자체 자연의 일부 또는 그 하위체계(subsystem)로서 나머지 자연에 기초·의존하는 동시에 영향을 미친다. 인간과 사회는 이러한 자연적 기초가 적절하게 유지 내지 재생산되어야 지속가능하다. 즉 인간과 인간사회 및 나머지 자연과의 상호작용과 관계를 고찰하는 관점, 다시 말해서 생태적 관점에서 볼 때, 인간과 사회의 자연적 기초가 지속가능해야 인간과 사회 또한 지속가능하다.[164]

정임/강남훈, 2018을 참조하라.

164 여기서 '생태적'이란 '생태학'(ecology)과 직접 연관되는 의미로 사용된다. 1866년 헤켈(E. Haeckel)이 『유기체의 일반 형태론』에서 생태학을 "환경과 유기체 간의 관계에 대한 학문"(Oechsle, 1988: 12에서 재인용)으로 정의한 이래, 생태학은 일반적으로 "유기체와 환경 간의 상호작용과 관련되는 관계들과 법칙"(Gärtner/Schramm, 1990: 600)을 연구하는 학문

생태적 관점에서 고찰할 때 자연 공유지는 부의 생산과 직접적으로 관련되는 자연자원에서 인간의 생존 및 사회경제의 지속가능성과 관련되는 모든 대상, 곧 생태 공유지로 확장된다. 예를 들어 맑은 공기와 대기의 탄소 자정력, 적절한 기후, 지구의 자기장, 오염되지 않은 강과 바다 등으로 확장된다.

대부분의 생태공유지를 사람들은 직접적인 현물형태로 향유한다. 즉 깨끗한 공기를 들이마시고, 온난한 기후와 강력한 지구 자기장의 보호 아래 사람들은 삶을 유지한다. 그런데 차세대까지 포함하는 공동체의 모든 성원이 저절로 이러한 생태공유지를 평등하게 향유할 기회를 갖는 것은 아니다. 오늘날의 산업적 생산, 특히 이윤극대화를 추구하는 자본주의적 생산은 생태공유지를 독점적으로 사용하고 훼손함으로써, 다른 사람들이 생태공유지를 향유하기 위한 평등한 기회를 빼앗아간다. 모두가 생태 공유지를 향유할 기회를 평등하게 누리기 위해서 우리는 생태공유지를 생태친화적으로 또한 아끼면서 사용해야 한다. 동시에 생산한 부의 일부는 건강한 생태공유지의 유지와 재생산을 위해 사용해야 한다.

한국을 비롯한 세계의 많은 녹색당들이 주장하듯이, 기본소득은 생태 공유지의 유지와 재생산을 위해 꼭 필요한 정책의 하나다. 무엇보다 생계보장을 위한 일자리의 창출이라는 명목으로 경제의 양적 성장을 강요하는 '경제성장 이데올로기'를 기본소득이 약화 또는 해체할 수 있기 때문이다. 뿐만 아니라 어떤 유형의 생태공유지를 향유하기 위한 실질적으로 평등한 기회는 기본소득의 형태를 통해 적절하게 또는 더 효과적으로 제공될 수 있다.

첫 번째 유형의 생태공유지는 고갈자원이다. 이 경우 고갈자원의 추출과 판매에 기초하여 모두를 위한 공유기금(fund)을 마련하고, 이 기금의 운용에서 나오는 수익의 일부는 해당자원의 대체제 개발에 사용하고 일부는 기본소득으로 분배한다면, 차세대까지 해당 생태 공유지를 평등하게 향유할 수 있다. 알래

으로 간주되어 왔다. 생태운동이 활성화되기 시작한 1960년대 후반 이후 생태학적 연구는 인간과 자연 간의 관계, 나아가 인간의 사회경제와 자연 간의 관계에 대한 연구로까지 확장된다(권정임, 2009: 35 참조).

스카 영구기금배당은 그 현존 모형이다.

두 번째 유형의 생태공유지는 지속가능한 수준으로 모두가 평등하게 향유할 기회를 갖기 위해 사용료나 조세 부가 등을 통해 그 사용량이 조절될 필요가 있는 생태공유지다. 예를 들어 지구 대기의 탄소 자정력을 들 수 있다. 현재의 심각한 온난화와 기후위기를 배경으로 판 빠레이스는 탄소 배출의 하한선을 정한 후 이 하한선에 해당하는 양의 탄소 배출권을 경매할 것을 제안한다. 또한 이때의 경매수입을 지구적 차원에서 모두에게 배당할 것을 주장한다(Van Parijs/Vanderborght, 2017: 228).

그러나 국가 차원에서의 탄소배출량의 규제는 탄소 배출권의 경매보다 생태세 부가가 적절할 것이다. 경매는 경쟁력이 높은 기업에 의한 독점 가능성과 투기 가능성, 입찰에 담합 등의 부정행위가 개입할 가능성이 있기 때문이다(권정임, 2012: 35). 그런데 생태세의 부가는 역진적이다. 따라서 가난한 자들에게 큰 부담이 될 뿐만 아니라 조세저항을 초래할 수 있다. 생태세의 이러한 역진성은 미드, 로버트슨(Robertson, 1996), 강남훈(2012), 권정임(2012) 등이 제안하듯, 생태세를 기본소득으로 분배하면 해결될 수 있다. 이때 생태세수의 일부는 상황에 따라 악화된 생태공유지의 개선을 위해 사용해도 좋을 것이다.

다른 한편 생태공유지의 사용은 수익을 낳기도 하지만 모두에게 해악을 낳기도 한다. 현재 우리나라에서 크게 문제가 되고 있는 미세먼지와 초미세먼지를 들 수 있다. 이 문제를 해결하기 위해서는 모두의 공유지를 훼손한 원인유발자로부터 보상 환수액을 받아서 우선 미세/초미세먼지 저감 대책을 위해 사용하여야 할 것이다. 또한 남는 부분은 모두에게 기본소득으로 지급하여야 할 것이다. 이때의 기본소득은 생태공유지 수익의 평등한 배당이 아니라 생태 공유지의 훼손에 대한 보상과 이 보상의 공유라는 특성을 갖는다. 따라서 분배정의라기 보다는 시정적(reparative) 정의에 속한다(권정임, 2019: 1570). 그렇지만 이때 '시정'에 대한 요청은 기본적으로 분배정의, 곧 생태공유지에 대한 평등한 권리에 근거한다.

7. 분배정의와 지구기본소득[165]

판 빠레이스(Van Parijs)는 초기에는 지구차원의 기본소득에 대한 논의는 무의미하다고 생각했다. 그러나 이후 생각이 바뀌어 지구기본소득이 유럽 같은 권역(region)기본소득이나 국가차원의 기본소득 및 국가 안의 지역(local)기본소득과 나란히 현실적인 프로젝트로 설정되고 중요하게 논의될 필요가 있다고 주장한다(Van Parijs/Vanderborght, 2005: 42-2; Van Parijs, 2006: 45; Van Parijs/Vanderborght, 2017: 228).

이처럼 지역, 국가, 권역(region), 지구 기본소득이 작은 영역에서부터 순차적으로 제기될 과제가 아니라 다중차원에서 동시에 추구되어야 하는 이유는 '지구화' 때문이다(Van Parijs/Vanderborght, 2017: 216). 판 빠레이스가 지적한 대로 지구화로 인해 초국가적 이주가 확대되면서, 기본소득처럼 관대한 사회복지제도를 갖춘 나라들은 순수혜 이주자들이 몰려드는 '복지의 자석(welfare magnet)'으로 작동한다(Van Parijs, 2010b: 181). 또한 지구화로 인해 관대한 사회복지의 순기여자들은 조세부담이 낮은 나라로 유출이민을 가려는 동기가 강해지게 된다. 곧 조세부담이 큰 기본소득을 실행하거나 실행할 국가들은 지구화로 인해 순수혜자는 늘어나고 순기여자는 축소되어 경제적인 지속가능성을 위협받게 된다. 뿐만 아니라 지구화는 정치적으로도 국가차원의 기본소득을 위험에 빠뜨린다. 왜냐하면 이주자가 늘어나면서 인종적 종교적 언어적 이질성이 커져 순기여자의 연대감이 약화되어 기본소득과 같은 관대한 사회복지체계에 대한 반대여론이 커질 수 있기 때문이다.

이처럼 기본소득에 대한 지구화의 도전이 초래하는 경제적, 정치적 딜레

---

165 이 절은 곽노완, 2018, 「지구기본소득과 지구공유지의 철학」의 수정·보완에 기초하고 있다. 이 절에서의 논의에 대한 보다 상세한 고찰을 위해서는 곽노완, 2018을 참조하라.

마에 대한 반향은 크게 두 가지로 나타난다. 하나는 '바닥을 향한 경주'다(같은 글: 179). 곧 지구화와 초국가적 이주에 따라 정부가 기업과 부자들의 유출을 방지하고 새로이 유치하고자 세율을 낮추면서 사회복지를 대폭 축소하거나 복지 자격조건을 강화하는 경향이다. 또 하나는 '도둑들끼리의 정의(justice among thieves)'라고 불리는 경향이다. 곧 기본소득을 국민국가 경계 내에서만 실현하면서 부유한 자국 국민들에게만 관대하게 분배하는 경향이다(Steiner, 2003 – Howard, 2006: 88에서 재인용; Van Parijs/Vanderborght, 2017: 216).

이 두 가지 경향에 대해 기본소득 논자들은 제3의 대안들을 제시할 수 있다. 예를 들어 지역/국가/권역의 기본소득을 줄이면서 지구적 차원의 기본소득의 도입과 확대에 우선순위를 둘 수 있다. 아니면 지역/국가/권역 차원의 기본소득과 나란히 지구차원의 기본소득 도입을 지향할 수 있다. 공유지에 대한 모두의 평등한 공유권으로서의 분배정의를 원리적으로 지구적 규모에 적용하려는 시도는 그러한 지향을 보여준다. 현재 각 차원의 공동체의 연대수준이 차별적임을 고려한다면, 지역부터 지구까지 다중 차원의 기본소득을 동시적이며 상생적으로 추진하는 것이 타당할 것이다(곽노완, 2010: 95-98). 이 점에서는 오늘날 실질적 자유지상주의부터 생태주의, 마르크스주의, 루만주의, 케인스주의에 걸친 다양한 기본소득 논자들 사이에 큰 이견이 없다(Van Parijs, 2006: 45-47; Busilacchi, 2006: 71-9; Howard, 2006: 81-91; Füllsack, 2006: 38-41; Frankman, 2006: 59-69).

오히려 중요한 문제는 1) 지구기본소득이 국가 내지 그보다 하위 차원의 기본소득을 침해하지 않고 상생적으로 작동하도록 할 수 있는가, 2) 또 지구기본소득을 어떻게 정당화할 것이며, 3) 어떤 재원을 통해 실현할 때 경제적, 정치적으로 지속가능한가라는 문제이다.

첫째 문제에 대해서는 판 빠레이스가 '도둑들끼리의 정의'라는 슈타이너(Steiner)의 비난에 답하면서 적확한 답을 제시하고 있다. 얼핏 보면 초국가적 이주에 대해 무조건적인 개방과 반차별적인 이주정책이 지구적 차원에서 최선의 정의인 것으로 보인다. 그러나 "자유로운 이동이라는 것은 기존의 재분배 시스템을 무너뜨리는 희생을 무릅쓰면서까지 강제되어야 할 기본적 인권 같은 것이 아니다"(Van Parijs/Vanderborght, 2017: 221). 또한 현실적으로도 이러한 초국가적 이주의 무조건적인 개방은 유입국의 기본소득을 비롯하여 사회연대제도를 약화시키는 것으로 막을 내릴 위험이 있다(Van Parijs 2010b: 196). 오히려 지구차원의 기본소득을 도입함으로써, 가난한 나라 국민들이 기본소득이 갖추어진 나라로 이주할 동기를 줄이는 것이 우선되어야 한다. 그럼에도 불구하고 이주자들이 몰려들 기본소득 실행 국가에서는 지구기본소득을 실행하는 전제 아래, 기본소득 실행 국가 내에서 이주자들의 언어능력과 합법적인 일정 체류기간 등의 자격요건을 제도화하는 것이 오히려 정당하다고 할 수 있다. 왜냐하면 지구기본소득을 전제로 이주자 기본소득의 자격요건을 부여함으로써, 가난한 나라의 고급 인력들이 부유한 기본소득 실행 국가로 유출되지 않고 자국에서 경제적으로 기여하며 기본소득의 실행가능성을 제고할 수 있기 때문이다(Van Parijs, 2010b: 183, 194-196). 그리고 지구기본소득의 전제 아래 요청되는 국가별 이주자 자격요건의 강화는 각 국가의 인종적, 종교적, 언어적 연대성을 강화하여 선진국에서 기본소득 순기여자의 유출을 막아 국가차원의 기본소득를 위한 경제적 정치적 가능성을 높여준다(같은 글: 196-7).[166] 이러한 방식으로 지구 또는 권역 차원의 바닥(기본소득)이 강력할수록 국가 사이의 재분배에 대한 압력이 줄어들고 따라서 국가차원의 기본소득은 더욱 지속가능하게 될 수 있다(Van Parijs/Vanderborght, 2017: 244).

지구기본소득을 정당화하고, 지구기본소득의 지속가능한 재원을 찾는 문제는 연동되어 있다. 지구기본소득에 대해 대부분의 논자들은 분배정의 개념을

---

166 판 빠레이스는 동일한 인종, 종교, 언어 등에 기초한 사회연대의 강화를 '영토적 애국주의(territorial patriotism)' 또는 '연대적 애국주의(solidary patriotism)'라고 부른다. 그리고 이러한 영토적 애국주의는 국가차원의 후한 기본소득의 동력이 된다고 본다(같은 곳; Howard, 2006: 88에서 재인용).

통해 정당화하고 있다. 판 빠레이스의 입장에서 지구기본소득은 원리적으로 인류의 '공동유산'에 대한 공유권을 통해 정당화된다. 특히 지구 대기의 자정능력은 인류 모두의 자연자원으로서 오늘날 심각하게 위협받고 있다. 이러한 지구의 천연자원에 대해 그는 자신의 실질적 자유지상주의 분배정의 개념에 따라 탄소배출권 경매수익을 지구지본소득의 유망한 재원으로 제시한다(Van Parijs/Vanderborght, 2017: 228).

그는 대기자원의 분배정의에 맞춰 탄소배출권 경매수익을 지구기본소득으로 지급할 것을 주장한다. 이때 부패한 정부가 이를 착복하지 않도록 각 개인에게 초국가적 방식으로 지급할 것과 금액이 적은 초기에는 노령인구에게만 지급하는데서 출발하는 것이 유망하다고 추천하고 있다(같은 곳).

판 빠레이스가 이처럼 지구기본소득의 재원을 검소하게 설정하는 이유는 처음의 도입기인 점도 고려된 것이지만, 보다 근본적으로는 국가차원에서보다는 약한 지구차원에서의 공동체적 소속감과 이질적인 언어 및 인구 등을 고려한 것이다. 곧 공동체적 정체성이 약한 지구차원에서는 충분한 기본소득은 정치적인 지속가능성이 낮고 따라서 적게 시작해야 한다는 것이다(Van Parijs, 2010b: 193).

이에 비해 '좌파 자유지상주의자'인 타이드만과 발렌타인은 1) 자기소유권(self-ownership), 2) 자연자원의 가치에 대한 평등한 소유권에서 출발한다. 이들에 따르면, 1) 자기소유권을 보장하는 최소한의 수준에서, 다른 사람의 소유권을 침범하지 않는다면 각자 타인의 승인 없이 자연자원을 사용(use)할 수 있다. 2) 적절한 보상을 지불한다면, 각자 타인의 동의 없이도 아직 타인이 전유하지 않은 자연자원을 전유(appropriate)할 수 있다(Tideman/Vallentyne, 2013: 45). 타이드만과 발렌타인은 내가 고용한 사람이나 임차한 기계에 대해서처럼 토지에 대해서도 요청받은 지대를 지불했다면 그 땅에서 난 사과는 내가 소유하는 게 정당하다고 본다. 타이드만에 따르면, 자연자원은 모두가 평등하게 소유하는 재산이므로 이에 대한 지대는 원리적으로 세계의 모든 사람들에게 동일하게 분배되어야 한다(같은 글: 46).[167] 곧 자연자원에 대한 지대를 거두어서 지구기본소득으로 분배하자는 것이다. 결국 자연자원(의 가치)에 대한 평등한 소유권이 지구기본소득을 정당화하는 논거라 할 수 있다.

하워드는 마르크스를 따라 교환가치는 노동의 결과지만 진짜 부의 원천은 노동뿐만 아니라 자연도 포함된다고 본다(Marx, 1875: 15; Howard, 2005a: 126).[168] 그리고 그는 진짜 부의 원천을 자연뿐만 아니라 사회적으로 전승된 자본과 부로 확장한다(Howard, 2005b: 116). 또한 그는 이처럼 자연자원 및 사회적으로 전승된 자본과 부 및 이로부터 유래하는 소득에 대한 평등한 권리를 통해 기본소득을 정당화한다. 이는 기본소득을 공유재산에서 유래하는 소득에 대한 분배정의로 보는 것이다. 하워드는 지구기본소득을 별도로 정당화하지는 않았다. 그런데 그는 동시대의 모든 사회 성원도 토지 등 자연자원의 소유자가 아니라 점유자 또는 향유자에 불과하며 이를 개선하여 미래세대에게 물려주어야 한다는 마르크스의 주장을, 사회적으로 전승된 자본과 모든 부로 확장한다. 그 결과 하워드는 마르크스주의 관점에서 자연자원과 전승된 자본 및 부와 이로부터 유래하는 기본소득도 원리적으로 지구차원에서 모든 인류와 후손들이 누려야 한다고 본다. 하워드는 지구기본소득을 선호한다고 밝히면서 유럽기본소득과 같은 권역기본소득이 지구기본소득을 진지하게 탐색하는 첫걸음이 될 것이라고 전망하고 있다(Howard, 2006: 91). 그리고 이처럼 지구기본소득과 같은 지구적 정의를 추진함으로써, 유입이주로 인해 국가기본소득이 약화되는 것을 적절하게 완화할 수 있다고 본다(같은 곳). 기본소득에 대한 하워드의 마르크스주의적 정

---

167 그런데 타이드만의 공저자인 발렌타인은 이렇게 수취된 지대가 삶의 기회평등을 촉진하기 위해 현재 열악한 기회를 갖는 불우한 사람들에게 선택적으로 분배되어야 한다고 주장한다(같은 글: 46).

168 마르크스는 "노동이 모든 부의 원천"이라는 라쌀레(Lassalle)파의 주장이 담긴 고타강령을 비판하면서 진정한 부의 원천은 노동과 자연이라고 주장한다(Marx, 1875: 15). 따라서 마르크스가 노동을 모든 부의 원천으로 본다는 견해는 타당하지 않다.

당화는 판 빠레이스와 많은 부분에서 유사하다. 그렇지만 그는 자연자원 및 사회적 자본과 부의 수익(지대)만이 아니라 자연자원과 자본 자체를 사회화하거나 공동소유로 전환하고자 한다. 즉 사회주의를 지향한다. 이런 측면에서 그는 공동소유의 비효율성을 비판하는 판 빠레이스와는 차이가 있다.

이상에서 보듯이 지구기본소득을 주장하는 논자들은 차별적이지만, 지구 차원의 자연적·인공적인 공유지 수익에 대한 지구공동체성원들의 평등한 공유권이라는 분배정의 개념을 논거로 제시한다는 점에서 공통점이 있다.

8. 롤스, 드워킨의 한계 극복

지금까지 전개해 온 분배정의론, 곧 자유와 평등의 실질적 보장이라는 근본가치에 기초하여 추론한 분배정의론은 앞에서 제시했던 롤스와 드워킨의 분배정의론의 한계를 극복한다. 이에 대해 살펴보자.

롤스와 드워킨에게서 정의와 분배정의의 기준은 이 저서와 마찬가지로 기회의 실질적 평등으로서의 실질적 평등과 실질적 자유의 보장이다. 그러나 드워킨의 경우 방법론적 개인주의로 인해 그의 분배정의론은 '심각한 위험'의 평등론으로 축소된다. 그 결과 평등과 자유의 실질적 보장은 실업 같은 몇몇 악운에 처한 사람들을 대상으로 하는 저소득보장형 복지제공으로 환원된다. 드워킨은 최저생계비 또는 이를 다소 넘는 수준의 복지수혜를 목표하지만, 이 목표는 평균적인 사람들이 납부할 용의가 있는 보험료가 그리 높지 않을 것이라는 점에 의해 제약될 것이다. 이에 비해 이 저서가 지지하는 분배정의론에서는 모두에게 공유지 또는 공유자산 수익을 평등하게 배당함으로써, 드워킨의 이러한 한계를 극복한다.

나아가 이 저서가 지지하는 정의로운 분배모형은 롤스가 기초하는 재산의 평등한 분할소유 관점의 한계, 곧 기회의 실질적 평등이 지속적으로 보장되지 못한다는 한계를 극복한다. 재산 또는 공유지를 평등하게 분할하여 개인이 소유·처분하게 하는 것이 아니라 공유하는 대신 공유지에서 산출되는 수익을 평생 동안 배당하기 때문이다. 이때 배당되는 공유부 또는 공유자산 수익의 총액 또한 롤스에게서 가능한 사회상속분, 곧 '기본재산에서 파생되는 소득 + 차등원칙에 따른 몫'보다 많을 것이다. 롤스의 사회상속 모형에 따를 때 조세저항과 회피로 인해 사회적 상속을 위한 실효세율이 높을 것으로 예상되지 않기 때문이다.

뿐만 아니라 이 저서가 지지하는 공유지 분배모형, 곧 공유기반 수익 배당 모형은, 부록 1에서 보여주듯이, 수확체감효과가 발생하는 경우 재산소유 민주주의 모형보다 정의로운 결과를 낳는다. 수확체증효과가 발생하는 경우 재산소유 민주주의 모형보다 효율적인 생산을 가능하게 한다. 또한 보다 정의로운 분배를 가능하게 한다.[169] 결국 공유 모형은 이런 측면에서도 공유지의 평등한 분할소유 또는 재산소유 민주주의 모형의 내재적 한계를 극복한다.

다른 한편 인격적 자원에 따른 불평등 문제도 이 저서가 지지하는 분배정의론이 더 잘 해결한다. 살펴보았듯이 드워킨은 재능 같은 인격적 자원의 차이에 따른 소득의 불평등을 자신의 가설적 보험설계모형을 통해 재능, 사실상 "돈벌이 재능"(Van Parijs, 1995: 68)과 관련하여 몇몇 악운에 처한 사람들에게 저소득보장형 복지제공을 통해 해결하고자 한다. 롤스의 차등원칙 또한 인격적 자원에 따른 불평등의 해결도 목표한다고 할 수 있다. 왜냐하면 그가 시초의 평등한 재산분배라는 전제 아래 차등원칙을 전개하기 때문이다.

그렇지만 기본소득을 지급하게 될 때, 인격적 자원의 차이에 따른 불평등은 더 잘 해결될 수 있다. 기본소득이란 공유지 또는 공유자산 수익의 배당이다.

---

169 이에 대해서는 부록 1에서 별도로 논의된다. 상대적으로 독립적이고 긴 논증과정이 필요하기 때문이다.

따라서 원칙적으로 그 양이 드워킨이나 롤스가 제시하는 수준에 제한되지 않는다. 또한 선별과정에 따르는 자존감의 훼손이나 행정비용을 야기하지 않는다. 나아가 판 빠레이스가 강조하듯이(Van Parijs, 1995: 75 이하), 모두에게 주어진다는 특성을 고려할 때 기본소득은 돈벌이와 관련되는 재능만이 아니라 다양한 인격적 자원과 관련되는 불평등 모두를 어느 정도 보상하는 것이라고 볼 수도 있다. 다만 판 빠레이스가 제안하듯이, 만장일치로 선호하거나 선호하지 않는 경우에 과세하거나 보상하는 원칙인 비우월적 다양성(undominated diversity)을 적용하여, 모두가 선호하지 않을 가능성이 높은 인격적 자원의 불평등, 예를 들어 장애에 대해서는 기본소득에 더하여 추가적 지원을 하는 것이 정의로울 것이다.[170]

이 저서가 지지하는 분배정의에 따르면, 자유로운 의사에 따라 돈벌이가 되는 노동을 하지 않기로 결정한 사람은 기본소득 외의 개별적 소득을 취득할 수 없다. 이런 측면에서 자유주의 전통에서 강조하는 자유에 따른 책임은 이 저서의 입장에서도 존중된다. 그런데 롤스와 드워킨은 기본소득이 분배정의를 위반한다고 본다. 기본소득은 게으름을 선택한 결과에 대한 책임을 근면을 선택한 사람에게 전가함으로써 정의의 요청을 이탈한다는 것이다(Dworkin, 1983: 208). 즉 롤스의 표현을 빌면, 기본소득은 상호성(reciprocity)을 위반한다는 것이다.

상호성을 위반한다는 이유로 기본소득을 비판하는 사람은 사실 롤스와 드워킨으로 한정되지 않는다. 또한 '상호성 위반'은 도덕적·이데올로기적인 차원에서, 나아가 일반적으로 기본소득에 대해 제기되는 가장 핵심적인 반론이라고 할 수 있다. 이에 대해 살펴보자.

170　이와 관련하여 판 빠레이스는 『모두를 위한 기본소득』에서는 이 별도의 지원금을 기본소득의 재원에서 갹출할 것을 제안한다(Van Parijs, 1995: 74).

9. 기본소득과 상호성: 기본소득은 무임승차나 착취를 허용하는가?

기본소득은 무임승차 또는 착취를 허용한다는 비판

상호성은 사전적으로는 "타인의 행동에 대한 같은 종류의 긍정적 또는 부정적 반응들"(Wikipedia, *reciprocity*: 1)로 정의된다. 학문분야에 따라, 또한 일인 대 일인 또는 일인 대 다수 같은 패턴 등에 따라 상호성은 여러 유형으로 분류된다. 기본소득은 자원과 부의 분배와 관련된다. 따라서 기본소득과 관련되는 논의에서 상호성은 상호간의 기여를 통한 상호이익의 증대를 의미한다고 할 수 있다. 또한 이런 측면에서 판 빠레이스가 시사하듯, 기본소득과 관련하여 상호성이 논의되는 맥락은 '협동적 정의'나 '교환적 정의'에서 상호성이 논의되는 맥락과 유사하다(Van Parijs, 1997: 3, Van Parijs/Vanderborght, 2017: 103).

기본소득은 어떤 노동도 하지 않는 사람들, 심지어 노동할 의사가 전혀 없는 사람들에게도 지급된다. 이런 이유로 기본소득은 노동하지 않는 사람이 타인의 노동에서 발생하는 양의 외부효과를 불공정하게 취하는 "무임승차"를 허용·양산한다고 비판된다. 심지어 무위도식하는 자에 의한 성실한 노동자의 "착취"를 허용·양산한다고 비판된다(Van Parijs, 1995: 142, Van Parijs/Vanderborght, 2017: 100).[171]

대표적으로 엘스터는 기본소득이 착취를 허용한다고 비판한다(Elster, 1989). 그에게 착취란 기여와 소득 간의 부등가성, 곧 노동을 통한 기여보다 더 적게 받는 것이다.[172] 이런 측면에서 그에게 상호성이란 서로가 기여한 만큼 얻

---

171 판 빠레이스에게게서 '착취'란 무임승차가 "강압"이나 "타인에게 소중한 어떤 것에 대한 통제"의 형태로 "권력 행사"에 연루된 것이다(Van Parijs, 1995: 142 이하).

172 맑스주의자인 그는 엄밀하게 말하자면 '착취'를 '노동가치론'에 기초하여 정의한다. "노동자들은 그들이 소비하는 재화에 체현된 노동시간보다 더 긴 시간 일할 때 착취된다"(Van Donse-

는 것이라 할 수 있다. 그런데 기본소득은 아무런 기여도 하지 않는 사람에게도 지급된다. 따라서 그에게 기본소득은 노동하지 않는 사람이 타인의 노동성과를 착취하게 한다는 것이다.

엘스터에 비해 롤스는 상호성을 덜 엄격하게 해석한다. 차등원칙과 관련하여 롤스가 요청하는 상호성은 최소수혜자 역시 사회적 협업체계에서 그들이 할 수 있는 몫을 수행하여야 한다는 것이다(Rawls, 2001: 139). 즉 그는 자신이 받은 이익의 가치에 정확하게 비례하여 기여해야만 상호성이 충족된다고는 보지 않는다. 그렇지만 그가 보기에 기본소득은 어떤 기여도 하지 않는 사람에게도 주어진다. 따라서 그에 따를 때 기본소득은 상호성 원칙을 위반하는 것이다. 결국 그에게서도 기본소득은 '무임승차' 또는 '착취'라는 비판을 피할 수 없다고 하겠다.

판 돈젤라(Van Donselaar) 역시 롤스와 유사하게 '상호성'을 덜 엄격하게 해석한다. 나아가 그는 엘스터의 엄격한 '상호성' 및 이에 기반한 '착취' 개념을 비판한다.[173] 그에 따르면 서로에게 유용성의 이익이 생기는 경우는 착취가 아니다(Van Donselaar, 2009: 60 이하). 즉 롤스와 유사하게 그에게서도 상호성, 곧 상호기여를 통한 상호이익의 보장에서 기여는 이익의 가치에 정확하게 비례할 필요가 없다. 그렇지만 그에게서도 기본소득은 착취를 허용한다. 기본소득이 주어질 때 아무 기여도 하지 않는 사람이 타인의 노동성과를 취득할 수 있기 때문이다. 그런데 그는 로크를 새롭게 해석하면서 로크를 따라 토지, 강 같은 자연자원이 원칙적으로 공유임을 인정한다. 그렇지만 그는 이러한 공유로부터 소득에 대한 권리를 직접적으로 도출할 수는 없다고 본다. 또한 이런 측면에서 그는 기본소득에 대해 보다 정교한 반론을 제기한다. 이에 대해 살펴보자.

---

laar, 2009: 59에서 재인용).

173 판 돈젤라의 논의에 대한 아래의 소개는 곽노완, 2011 「기본소득은 착취인가 정의인가?」, 47-56을 수정·보완한 것이다.

판 돈젤라는 로크가 토지, 강, 석유, 지하자원 및 생산자원 등에 대해 무제약적인 사적 소유권이 아니라, 한정되고 유동적인 소유권 내지 사용권만을 옹호한다고 본다. 그런데 이때 그는 로크의 논리에 따를 때, 이러한 공유지에 대한 접근이 가장 효율적으로 생산할 수 있는 사람들에게 허용되어야 한다고 본다. 그에 따르면 이는 노동의지가 없는 사람은 생산 자원과 일자리에 대한 권리를 갖지 못함을 함의한다. "곧 생산자원과 기회(일자리)가 공유재라 하더라도, 이는 우선적으로 최적의 능력을 가진 사람에게 우선적으로 분배되어야 하며 나아가 노동의지가 없는 사람은 이에 대한 소유권이나 사용권을 갖지 못한다는 뜻이다." 따라서 "자발적인 실업자는 사회의 생산수단·생산물·일자리에 아무런 권리도 갖지 못한다"(곽노완, 2011: 49).

나아가 판 돈젤라에 따르면 누구도 자신의 '독립적인 이해관계', 곧 자신이 '특정 대상을 사용함으로써 효용을 얻는 범위'를 초과하는 소유를 통해 소득을 얻을 수 없다. 그에 의하면, 누군가 자신의 독립적인 이해관계를 초과하는 수준으로 특정 대상을 소유하거나 사용하는 것은 권리의 남용이다. 이 권리의 남용은 "찬탈(Usurpation)"과 "부당이득(Usury)"으로 세분된다.

찬탈이란 누군가가 독립적인 이해관계를 전혀 갖지 않는 재산이나 권리를 임대하거나 팔아서 소득을 얻는 것을 뜻한다. 예를 들어 노동할 의지가 전혀 없는 베짱이가 생산수단이나 일자리에 대해 권리를 갖고 이를 남에게 팔아서 소득을 얻는다면 이는 찬탈이다(Van Donselaar, 2009: 119). 이에 비해 부당이익은 찬탈보다 권리의 남용이 보다 적은 경우다. 누군가가 독립적인 이해관계를 갖고 있긴 하지만 자신이 사용해서 유용성을 얻으려는 독립적인 이해관계보다 더 많은 재산이나 권리를 갖고 이 초과분을 남에게 팔아서 소득을 얻는다면, 이는 부당이익을 얻는 것이다. 예를 들어 내가 한 마지기의 논농사만 하고 싶은데 두 마지기의 논에 대해 소유권을 갖고서, 나머지 한 마지기를 보다 많은 논농사를 하려는 사람에게 임차하거나 팔아서 추가적인 소득을 얻는다면 나는 부당이득자(usurer)가 된다(앞의 책: 134-135).

그에 따르면 이러한 찬탈과 부당이득의 수취는 결국 착취의 세부형태들이다. 원래 구매인 또는 임차인이 소유하거나 사용하여야 할 공유지를 베짱이 또는 과욕에 넘치는 사람이 부정의하게 독점해서, 전자에게 임대 또는 판매한다는 형태로 경제적 이득을 '강탈'하기 때문이다. 찬탈과 부당이득에 대한 이러한 논리에 기초하여 그는 판 빠레이스가『모두를 위한 기본소득』4장(Van Parijs, 1995: 89 이하)에서 전개하는 기본소득의 정당화 논리를 비판한다. 즉 공유지에 대한 평등한 공유권을 경매가격으로 임대하거나 팔아서, 노동의지가 전혀 없거나 적은 게으른 사람들에게도 지급되는 기본소득은 착취라고 비판한다.

그러나 이러한 판 돈젤라의 논의는 두 가지 전제에 기초하고 있다. 따라서 그 전제들이 참이라야만 그의 논의도 참일 수 있다. 첫 번째 전제는 "노동이 경제적 부의 압도적이거나 유일한 원천"(곽노완, 2011: 44), 곧 거의 모든 부의 원천이 인간의 노동, 그것도 현재의 생산현장에 투하된다는 의미에서 직접적인 노동이라는 것이다. 살펴보았듯이 판 돈젤라는 토지 같은 자연자원이 원칙적으로 공유지임을 인정한다. 따라서 원칙상 모두가 이에 대한 평등한 권리를 갖고 있음을 인정한다. 그럼에도 불구하고 그는 실질적으로는 노동의지를 갖는 사람에게만, 그것도 그 사람이 원하는 효용의 창출을 위해 직접 사용하는 범위로 제한해서만 특정 공유지를 사용 또는 소유할 기회를 허용하고자 한다. 이는 그가 모든 부의 원천을 인간의 노동, 그것도 직접적인 노동으로 보고 있음을 전제한다. 이 전제는 동시에 누군가의 노동, 그것도 직접적인 노동의 산물만이 그의 정당한 소유물이 될 수 있다는 주장을 함축하는 것이기도 하다. 하지만 실제로는 직접적인 노동만으로 창출되는 부는 거의 없다. 현재 인류가 보유하며 창출하는 부는 직접적인 노동만이 아니라 자연적 소재와 자연환경과 자연력, 그리고 과학기술이 대변하듯 선조와 현 세대 동료들의 간접적인 노동에 의해 산출된다. 따라서 판 빠레이스가 말했듯이 모든 부를 생산적 노력이나 노동에 비례하여 분배한다면, 이는 직접적인 노동자를 과잉으로 보상하는 것이다(Van Parijs, 1995: 165). 자연 같은 부의 또 다른 원천을 사용할 기회는 모두에게 평등하게 주어져야 한다.

　판 돈젤라의 주장이 갖는 이러한 문제점은 그의 주장이 기초하는 두 번째 전제에 의해 더욱 곤란해진다. 이 두 번째 전제란 토지 같은 공유지가 원하는 누구나 사용할 수 있을 정도로 충분하다는 것이다. 즉 희소하지 않다는 것이다. 그의 주장이 이 두 번째 전제에 기초하고 있다고 보는 이유는 다음과 같다. 즉 원하는 자는 누구나 원하는 규모의 공유지를 적절하게 사용 또는 소유할 수 있다는 전제가 충족되어야만 그의 전체 논의가 성립될 수 있기 때문이다. 실제로 그는 판 빠레이스를 논박하기 위해, 2배 더 농사짓고 싶어 하는 일 중독자(Crazy)가 게으름뱅이(Lazy)의 공유지분을 사거나 임대하는 대신, 토지자원이 2배 많은 다른 영토로 이주하는 경우를 가정하기도 한다(Van Donselaar, 2009: 167 이하).

　그의 이 두 번째 전제와는 반대로 현실에서 대부분의 공유지는 희소하다. 물론 지식 공유지처럼 사용해도 양이 줄어들지 않는 공유지도 있다. 그렇지만 지식을 사용하여 부를 창출하기 위해 필요한 생산수단은 대체로 희소하다. 그럼에도 불구하고 공유지에 대한 모두의 평등한 기회를 실질적으로 보장해야 한다. 이를 위해서는 공유지에 지대 또는 사용료를 부가하여 이를 모두에게 배당하면 된다. 즉 기본소득을 지급하면 된다.

　결국 판 돈젤라의 논의는 직접적 노동만이 부의 압도적이거나 유일한 원천이며 공유지가 희소하지 않다는 잘못된 두 전제에 기초하고 있다. 첫 번째 전제, 곧 직접적 노동만이 부의 원천이라는 전제는 노동 기여에 비례하는 소득을 주장하는 엘스터 또한 공유하는 것이기도 하다. 사실 이 첫 번째 전제 및 이에서 귀결되는 "새로운 노동물신주의", 곧 "노동 이외의 소득권은 모두 착취"(곽노완, 2011: 62)라는 입장은 상호성 원칙의 위반을 근거로 기본소득에 반대하는 논의의 강력한 이데올로기적 지주의 하나다.

　기본소득이 상호성 원칙을 위반한다는 논의의 또 다른 이데올로기적 지주는 노동과 협동에 대한 협소한 이해와 관련된다. 그 대표적 예로 롤스를 들 수 있다. 그가 강조하듯이 사회는 기본적으로 거대한 협동의 체계다. 그러나 그는 적어도 '차등원칙'과 관련하여서는 이 협동을 노동, 그것도 생업과 관련되는 생계노동 중심으로 좁게 해석하고 있다. 이는 그가 생계노동의 수행, 또는 최소한 이 노동에 대한 의지를 차등원칙을 통한 수혜의 조건으로 설정하는데서 드러난다. 상호성의 원칙에 따라 그에게서 차등원칙에 따른 수혜는 생계노동을 통해 사회에 '기여'하고자 하는 사람에게만 주어지는 것이다.

그렇지만 사회를 거대한 협동의 체계로 바라볼 때 사회의 유지와 발전을 위해 필요한 활동과 협업은 생계노동 및 생계노동 영역에서의 협업에만 국한되지 않는다. 롤스 스스로 "사회적으로 필요한 노동"으로 인정하는 가사·돌봄노동, 곧 "재생산노동"(Rawls, 2001: 162)을 비롯하여, 데이터 검색 같은 공유지를 생산·재생산하는 모든 종류의 무급유용노동과 활동 또한 필요하다. 나아가 정치적 참여와 법질서의 준수 같은 비경제적 활동과 이 활동들 간의 협동도 사회의 유지와 발전을 위해 필요하다. 이는 이 모든 노동과 활동들이 협동체계로서의 사회의 유지와 발전에 '기여'함을 의미한다. 따라서 차등원칙에 따른 수혜가 이 모든 노동과 활동의 수행자들에게도 주어져야 함을 의미한다. 이렇게 할 경우 롤스 이론의 내적 정합성 또한 높아진다. 상호성 원칙과 관련하여 롤스가 보이는 비일관성이 해결되기 때문이다. 즉 도덕적 태도가 구현되는 대상 및 그 경제적 가치의 동일함과 무관하게, "같은 것으로 응답하려는 성향"(Rawls, 1999b: 634)이라는 '상호성'에 대한 그의 도덕적 이해가 차등원칙과 관련하여서는 생계노동이라는 특정 대상으로 한정되는 비일관성이 해결된다.

결국 사회를 유지·발전시키기 위해 요청되는 노동과 협동은 경제의 영역에만 제한되지 않는다. 또한 경제적 영역에서도 사회는 사유지만이 아니라 공유지의 생산과 재생산 및 이를 위한 협동에 의존한다. 따라서 비경제적 영역에서의 협동을 통한 기여나 공유지의 생산·재생산에 대한 기여에 대한 몫 또는 응답으로서 주어지는 기본소득은 상호성의 원칙을 충족한다. 이런 측면에서 기본소득이 상호성의 원칙을 위반한다는 롤스의 비판은 적실성을 잃는다. 동일한 이유로 기본소득의 대가로 사회적으로 유용한 노동이나 활동을 '공식적으로' 수행할 것을 요구하는 입장, 곧 참여소득을 주장하는 입장도 설득력이 없다. 참여소득을 주장하는 입장은 공유지의 생산·재생산 및 사회의 유지·발전과 관련하여 모두가 수행하는 직·간접적 기여를 인정하지 않은 채, 별도의 소득, 곧 참여소득을 받는 대가로 별도의 기여를 요청하는 것이다. 이때 '참여'를 수행하는 사람의 선별과 참여의 수행 여부 확인이라는 막대한 행정비용이 초래되고, 참여노동 수행자에 대한 낙인과 차별 등과 같은 여러 부정적인 효과들이 동반될 수 있다는 점 또한 이 입장의 한계라고 할 수 있다.

기본소득과 상호성

지금까지의 논의에 기초하여 기본소득과 상호성 문제를 종합적으로 고찰해 보자. 이 저서에서 기본소득은 크게 두 가지 근거에 기초하여 분배정의로서 요청되었다. 각 근거별로 상호성 원칙과의 관계를 고찰해 보자.

이 저서에서 분배정의 관점에 입각하여 제시한 기본소득의 첫 번째 근거는 공유지에 대한 모두의 실질적으로 평등한 공유권, 곧 공유지의 사용·향유에 대한 모두의 실질적·평등한 기회의 보장이다. 판 빠레이스(Van Parijs/Vanderborght, 2017: 103), 스탠딩(Standing, 2019: 10) 등이 강조하듯, 이때 기본소득은 공유지에 대해 모두가 갖는 공유'권리'에 기초하여 지급되는 것이다. 따라서 상호성의 원칙과 무관하다. 즉 이때 상호성을 위반했다든가, 착취라든가 또는 무임승차라든가 하는 비판은 기본소득에 적용될 수 없다.

그런데, 농토로 예시할 수 있듯이, 어떤 공유지에서는 노동이 추가되어야만 '식량' 같은 원하는 부가 생산된다. 따라서 이 경우 노동하지 않은 사람에게까지 소득을 주는 것은 불합리하게도 보인다. 그런데 대부분의 공유지는 희소하다. 이 희소성은 미래세대까지 고려할 때 한층 증폭된다. 그럼에도 불구하고 이 희소한 공유지에 대한 평등한 기회는 모두에게 실질적으로 보장되어야 한다. 이를 실현하기 위해서는 공유지의 독점적 사용에 대한 사용료 또는 지대를 징수하여, 한편에서는 필요한 경우 해당 공유지 또는 그 대체물을 보존하고 다른 한편으로는 기본소득을 지급하면 될 것이다. 이때 이는 원칙상 모든 사람들에게 동일하게 적용되어야 할 것이다. 따라서 자발적 실업자에게도 적용되어야 할 것이다.

다른 한편 기본소득을 통해 기회의 실질적 평등이 실현된다. 기회의 실질적 평등은 이 저서가 지지하는 첫 번째 분배정의 원칙, 곧 각자의 기여에 따른 몫이 정의롭기 위한 조건이다. 따라서 기본소득이 지급될 때, 생계노동을 하지 않는 사람은 기본소득 이외의 다른 소득을 가질 수 없다. 즉 이 측면에서도 기본소득은 상호성의 원칙을 위반하지 않는다. 나아가 기본소득은 이 첫 번째 분배정의가 준수되기 위한 조건을 창출한다.

분배정의 관점에서 기본소득의 두 번째 근거는 공유지를 생산·재생산하는 모두의 직·간접적 기여, 무급노동이다. 이 측면에서 기본소득은 상호성 원칙을 기존에 적용되지 않던 영역으로 확장함으로써 오히려 이 원칙을 강화한다.

그런데 기본소득이 지급되기 시작하면, 기본소득은 그 자체 전체 정치 공동체와 그 개별적 성원들 간 상호 이익의 선순환을 위한 기제가 될 수 있다. 또한 그 효과가 자원/소득의 생산·재생산과 분배의 영역만이 아니라, 정치적인 영역을 포함하여 사회 전반을 포괄하여 발생할 수 있다. 그 결과 모든 성원들이 공유지의 생산·재생산에 보다 큰 관심과 노력을 기울이게 될 뿐만 아니라, 애국심이나 애향심이 함양되어 시민적 덕성이 강화되고 보다 활발하게 정치적으로 참여할 수 있다. 왜냐하면 사회적 존재인 인간에게, 롤스가 부각했듯이, 상호성, 곧 "같은 것으로 응답하려는 성향"은 도덕심리학의 기본적 사실의 하나이기 때문이다. 이는 이재명 전 시장이 주도했던 성남시 청년배당의 수혜자를 대상으로 한 설문조사에 의해서도 드러난다.

이 설문조사에 따르면, 청년배당 실시 후 성남시가 청년의 삶을 배려한다는 느낌을 응답자 498명 중 95.7%가 느꼈으며, 94.6%가 성남시에 관심을 갖게 되었다고 한다(녹색전환연구소, 2016: 13-14). 즉 지역 공동체가 지급한 기본소득에 대해 그 지역 청년들이 '응답'한 것이다. 이때 청년배당이 지역상품권의 형태로 지급됨에 따라, 지역 소상공인들의 지역사회에 대한 관심과 참여 역시 증대했다고 한다.[174] 즉 그들 역시 '응답'한 것이다. 이 저서를 집필하는 현재까지 아직 정확한 연구결과가 나오지는 않았지만, 이러한 '응답'은 2019년부터 실시되고 있는 경기도 청년기본소득과 2020년 하반기부터 실시될 경기도 농민기본소득에 대해서는 보다 광범위하게 일어날 것으로 예측된다. '시' 단위가 아니라 '도' 단위에서 실시되기 때문이다.

분배정의 차원에서 정치 공동체가 모든 개별 성원에게 기본소득을 지급하는 이유는 개별성원 모두가 자유롭고 평등한 시민으로서 공유지에 대한 평등한 공유권을 갖기 때문이다. 또한 공유지의 생산·재생산에 모두가 직·간접적으로 기여한다고 인정하기 때문이다. 그런데 정치 공동체가 기본소득을 도입하고 지속해 나가고자 할 때, 그 공동체가 민주주의적이라면 다수 성원의 지속적인 동의는 필수적이다. 이는 기본소득의 도입과 함께 기본소득을 주는 이유와 재원 등에 대한 정보제공 내지 교육 또한 필수적임을 의미한다. 이때 이러한 정보제공 또는 교육이 잘 이루어진다면, 정치 공동체가 지급하는 기본소득에 대한 개인들의 '응답', 곧 상응하는 기여는 더욱 촉진될 것이다. 이 응답과 기여는 부의 생산·재생산, 또는 공유지의 생산·재생산이라는 차원을 넘어서서 애국심이나 시민적 덕성의 함양 같은 보다 광범한 차원에서도 발생되고 촉진될 것이다. 나아가 애국심이나 시민적 덕성의 함양 같은 정치적 효과는 전체 공동체에 안정과 활력의 증진 같은 또 다른 긍정적인 효과를 가져올 것이다. 또한 이러한 효과는, 비록 간접적이지만, 부와 공유지의 생산과 재생산에 기여할 것이다. 결국 도

---

174 이는 청년배당을 막기 위해 지방재정을 개편하려는 당시 박근혜정부의 시도에 저항하여 이재명 시장이 단식투쟁을 하는 현장에, 성남시 전통시장과 골목상권상인 700명이 임시휴점하고 45인승 버스 18대로 도착하여 문화제를 개최했다는 사실에 의해 극적으로 표현된다(강남훈, 2016a: 12). 청년배당의 실시와 함께 성남지역 소상공인들의 매출은 15-20% 증가했다고 한다(같은 글).

덕심리학의 기본적 사실의 하나로서의 상호성에 기초하여 예측할 때, 기본소득은 개인의 발전과 정치 공동체의 발전 간의 선순환을 위한 경제적 기초가 될 것이다.

그런데 대부분의 경우 부모님께서 자녀들에게 얼마나 큰 사랑을 주시는지에 대해 자녀들이 저절로 알게 되는 것은 아니다. 성숙해 가면서 갖게 되는 학습과 자기학습의 결과로 자녀들은 부모님께서 주신 사랑과 헌신의 가치를 제대로 '인식'하게 된다. 누구 말대로 아는 만큼 사랑하고 사랑하는 만큼 알아 가게 되는 것이다.

이런 측면에서 판 빠레이스의 다음과 같은 진술은 눈여겨 볼 필요가 있다.

> "기본소득을 도입할 때는 형식적인 참여라는 조건을 강제하는 것과 상관없이, 공동체에 대한 기여에 가치를 부여하는 공공담론과 반드시 결합되어야만 한다. 모두에게 든든한 바닥(기본소득, 역자)을 제공하는 것은 거기에 누워서 맘대로 즐기라는 것이 아니다. 우리 모두가 그 위에 굳건히 서서 남들에게나 자신에게나 무엇인가 의미있는 일들을 하도록 하기 위해서다."(Van Parijs/Vanderborght, 2017: 213 이하)

판 빠레이스와 판더보가 강조하듯이, 기본소득은 무조건적이지만 "기여에 대한 도덕적 의무"와 양립불가능한 것이 아니다(Van Parijs/Vanderborght, 2017: 255, 각주 38).

10. 분배정의로서의 기본소득과 필요(needs)의 원리 및 시민권

지금까지 기본소득이 분배정의로서 요청됨을 보였다. 그런데 I부에서 보았듯이 기본소득은 필요의 충족을 위해서나 인권 또는 시민권에 따라 요청되기도 한다. 또 학자에 따라 필요의 충족을 목표로 하는 필요의 원리나 시민권/인권에 따른 소득의 배분이 명시적 또는 묵시적으로 분배정의 원칙으로 제시되기도 한다. 라벤토스가 기본소득을 인권에 기초하여 요청한다는 사실에 대해서는 이미 살펴보았다. 피츠패트릭 또한 기본소득을 "시민권의 원리"에 따른 급여의 배분으로 제시한다(Fitzpatrick, 1999: 46).[175] 그는 "시민권"을 "평등" 및 "자유"와 함께 분배정의를 포함하는 정의에 대한 삼대 관점으로 제시한다(Fitzpatrick, 2011: 23 이하). 다른 한편 필요의 원리는 샤를리에, 푸리에주의자들과 밀(J. S. Mill), 콜(G. D. H Cole) 등에 의해 기본소득과 연계되어 분배정의 원칙에 준하는 의의를 갖는다.

사람들은 다양한 이유로 기본소득을 요청한다. 필요의 원리나 시민권/인권에 따른 요청 또한 그 중의 하나다. 그러나 양자에 따른 기본소득의 요청이 분배정의에 따른 기본소득의 요청인지에 대해서는 보다 엄밀하게 따져볼 필요가 있다. 범주적인 혼동이 없어야만, 분배정의나 필요의 원리, 시민권/인권에 대한 이론과 기본소득론의 발전 및 이들과 관련되는 제도적 발전 또한 순조롭기 때문이다. I부에서 필요의 원리나 시민권/인권이 분배정의의 원리가 아님을 주장하였다. II부에서 전개한 분배정의 관점에 기초하여, 이러한 주장에 대해 보다 엄밀하게 살펴보자.

앞에서 분배정의란 정치 공동체 성원 거의 모두가 동의할 수 밖에 없다는 의미에서 필연적·강제적인 자원/소득의 분배원리로 제시하였다. 이때 이러한 필연성·강제성을 갖기 위해 이 분배원리가 해당 공동체의 근본가치에 기초하는 동시에 논리정연하고 설득력이 있어야 한다고 주장하였다. 나아가 자원/소득의 분배와 관련되는 분배정의 원리가 해당 공동체의 생태적·경제적 역량과

---

175 다른 한편 피츠패트릭은 사회보험 급여의 배분원리로는 기여(desert) 원리를, 사회부조의 배분원리로는 필요의 원리를 제시한다(Fitzpatrick, 2011: 46).

조건에 의해 제약될 수 밖에 없다고 주장하였다. 필요의 원리와 인권/시민권에 따른 분배는 분배정의 원리가 되기 위해 필요한 이러한 요건을 충족할까? 나아가 이 두 원리들에 의해 기본소득, 곧 모두에게, 개별적으로 또한 무조건적으로 지급되는 현금 또는 현물 형태의 특정한 소득이 거의 모두가 동의할 수밖에 없을 정도로 필연적·강제적이며 논리정연한 형태로 정당화될 수 있을까? 강한 설득력을 가질 수 있을까?

앞에서 근대 이후의 정치 공동체의 근본가치를 자유와 평등으로 제시하였다. 이 근본가치에 따라, 자원/소득의 분배에서 '평등과 자유의 실질적 보장'을 분배정의의 기준으로 제시하였다. 보다 정확하게는, 현존하는 경제적 역량과 생태적 제약을 전제로 기회의 실질적 평등과 실질적 자유의 보장을 분배정의의 기준으로 제시하였다. 이에 따라 '각자의 순수한 기여에 따른 분배'와 기본소득을 정당화하는 두 원칙, 곧 '공유권에 따른 분배' 및 '공유지의 생산·재생산에 대한 기여에 따른 분배'를 분배정의 원칙으로 제시하였다.

그런데 이 분배정의 원칙들과 필요의 원리나 시민권/인권에 따른 분배는 서로 무관하다. 이 분배정의 원칙들이 추론되기 위해 필요의 원리나 시민권/인권에 따른 분배를 고려할 필요는 없었다. 필요의 원리나 시민권/인권에 따른 분배는 분배정의로서 요청되지 않는다. 만약 이 두 원리들이 기본소득을 요청한다면, 그 정당화 작업은 따라서 '분배정의'가 아닌 다른 차원에서 진행되어야 할 것이다.

결국 분배정의 원칙과 필요의 원리나 시민권/인권에 따른 분배는 서로 다른 범주, 다른 유형의 원칙들이다. 그렇지만 분배정의와 필요의 원리, 분배정의와 시민권/인권에 따른 분배는 각각 독립적인 범주로서 서로 독특한 연관성을 갖고 있다. 분배정의와 필요의 원리 간의 연관성부터 살펴보자.

기본소득과 필요의 원리

기본소득이 주어진다면 이는 사람들의 필요를 부분적으로 또는 전부 충족시킬 수 있다. 그러나 이러한 '효과'는 부수적인 것이다. 즉 분배정의 원칙에 따라 기본소득을 지급할 때, 이는 기본소득이 필요를 부분적으로 또는 전부 충족시켜야 한다는 요청을 동반하지 않는다. 앞에서 말했듯이, 필요의 원리가 분배정의와는 기본적으로 무관하기 때문이다.

그럼에도 간혹 누군가는 필요의 원리를 분배정의로서 주장하기도 한다. 필요의 원리가 평등과 자유라는 근본가치에 기초하는 정치 공동체에서 분배정의로서 성립될 수 있는지를 따져보자. 이때 필요의 원리는 무엇보다 '평등'과 관련하여 난점에 부딪힌다고 보인다. 이에 대해 살펴보자.

필요를 충족시켜야 한다는 필요의 원리에 따를 때 '평등', 물론 '실질적 평등'이란 모두의 필요를 충족시키는 것이라고 할 수 있다. 그런데 어떤 사람들의 필요는 거의 무한할 수도 있다. 그럼에도 불구하고 모두의 필요를 충족시키는 경우가 있다면, 이는 지지하기 어려운 다음 두 가지 경우의 하나일 것이다.

첫 번째는 필요를 한정하는 것이다. 즉 푸리에와 밀(J. S. Mill), 콜(G. D. H. Cole) 등의 경우로 예시할 수 있듯이, '평등'에 기초하여 요구할 수 있는 필요를 '기본적인 필요'로 한정하는 것이다. 이 '기본적인 필요' 또한 현재의 생태적·경제적 역량으로 모두 충족시킬 수 있을 정도의 고정적 크기로 한정하는 것이다. 그럼에도 불구하고 이 가정은 '기본적인 필요'의 외연과 수준을 특정하는 것과 관련된 어려움을 피할 수 없다고 보인다. 예를 들어 이 가정은 개인에 따라 '기본적인 필요'에서도 차이가 날 수 있다는 사실을 간과하고 있다. 즉 '비싼 취향의 문제'에 부딪히게 된다. 예를 들어 파이프오르간 연주자 영희에게는 성악가 철수와는 달리 파이프오르간이 기본적인 필요일 수 있다. 이때 이러한 개인적인 필요의 차이도 고려하여 '기본적인 필요'를 충족시키고자 한다면, 사실상의 불평등을 분배정의라는 이름으로 옹호하게 될 수도 있다. 그 결과 광범한 불만

족이 초래되어 체제의 안정성이 보장되지 못할 수 있다.

두 번째는 희소성이 완전히 극복된 경우다. 그리하여 누구나 필요한 만큼 소득을 분배받을 수 있고 또한 누구도 타인들이 자신의 필요에 따라 분배받는 것에 대해 선망하지 않게 되는 경우다. 예를 들어 맑스는 『고타강령비판』에서 필요의 원리를 코뮌주의 고차 국면의 분배원리로 설정한다. 그런데 그는 이때 아무런 전제 없이 필요의 원리를 주장하지는 않는다. 즉 그는 이때 무엇보다 희소성의 극복, 곧 "부의 모든 원천이 넘쳐흐를" 정도로 "증대"된 "생산력"을 전제로, 필요의 원리를 분배정의 원칙으로 제시한다(Marx, 1875: 21). 물론 이는 현 사회의 생태적·경제적 역량을 전제로 해서는, 이러한 필요의 원리가 분배정의 원칙이 될 수 없음을 의미한다.

그런데 그 자체 분배정의 원칙이 아님에도 불구하고, 필요의 원리는 독특한 사회적 역할을 수행하고 있다. 즉 오늘날 여러 국가들에서 노동, 저축, 사회보험 등에서 얻는 소득이 충분하지 못한 가정을 대상으로 하는 '조건부 최소소득 보장'이 기초하는 원리로 기능하고 있다. 이 조건부 최소소득은 개인이 아닌 가정 전체의 수준에서 대부분 빈곤선 이하의 수준으로 지급된다. 또한 재산조사, 노동능력이 있는 이들에 대한 노동의지를 요건으로 내건다(Van Parijs/Vanderborght, 2017: 69). 현대 사회보장제도를 제안하는 대표적 고전이라고 할 수 있으며 1948년에 비버리지(W. Beveridge)가 제출한 보고서 「사회보험과 연계 서비스들」(Social Insurance and Allied Service)의 예를 들어보자. 여기서 비버리지는 사회보험, 완전고용, 가족수당, 국민의료서비스와 더불어, "모든 빈곤한 가정이 "'필요를 충족'하는데 충분하도록 부조 교부금을 현금으로 무기한으로 공급"(같은 책: 68)할 것을 제안한다. 또한 그는 이를 통해 "국민최저선(national minimum)"을 "확립"하고자 한다(이정우, 2016: 15). 즉 "모든 국민에게" "노령, 질병, 실업, 기타 어떤 위험에 처해 있더라도 최소한 인간답게 살아갈 권리"를 보장하고자 한다(같은 글).

비버리지 보고서에서도 명확하게 드러나듯이, 이러한 조건부 최소소득 보장 제도의 직접적인 목표는 '빈곤퇴치'다. 빈곤퇴치를 위해 '최소소득'을 기준으로 '필요의 원리'에 따라 조건부로 급여가 지급되는 것이다. 이러한 정황은 '필요의 원리'가 분배정의 원칙이 아니라, 빈곤퇴치라는 특정한 목적을 위해 조세를 기반으로 실시되는 특정한 재분배제도, 곧 조건부 최소소득 보장제도의 원리임을 보여준다.

밀러는 필요의 원리를 분배정의 원리가 아니라 인도주의적 요청일 뿐이라고 평가한다(Miller, 1992: 574). 이때 이러한 평가는 현대 사회에서 필요의 원리와 관련된 이러한 정황에 기인한다고 할 수 있다. 그렇지만 현대 사회보장제도의 맥락에서 필요의 원리는 단순한 인도주의적 요청 이상의 의미를 갖는다고 보인다. 즉 분배 부정의를 시정하기 위한 '시정적 정의'와 관련된다고 보인다. 빈곤에 대해 빈곤을 경험하는 당사자 스스로 책임져야 하는 부분이 있음을 인정한다고 해서, 현대 사회에 구조적으로 존재하는 분배부정의의 문제가 사라지는 것은 아니다. 예를 들어 많은 공유지의 사유화로 인해 해당 공유지를 향유할 평등한 기회가 사라져버렸다는 사실은 가난한 사람들이 책임을 져야 하는 부분이 아니다. 따라서 필요의 원리에 따른 재분배 정책이 분배부정의를 교정하기 위한 시정적 정의를 위한 제도의 하나로 시행될 필요가 있다.

필요의 원리에 따른 조건부 최소소득 보장제도는 많은 나라들에서 빈곤퇴치라는 목적으로 나름대로 잘 수행되고 있다. 그럼에도 불구하고 대체로 낮은 액수만이 아니라 '조건부'라는 특성에 의해서도 많은 한계를 보이고 있다. 예를 들어 복지함정 등을 통해 수혜자를 영구적인 복지청구자 계급으로 전환하는 내적 경향(Van Parijs/Vanderborght, 2017: 7)과 모욕적인 절차, 낙인효과, 복지사각지대의 창출 가능성 등을 들 수 있다. 나아가 4차 산업혁명으로 대변되는 기술의 진보와 함께 점증하는 실업과 비정규직은 조건부 최소소득 보장제도의 실효성에 대한 의문을 제기한다. 이 제도가 기본적으로 완전고용의 전제와 따라서 빈민이 예외적인 소수에 불과하다는 전제 아래 형성되었기 때문이다.

조건부 최소소득 보장제도의 이러한 한계를 극복하기 위해 오늘날 많은 사람들이 '무조건적 최소소득 보장제도', 특히 무조건적일 뿐만 아니라 보편적·개별적으로 주어지는 기본소득제도로의 전환을 요청한다(같은 책: 7 이하). 이때 기본소득은 보다 효과적인 빈곤퇴치와 경제적 안정성의 보장이라는 실용적인 목적을 위해 요청되는 것이다. 즉 이 경우 기본소득은 분배정의에 따라 요청되는 것이 아니라, '필요의 원리'를 보다 효과적으로 수행하기 위해 요청되는 정책이라고 할 수 있다. 기본소득을 요청하는 이 두 이유를 종합해 본다면, 분배정의에 따라 요청되는 기본소득이 빈곤퇴치와 경제적 안정성의 보장을 목표하는 '필요의 원리' 또한 가장 효과적으로 충족시키는 정책이기도 하다는 결론이 성립한다. 이때 특정 소득의 분배로서의 기본소득에 대한 궁극적 정당화 근거는 분배정의다. 이에 비해 기본소득이 필요의 원리를 조건부 최소소득 보장제도보다 더 잘 충족시킴으로써 빈곤퇴치와 경제적 안정성 부여에도 후자보다 더 잘 기여할 수 있다는 사실은 기본소득이 갖는 여러 효과의 하나라고 할 수 있다. 이러한 사실 및 이에 대한 광범한 동의는 물론 기본소득을 더 빨리 실현하기 위한 추동력을 제공할 것이다.

기본소득과 시민권/인권

라벤토스의 주장으로 예시되듯, 기본소득은 인권/시민권에 기초하여 요청되기도 한다. 피츠패트릭은 이러한 입장을 대변하는 대표적 학자의 한 사람이다. 그는 현대의 대표적인 사회보장제도, 곧 사회보험과 사회부조가 기반하는 급여의 배분(allocation) 원리를 각각 기여(desert)의 원리와 필요의 원리로 정식화한다(Fitzpatrick, 1999: 46). 동시에 그는 이 두 원리를 비판한다. 그에 따르면 사회보험은 '기여'로 인정되는 요건을 채우지 못하는 사람들에 대한 차별을 초래한다. 사회부조는 '필요'의 입증을 선별하는 과정을 통한 '배제'라는 부작용을 초래한다. 이어서 그는 대안으로 모든 시민에게 주어지는 기본소득을 제시한다. 이때 그는 이처럼 시민이기만 하면 주어진다는 의미에서 기본소득이 기반하는 급여의 배분원리를 '시민권'으로 정식화한다(같은 글). 그에 의하면 '시민권'은 적어도 2차 세계대전 이후에 제공된 모든 사회복지급여를 수령하기 위한 "자격(entitlement)의 기초"이기도 하다. 그렇지만 이때의 시민은 사실상 "남성 시민-노동자"로 제한되었다(같은 글).

현재까지 기본소득은 주로 '국가' 같은 구체적 영토로 규정되는 특정한 정치 공동체를 단위로 제안된다. 이런 측면에서 그 수혜자는 사실상 그 공동체의 성원으로 제한되고 있다. 이런 측면에서 해당 공동체의 성원임을 입증하는 '시민권'은 그 공동체에서 기본소득을 받기 위한 '자격'이라고 할 수 있다.

그렇다고 해서 이때의 '자격'이 기본소득의 취득 '근거'인 것은 아니다. 분배정의 관점에서 특정 정치 공동체의 시민이 그 공동체 내에서 기본소득을 받을 '자격'을 갖는다면, 이는 사실 그가 그 공동체의 '시민'으로서 분배정의 관점에서 기본소득을 받을 '근거'를 충족시키기 때문이다. 즉 그가 그 공동체의 '시민'으로서 물려받는 공유지에 대한 평등한 공유권을 가지며 또한 그 공동체의 공유지의 생산·재생산에 직·간접적으로 기여하기 때문이다. 판 빠레이스와 판더보, 스탠딩 등이 특정 공동체에서 기본소득을 받기 위한 자격을 시민권이 아니라 그 공동체의 정부에 세금을 낸다는 의미에서 "재정 거주권"(fiscal residence)(Van Parijs/Vanderborght, 2017: 8 이하)으로 보는 것도 유사한 맥락이라고 할 수 있다.[176] 즉 이들이 사실상 납세를 통해 정치 공동체의 공유지의 생산과

---

176 판 빠레이스와 판더보에 따르면, 따라서 관광객이나 여타 여행객, 불법 이민자, 외교관, 초국적 기구의 직원들 등은 현지에서 개인 소득세를 내야 할 의무가 없으므로 기본소득에서 제외된다. 감옥에서 수형생활을 하는 이들도 그들을 위한 부양비가 기본소득보다 더 많으므로 기본소득의 대상에서 제외된다(Van Parijs/Panderborght, 2017: 8 이하). 스탠딩 역시 재정거주권에 대한 인식을 같이 하는 것으로 보인다. 그에 따르면 거의 모든 기본소득 구상에서 해외 거주 시민은 배제되는 반면, 시민권이 없더라도 장기 합법 거주자는 포함된다. 다른 한편 그는 이민자가 기본소득을 받을 권리가 있는지, 있다면 그 자격이 무엇인지 등은 민주적인 방식으로 결정될 정치적인 문제라고 본다(Standing, 2017: 39).

재생산에 기여하는지 여부를 기본소득 수취의 핵심조건으로 제시한다고 볼 수 있다. 물론 지구기본소득의 경우 기본소득의 수혜 자격은 특정 정치 공동체의 재정 거주권이라는 의미에서의 시민권 차원이 아니라 지구의 모든 인류와 관련되는 '인권' 차원에서 논의되어야 할 것이다.

결국 '시민권' 또는 '인권'은 그 자체만으로는 기본소득에 대한 충분한 정당화 근거가 될 수 없다. 만약 특정 정치 공동체가 기본소득을 지급하기로 결정한다면, 그 공동체의 성원은 그 공동체의 성원 또는 시민이라는 이유만으로 기본소득을 지급받기 위한 충분한 자격을 갖게 된다. 그렇지만 그 재원이 분배정의 관점에서 정당화되지 않는다면, 시민권은 기본소득을 받을 수 있는 형식적인 '자격' 이상의 의미를 가질 수 없다. 즉 시민권은 기본소득의 정당한 재원이 생긴다면 기본소득을 받을 수 있다는 '자격'에 불과하게 된다. 따라서 정치 공동체가 시민들에게 기본소득을 지급해야 한다는 주장이 '시민권' 자체로부터 도출된다고 볼 수 없다. 결국 판 빠레이스와 판더보가 강조하듯이(Van Parijs/Vanderborght, 2017: 281 주18), 적어도 현존하는 다양한 시민권이나 인권 개념들 중에 "무조건적인 현금지급"이나 기본소득에 대한 권리가 필연적으로 도출되는 개념은 없다고 보는 것이 적절할 것이다(같은 글).

물론 이로부터 시민권이나 인권 개념이 발전하여 기본소득에 대한 권리까지 포함하게 될 가능성마저 부정되는 것은 아니다. 그러나 이 경우 시민권/인권 개념은 분배정의와 밀접하게 연계되어 전개될 수밖에 없을 것이다. 무엇보다 기본소득은 소득과 부의 분배며, 따라서 그 궁극적인 정당화는 분배정의 차원에서 이루어질 수 있기 때문이다.

부록 공유지 가치론 – 섀플리 가치의 응용

공유지로부터 나오는 수익을 배당하려면 생산에서 공유지의 기여를 양적으로 측정하고 배분할 수 있어야 한다. 이 부록에서는 협조 게임이론(cooperate game theory)의 섀플리 가치(the Shapley value) 개념을 활용하여 생산에서 공유지의 기여를 양적으로 측정할 수 있다는 것을 여러 가지 모델을 통하여 살펴보려고 한다.[177]

1) 섀플리 가치와 분배 정의

어떤 사람의 섀플리 가치는 모든 사람이 생산에 기여할 수 있는 모든 가능성(기회)을 균등하게 고려할 때, 그 사람의 평균 기여분(기여의 기대치)으로 정의된다. 섀플리는 이렇게 정의된 섀플리 가치대로 분배하면 다음과 같은 분배정의의 원칙이 충족된다는 것을 증명하였다.(Shapley, 1953)

> 1) 아무도 생산에 기여하지 않고 선물로 주어진 것은 모두에게 균등하게 분배한다.
>
> 2) 누군가의 기여에 의해서 생산된 것은, 모든 사람에게 생산에 기여할 수 있는 기회를 균등하게 부여한 상태에서, 생산에 전혀 기여하지 않은 사람에게는 아무것도 분배하지 않고, 똑같이 기여한 사람에게는 똑같이 분배하며, 더 많이 기여한 사람에게는 더 많이 분배한다.

---

[177] 섀플리(Lloyd Stowell Shapley)는 2012년 안정 배분(stable allocation), 시장 설계(market design) 등의 업적으로 노벨 경제학상을 받았다. 이 절의 게임이론적인 근거에 대해서는 강남훈(2015, 2016b)를 참조할 것.

섀플리 가치의 구체적인 계산 과정은 다음의 게임들을 통하여 설명할 것이다.

2) 게임 1. 만나 줍기

세 사람이 사는 마을에 하늘에서 만나(manna)가 떨어진다. 사람들은 단순하게 만나를 줍기만 하면 된다. 그러나 성서에서와 달리 이 마을에 떨어진 만나는 두 사람이 먹을 수 있을 정도로 희소한 양이다. 제일 마지막에 도착한 사람은 주을 만나가 없다.

　이 경우 위의 모델에서 희소한 만나를 어떻게 분배하는 것이 분배정의의 원칙에 부합할까? 다음과 같은 세 가지 방법을 생각해 보자.

　① 먼저 도착한 순서대로 자기 보수(payoff, 몫)를 가져가게 하는 방법. 규칙이 이렇게 정해지면 사람들은 만나를 향해서 달리기 경쟁을 할 것이다. 경쟁의 결과 두 사람은 만나를 먹게 되지만 달리기 실력이 떨어지는 한 사람은 굶게 된다. 이러한 결과는 위의 분배정의의 원칙에 어긋난다. 달리기는 만나의 생산에 아무런 기여를 하지 않기 때문이다. 달리기 대신 만나를 줍는 솜씨를 기준으로 하더라도 마찬가지이다. 잘 줍는다고 만나가 늘어나는 것은 아니다. 달리기나 줍는 솜씨같이 부의 생산과 관련 없는 기준들을 인정하면 결국은 "부모를 잘 만나는 것도 실력이다"는 주장까지도 인정할 수밖에 없게 된다. 결론적으로 희소한 만나 줍기 모델에서 경쟁 시장은 분배정의에 어긋나는 결과를 낳는다.
　② 만나를 공동소유(공유지, commons)로 간주하는 방법. 마을 사람들은 누구도 만나의 생산에 기여하지 않았다. 아무도 기여하지 않은 것은 공동소유로서 모두에게 균등하게 분배해야 한다. 세 사람은 각각 만나의 1/3씩을 가지면 된다. 이것은 분배정의와 일치한다.

③ 모두에게 만나를 주울 수 있는 실질적 기회를 균등하게 보장하는 방법. 두 사람분의 만나를 가지고 어떻게 세 사람에게 기회를 균등하게 보장할 수 있을까? 만나의 크기를 2라고 하고 세 사람을 A, B, C라고 하자. 두 사람만 주울 수 있으므로, 발생할 수 있는 모든 경우를 다 생각해 보면, A와 B만 줍는 경우, A와 C만 줍는 경우, B와 C가 줍는 경우의 세 가지가 있다. 섀플리는 기회를 균등하게 보장하려면 모든 경우가 발생할 확률을 동등하게 취급하면 된다고 생각하였다. A의 보수(몫)는 첫째 경우와 둘째 경우에는 1이고, 셋째 경우에는 0이다. 세 가지 경우의 발생 확률을 동일하게 1/3로 보면 A의 기대 보수는 2/3가 된다. 마찬가지 방법으로 B와 C의 기대 보수도 2/3이다. 세 사람 모두 동일한 보수 (2/3)를 얻게 된다.

이 과정은 〈표 1〉로 요약할 수 있다. 발생할 수 있는 모든 경우는 세 가지이다. 세 가지 경우에 각 사람의 보수의 합을 구하면 모두 2가 된다. 세 가지 경우가 발생할 확률을 동일하게 놓고 기대치를 구하면 세 사람 모두 2/3가 된다.

표 1 만나 줍기

줍는 사람	A의 보수	B의 보수	C의 보수
A와 B	1	1	0
A와 C	1	0	1
B와 C	0	1	1
보수의 합	2	2	2
기대보수 = 섀플리 가치	2/3	2/3	2/3

방법 ③이 바로 섀플리가 생각한 공정한 분배 방법이다. 방법 ③에 의해서 계산된 값(A의 보수 = 2/3, B의 보수 = 2/3, C의 보수 = 2/3)을 섀플리 가치(Shapley value)이다. 다음의 예들을 통해서 확인할 수 있지만, 섀플리 가치는 경제적으로 의미 있는 대부분의 경우에 그 값을 계산할 수 있다.

3) 게임 2. 만나 줍기 – 먼저 온 사람이 더 많이 줍는 경우

하늘에서 떨어진 만나를 먼저 도착한 사람은 1.5, 두 번째 도착한 사람은 0.5를 주울 수 있고, 세 번째 도착한 사람은 아무것도 주울 수 없다고 가정해 보자. 이 경우에도 달리기 노동이나 줍는 노동은 부의 생산에 기여하는 노동이 아니므로, 만나는 선물로 받은 공유부이다. 따라서 세 사람에게 2/3씩 분배되는 것이 정의로운 분배이다.

섀플리 가치를 계산해서 분배정의와 일치하는지를 확인해 보자. 이 경우는 도착하는 순서에 따라 줍는 양이 달라지므로 도착하는 순서를 고려해야 한다. A가 가장 먼저 도착해서 줍기 시작하고 다음으로 B가 도착하고 제일 나중에 C가 도착하는 경우를 (A, B, C)라고 표시하자. 발생할 수 있는 모든 경우는 (A, B, C), (A, C, B), (B, A, C).... 등 6가지가 된다. 6가지 경우에 세 사람의 보수를 표시하면 다음의 표와 같다.

표 2 먼저 온 사람이 더 많이 줍는 경우

순서	A의 보수	B의 보수	C의 보수
A, B, C	1.5	0.5	0
A, C, B	1.5	0	0.5
B, A, C	0.5	1.5	0
B, C, A	0	1.5	0.5
C, A, B	0.5	0	1.5
C, B, A	0	0.5	1.5
합	4	4	4
섀플리 가치	4/6	4/6	4/6

예를 들어 순서가 (B, C, A)인 경우, B가 가장 먼저 줍기 시작하므로 B의 보수는 1.5가 되고, 다음으로 줍기 시작한 C의 보수는 0.5가 되고, 마지막에 도착한 A의 보수는 0이 된다.

각 사람이 6가지 경우에 얻는 보수의 합은 4로 동일하다. 기대 보수 즉, 섀

플리 가치는 4/6(=2/3)로 동일하다. 섀플리 가치에 따른 분배는 정의로운 분배
와 일치한다.

4) 게임 3. 사유지와 노동

다음과 같은 상황을 가정해 보자. 토지는 한 사람 A에게 독점되어 있고, 노동자
는 B와 C 2명 있다. 토지는 토지와 1명의 노동자 하고서만 협력할 수 있다.(토지
위에서 1명의 노동자만 일할 수 있다) 1명의 노동자가 협력하면, 1의 가치가 생산된
다.[178] 즉, 토지와 노동자 1명이 결합되거나 토지와 노동자 2명이 결합될 때에
는 가치 1이 생산되고, 노동자 2명만 결합되거나 토지만 있을 때에는 가치가 0
이다.

먼저 경쟁 시장에서 생산된 가치 1이 어떻게 분배될 것인지 생각해 보자.
토지 소유자 A는 노동자 B와 계약하든 C와 계약하든 1의 가치가 생산되는 것
은 마찬가지이다. 처음에 토지 소유자 A가 노동자 B와 계약해서 가치를 (A = 0.5,
B = 0.5)로 나누어 가지기로 잠정적으로 합의했다고 해 보자. 다음으로 왕따 당
한 노동자 C는 토지 소유자 A에게 자신은 0.4만 가질테니 B 대신 자기와 계약
하자고 제안할 수 있다.(A = 0.6, C = 0.4) 그렇게 되면 이번에는 왕따 당한 노동자
B가 자기는 0.3만 가질테니 자기와 계약하자고 제안할 것이다.(A=0.7, B=0.3) 이
러한 과정이 반복되면 고용된 노동자의 몫은 0.2, 0.1, ..., 0.01, ... 이렇게 줄어
든다.

결국 고용된 노동자는 0을 겨우 넘는 보수를 얻게 되고, 토지소유자는 거
의 1에 육박하는보수를 얻게 된다. 거의 모든 가치를 토지소유자 A가 차지하게
된다.

---

178 여기서 가치라는 것은 부가가치에서 임금을 제외한 것으로 정의한다. 정치경제학적인 용어로
정확하게 말하면, 잉여가치이다.

이러한 경쟁시장의 결과는 매우 불공정하다. 토지소유자는 토지를 제공하는 것 이외에 생산에 아무런 기여를 하지 않음에도 불구하고 노동자와의 협력에 의해서 생산된 가치의 거의 전부를 차지한다. 이것은 우리의 분배정의 원칙에 어긋난다.

이 게임에서 섀플리 가치를 계산해 보자. 계산하는 과정은 〈표 3〉에 표시되어 있다. (A, B, C) 순서로 협력이 진행될 때를 살펴보자. A(토지)만으로는 아무런 가치가 생기지 않는다. A에 B(노동)가 추가되면 가치 1이 발생한다. B가 결합함으로써 가치 1이 생겼으므로 가치생산에 대한 B의 기여분은 1이다. 다음으로 C가 추가적으로 결합하더라도 가치가 늘어나지 않으니까 C의 기여는 0이다. (B, A, C) 순서로 협력이 진행되는 경우 하나만 더 설명해 보자. 노동자 B만으로 아무런 가치가 생산되지 않으므로, B의 기여분은 0이다. 여기에 A(토지)가 추가되면 가치 1이 생산되므로, A의 기여분은 1이다. 마지막으로 노동자 C가 추가되더라도 더 이상 가치가 추가되지 않으므로, C의 기여분이 0이다.

표 3 사유지와 노동

순서	A의 기여	B의 기여	C의 기여
A, B, C	0	1	0
A, C, B	0	0	1
B, A, C	1	0	0
B, C, A	1	0	0
C, A, B	1	0	0
C, B, A	1	0	0
합	4	1	1
섀플리 가치	4/6	1/6	1/6

6가지 순서에서 기여의 합계는, A는 4가 되고 B와 C는 1이 된다. 각 사람의 기여의 기대치는 각 사람의 기여의 합을 경우의 수로 나누면 되므로 각각 4/6, 1/6, 1/6이 된다. 이것이 섀플리 가치이다. 경쟁 시장에서는 토지소유자의

몫이 1이었는데, 섀플리 가치는 4/6로 줄어든다. 노동자의 보수는 경쟁 시장에서는 0이었는데 1/6로 늘어난다. 부록의 처음에 설명한 바와 같이, 섀플리 가치는 분배정의 원칙과 일치한다는 것이 증명되어 있으므로, 이것(A = 4/6, B=1/6, C= 1/6)이 정의로운 분배이다.

이 게임에서는 경쟁 시장의 분배는 분배정의에 어긋난다. 섀플리 가치는 경쟁 시장에서 달성되지 않는다. 분배정의를 달성하기 위해서는 경쟁 시장에 대한 개입이 필요하다.

5) 게임 4. 사유지와 노동조합

게임 3에서 살펴보았듯이, 자유방임 경쟁 시장에서는 협업에 의해서 생산된 가치가 노동자에게 분배되지 않는다. 그러나 노동조합이 합법화되어 노동자 B와 C가 노동조합을 만들 수 있게 되면 상황이 달라진다.

노동자 B와 C가 노동조합을 만들어서 단체교섭을 하면 협상력이 생긴다. 협상이 결렬되었을 때의 보수를 협상 결렬 보수라고 부르자. 협상 결렬 보수는 현재 사람과 협상이 결렬되었을 때 다른 사람과 협력해서 만들어낼 수 있는 보수이다. 협상 결렬 보수가 클수록 현재 사람과의 협상에서 힘이 커진다. 다른 대안이 있기 때문이다. 예를 들어, 기본소득은 노동자의 협상 결렬 보수를 증가시킨다.(기본소득만큼 증가한다) 그래서 노동자에게 더 큰 협상력을 제공한다.

이 게임에서 노동자의 협상 결렬 보수는 0이다. 토지가 없으면 아무것도 생산할 수 없다. 토지 소유자의 협상 결렬 보수를 생각해 보자. 토지 소유자는 노동조합이 없을 때에는 어느 한 노동자와 협상이 결렬되더라도 다른 노동자와 협력하여 1의 보수를 만들 수 있다.(게임 3) 그래서 토지 소유자의 협상 결렬 보수는 1이다. 그러나 노동조합이 결성되면 노동조합과 협상이 결렬되면 어떤 노동자와도 협력할 수 없으므로 협상 결렬 보수가 0이 된다. 이같이 노동조합의 결성은 토지 소유자의 협상 결렬 보수를 낮추어서 상대적 협상력을 떨어뜨린다. 노동조합이 없을 때에는 토지소유자가 추가된 가치의 전부를 가질 수 있었지만, 이제는 노동조합에 가치의 일부를 양보하지 않을 수 없다. 만약 토지소유자와 노동조합의 협상력이 동등하다면 가치를 반반씩(1/2) 나누어 갖게 될 것이다.

노동조합을 만들었을 때 섀플리 가치를 계산해 보자. 노동조합을 U(union)라고 하면 결합되는 순서는 (A, U), (U, A) 두 가지뿐이다. 두 가지 순서에서 A와 U의 생산에 대한 기여는 〈표 4〉와 같다. 순서 (A, U)에서는 토지소유자 A만으로는 어떤 가치도 만들지 못한다. 노동조합이 결합되면 1의 가치가 생산된다. 순서 (U, A)에서는 토지소유자가 결합되어야 1의 가치를 생산할 수 있으므로 A의 기여는 1이다.

섀플리 가치를 계산하면 (토지소유자 = 0.5, 노동조합 = 0.5) 가 된다. 생산된 가치 1을 토지 소유자와 노동조합이 반반씩 나누어 가지는 것이 정의로운 분배이다.

표 4 **사유지와 노동조합**

순서	A의 기여	U의 기여
A, U	0	1
U, A	1	0
합	1	1
섀플리 가치	0.5	0.5

이 모델에서 두 가지 유의할 점이 있다. 첫째, 노동조합은 취업자만의 노동조합이면 안 되고 실업자를 포함하여 전체 노동자를 포괄하는 노동조합이 되어야 한다. 노동자들 사이에 바닥을 향한 경쟁이 있어서는 안 되기 때문이다. 현실의 노동자들이 정규직, 비정규직, 실업자, 영세자영업자, 특수고용직 노동자 등으로 구분되어 있다면 이들 모두가 하나의 노동조합으로 포괄되어야 한다.

둘째, 노동조합 내에서 노동조합이 추가로 획득한 보수 0.5를 정의롭게 분배하는 문제를 해결해야 한다. 노동자들 사이에 숙련에 차이가 없다면 추가로 획득한 보수 0.5를 균등하게 나누면 될 것이다. 노동자 1명의 보수는 0.25가 된다. 만약 숙련의 차이가 있다면, 차등적으로 분배해야 한다. 이 경우에는 노동조합 내에서 다시 한번 섀플리 가치를 계산하면 된다. 이 과정에 대한 설명은 생략한다.

6) 게임 5. 공유지와 노동 – 수확 체감

토지가 노동자 B와 C의 공동소유인 경우를 분석해 보자. 앞의 게임에서 나왔던 토지소유자 A는 이 게임에서는 존재하지 않는다. 토지에 어느 한 명의 노동자가 추가되면 2의 가치가 생산되고, 두 번째 노동자가 추가되면 1의 가치가 추가적으로 생산된다(즉, 2명의 노동자가 생산한 가치의 합계는 3이 된다)고 가정한다. 이런 특징을 수확 체감이라고 부른다.

공유지를 누구나 무상으로 이용할 수 있는 경쟁 시장을 생각해 보자. 노동자들은 달리기 경쟁을 해서 먼저 토지에 도착한 사람이 토지를 이용해서 가치 2를 생산해서 가지고, 나중에 도착한 사람은 가치 1을 생산해서 가질 것이다. 달리기 실력이 부의 생산에 기여하는 것이 아니므로 이러한 결과는 분배정의에 어긋난다.

공유지라고 저절로 분배정의가 실현되는 것은 아니다. 일부의 사람이 공유지에서 발생하는 수익을 독점할 수 있도록 방치하면 경쟁 시장은 불공정한 결과를 낳을 수 있다.

공정한 분배를 위하여 섀플리 가치를 계산해 보자. 이 과정은 〈표 5〉에 나와 있다. 토지 L(land)은 누구나 무상으로 이용 가능하므로 미리 존재하는 것으로 간주한다.[179] 미리 존재하는 토지에 B가 먼저 도착하면 B는 2의 가치를 추가

---

[179] 사유지의 경우에는 토지 소유자가 있으므로 A라고 표현하였고, 공유지의 경우에는 토지 소유

하고 나중에 도착한 C는 1의 가치를 추가한다. 반대의 경우는 반대이다. 섀플리 가치는 B가 먼저 도착하는 경우와 C가 먼저 도착하는 경우를 동일한 확률로 계산해야 한다. 두 사람의 섀플리 가치는 동일하게 1.5가 된다. 토지에서 생산된 가치 3을 두 노동자가 균등하게 나누어 가지면 공정한 분배가 된다.

표 5 공유지와 노동 – 수확체감

순서	B의 기여	C의 기여
L, B, C	2	1
L, C, B	1	2
합	3	3
섀플리 가치	1.5	1.5

이와 같은 정의로운 분배를 달성하는 하나의 방법은 공유지를 공적 기구가 관리하여 유상으로 임대하고, 공적 기구는 공유지 수입을 모든 노동자에게 기본소득으로 분배하는 것이다. 공유지의 임대료는 먼저 도착한 사람에게만 1을 받으면 된다. 공적 기구가 임대료 1을 걷어서 2명의 노동자들에게 기본소득으로 0.5씩 나누어 준다.

섀플리 가치에 따른 노동자의 정의로운 보수는 공유지인 경우가 사유지인 경우보다 높아진다. 노동자의 섀플리 가치는 사유지인 게임 3에서는 전체 가치의 1/6이었고, 사유지에 노동조합을 결합한 게임 4에서는 전체 가치의 1/4(=0.25)이었는데, 공유지인 게임 5의 경우에는 전체 가치의 1/2이 된다.

수확 체감은 토지를 물리적 또는 기술적인 이유로 분할할 수 없기 때문에 발생하는 현상이다. 만약 토지를 물리적으로 나눌 수 있고, 나누어진 토지 각각이 1명의 노동자와 결합해서 가치 2를 생산할 수 있다고 하면, 수확 불변이 된다.(이 경우는 게임 6에서 분석할 것이다.) 수확 체감의 특성을 갖는 공유지를 사유지

자가 없으므로 구분하기 위하여 L이라고 표현하였다.

로 만들면 게임 3이 된다. 즉, 토지를 모든 사람에게 균등하게 나누어줄 수 없다.[180] 게임 3에서 설명한 바와 같이, 이 경우 시장에서 공정한 분배가 달성되지 않는다.

7) 게임 6. 공유지와 노동 – 수확 불변

토지는 노동자 B와 C의 공동소유인 경우를 분석해 보자. 토지와 1명의 노동자와 결합되면 2의 가치가 생산되고 2명의 노동자와 결합되면 4의 가치가 생산된다. 첫 번째나 두 번째 노동자 모두 동일한 가치를 추가하므로 수확 불변이 된다.

　먼저 공유지를 누구나 무상으로 이용할 수 있는 경우를 생각해 보자. 경쟁 시장에서 노동자들은 경쟁할 필요가 없다. 먼저 도착한 사람이나 나중에 도착한 사람이나 2의 보수를 얻는다. 이 결과는 분배정의에 어긋나지 않는다.

　섀플리 가치를 계산하는 과정은 〈표 6〉에 나와 있다. 토지는 누구나 무상으로 이용 가능하므로 미리 존재하는 것으로 간주한다. 미리 존재하는 토지에 B가 먼저 도착하면 B는 2의 가치를 추가하고 나중에 도착한 C도 2의 가치를 추가한다. 반대의 경우도 동일하다. 두 사람의 섀플리 가치는 동일하게 2가 된다. 토지로 인해서 발생된 가치 4는 두 노동자가 균등하게 나누어 가지게 된다.

표 6 공유지와 노동 – 수확 불변

순서	A의 기여	B의 기여
L, B, C	2	2
L, C, B	2	2
합	4	4
섀플리 가치	2	2

180　설령 나누어 줄 수 있는 경우라도 비옥도(생산성)가 달라진다.

정의로운 분배를 달성하는 다른 하나의 방법은 공유지를 공적 기구가 관리하여 유상으로 임대하고, 공유지 수입을 모든 노동자에게 기본소득으로 분배하는 것이다. 공유지의 사용료는 2 이하의 금액을 받으면 된다. 두 명의 노동자는 스스로 획득한 소득과 기본소득을 합해서 동일한 2의 보수를 얻는다.

수확 불변의 경우에는 공유지를 반으로 나누어 노동자에게 균등하게 분양을 해도 마찬가지 결과가 된다. 이렇게 공유지를 균등하게 소유하는 사회를 재산 소유 민주주의라고 불러보자. 공유지가 수확 불변의 특성을 가지는 경우 재산 소유 민주주의는 토지를 공유하고 기본소득을 분배하는 경우와 동일한 결과가 나온다. 기본소득(basic income)과 기본재산(basic capital, basic endowment)이 같은 결과를 낳는 경우이다.[181]

요약하면, 수확 불변의 경우에는 공유지를 무상으로 이용하게 하거나, 재산 소유 민주주의를 만들거나, 공유지에 적절한 임대료를 받아서 기본소득으로 분배하거나 동일한 결과가 나온다.

8) 게임 7. 공유지와 노동 – 수확 체증

토지는 노동자 B와 C의 공동소유이다. 이 게임에서는 첫 번째 노동자는 1의 가치를 추가하고 두번째 노동자는 2의 가치를 추가한다(2명의 노동자가 함께 생산한 총 가치는 3이다)고 가정한다. 이런 경우를 수확 체증이라고 부른다.

먼저 공유지를 누구나 무상으로 이용할 수 있는 경쟁 시장이 제대로 작동할지는 불확실하다. 나중에 도착한 사람이 더 많은 보수를 얻는다. 아무도 먼저 경작하려고 하지 않으면 경작이 상당히 지체될 수도 있다. 현실적으로 이러한

---

181 물론 재산 소유 민주주의에서 토지를 자유롭게 매매하도록 허용하면 얼마안가 부자가 더 많은 토지를 소유하는 불평등한 사회로 전환될 위험이 있다.

시장에서는 1명의 노동자가 기업을 만들어서 다른 한 명을 고용하고 공유지 전체를 독점적으로 경작하게 될 가능성이 높다. 이렇게 되면 고용된 사람은 다른 곳에서 얻을 수 있는 보수 정도를 얻게 되고 기업을 만든 사람은 보수 4를 얻게 된다. 이것은 분배정의에 어긋난다.

이 게임에서 섀플리 가치를 계산하는 과정은 〈표 7〉에 나와 있다. 토지 L은 누구나 무상으로 이용 가능하므로 미리 존재하는 것으로 간주한다. (L, B, C) … 미리 존재하는 토지에 먼저 도착한 B는 1의 가치를 추가하고 나중에 도착한 C는 2의 가치를 추가한다. 반대의 경우에는 반대이다. 섀플리 가치는 B가 먼저 도착하는 경우와 C가 먼저 도착하는 경우를 동일한 확률로 계산해야 한다. 두 사람의 섀플리 가치는 동일하게 1.5가 된다. 토지로 인해서 발생된 가치 3을 두 노동자가 균등하게 나누어 가지는 것이 정의로운 분배이다.

표 7 공유지와 노동 – 수확 체증

순서	B의 기여	C의 기여
L, B, C	1	2
L, C, B	2	1
합	3	3
섀플리 가치	1.5	1.5

정의로운 분배를 달성하는 하나의 방법은 공유지를 공적 기구가 유상으로 임대해서 기본소득으로 분배하는 것이다. 임대료는 나중에 경작하는 사람에게는 1의 임대료를 받으면 된다.

공유지를 반으로 나누어 2명의 노동자에게 균등하게 분배하는 재산 소유 민주주의는 열등한 결과를 낳게 된다. 각 노동자의 보수가 1로 줄어들기 때문이다. 수확 체증의 경우에는 기본소득이 기본자산보다 효율적인 제도가 된다.

9) 맺음말

지금까지 우리는 공유지에서 생산된 가치를 다양한 게임 상황에서 정의롭게 분배하는 방법을 살펴보았다.

　재산 소유 민주주의 또는 공유지를 무상으로 사용하게 하는 것은 수확 불변의 상황에서만 정의롭고 효율적인 분배를 낳을 수 있다. 수확 체감은 물리적인 이유 또는 기술적인 이유로 비옥도가 동등한 토지가 부족해서 발생하는 현상이다. 그러므로 수확 체감 상황에서는 토지를 모든 사람에게 정의롭게 나눌 방법이 없다. 수확 체감 상황에서 재산 소유 민주주의는 비옥한 토지를 소유한 사람과 그렇지 못한 사람(비옥도가 떨어지는 토지를 소유한 사람 또는 토지를 전혀 소유하지 못한 사람)이 생길 수밖에 없으므로, 정의롭지 못한 결과를 낳는다.

　수확 체증 상황에서 재산 소유 민주주의는 비효율적이거나(함께 생산하면 더 많은 생산을 할 수 있는데 따로따로 생산하니 더 적은 가치가 생산된다), 소수가 토지를 독점(한 사람이 다른 사람의 토지를 구매해서 규모를 키워서 생산하면 생산이 증가한다)하는 정의롭지 못한 결과를 낳는다.

　공유지에 임대료를 받아서 기본소득으로 분배하는 방법은 어떤 상황에서도 정의롭고 효율적인 분배를 낳을 수 있다. 공유지가 부족해서 모든 사람이 이용할 수 없는 경우에는 2단계로 공정한 분배 결과를 만들 수 있다. 1단계로 공유지를 공적 기구가 소유한 사유지로 생각하고 공적 기구에 대해서 공정한 보수를 지급한다.(게임 3을 참조) 2단계로 공적 기구가 얻은 공정한 보수를 모든 국민들에게 균등하게 분배한다. 공유지에 임대료를 책정할 때에는 임대인 사이에 보수의 격차가 발생하지 않도록 만드는 것이 중요하다. 정의로운 분배를 달성하기 위해서는 차액지대의 사유화 현상을 막아야 한다.

　사유지의 경우에도 사유지 수입(지대)에 과세를 해서 기본소득으로 나누면 섀플리 가치에 따른 정의로운 분배를 달성할 수 있다. 게임 3의 경우 사유지 소유자가 가치의 전부를 차지하므로 가치에 대하여 50%의 세율로 과세해서 3/6

의 조세를 걷고, 이것을 토지 소유자와 노동자 두 명에게 기본소득으로 1/6씩 나누면 섀플리 가치와 동일한 결과를 만들 수 있다. 세율을 더 높이면 다른 게임 상황에서 공정한 분배와 동일한 결과를 만들 수 있다. 예를 들어 75%로 과세해서 3/4의 조세 수입을 확보하고, 이것을 3명에게 1/4씩 기본소득으로 나누면 노동조합이 결성되었을 때의 결과(게임 4)와 동일해진다.

공유지와 사유지를 포함하여 우리가 고찰한 모든 경우에 기본소득은 섀플리 가치에 따른 분배, 즉 정의로운 분배를 만들기 위한 수단이 될 수 있다.

. . . . .

제6장
기본소득의 실현과 공유화(commoning) 과정

1. 기본소득의 도입과 이중적 공유화

지금까지 기본소득이 분배정의로서 요청됨을 보였다. 이 마지막 장에서는 기본
소득을 어떻게 실현할 수 있는가에 대해 연구하고자 한다.

분배정의 관점에서 기본소득은 공유지 또는 공유자산 수익의 배당이다.
이 정의(definition)는 기본소득 실현의 조건이 분배정의에 따른 공유지의 관리
임을 보여준다. 그런데 오늘날 그 사용과 수익 및 처분이 공동체 성원 모두에게
공유되는 공유지, 즉 실질적인 공유지는 거의 없다. 많은 공유지가 인클로저(en-
closure)되어 사적으로 소유·통제되는 자원, 거래 가능한 상품이 되었기 때문이
다.[182] 또한 용적률 제고에 따른 '하늘'이나 4차 산업혁명과 함께 창출되는 '인터
넷 플랫폼'이나 '데이터'처럼, 사회 및 과학기술의 발전과 함께 점점 더 많이 생

---

182   공유지를 사적으로 소유·통제하는 자원으로 바꾸어 거래가능한 상품화하는 것으로서의 '인
        클로저' 개념은 볼리어를 따른 것이다(Bollier, 2014: 69).

겨나는 공유지 또한 인클로저 되고 있기 때문이다.

소비자 운동가 랄프 네이더에 따르면 인류가 공유지로 공동으로 소유하는 부가 개인과 기업이 각자 독자적으로 소유하는 부를 합친 것보다 훨씬 더 가치가 있다. 기업들은 이를 알고 공중 전파, 공공 토지, 유전자, 수천억 달러의 세금으로 진행된 공공 연구 결과로 얻어진 지식 등을 상업화하거나 장악해 왔다는 것이다(Bollier, 2014: 6에서 재인용). 실제로 콘스탄자(Constanza)의 계산에 따르면 2007년을 기준으로 미국의 공유부 총액은 사유재산 총액인 54조 달러를 넘어선다. 공유부의 경제에 대한 기여는 잘 관리되지 않아 쉽게 사유화된다는 것이다(곽노완, 2016: 172 이하). 이러한 공유지의 사유화는 1980년대부터 규제완화와 민영화 등으로 대변되는 신자유주의 정책에 의해 더욱 체계적으로 진행되었다. 피케티가 보여주듯이, 1980년대 이후 자본주의 사회에서의 불평등은 19세기 이전의 자본주의 사회에서처럼 심화되어 가고 있다(Piketty, 2014: 39). 공유지의 사유화는 이러한 불평등 심화의 주된 요인의 하나라고 할 수 있다.

이러한 정황은 기본소득의 실현을 위해 이중적 공유화라는 과제, 곧 사유화된 기존 공유지의 재공유화와 새로 생산되는 공유지의 공유화라는 과제를 제출한다. '공유화'는 학자에 따라 다양하게 정의된다. 예를 들어 볼리어는 지역주민들에 의한 소규모 공유자원의 관리에 대한 오스트롬의 연구에 연계하여, 공유화를 "모든 사람의 이익을 위해 자원을 관리하는 사회적 관습에 참여하기로 공동체가 결정하는 것"(Bollier, 2014: 45)으로 정의한다. 이에 걸맞게 그는 이러한 지역적 소규모 공유지의 공유화 형태가 공유지의 특성과 해당 지역주민들의 사회적 관습과 문화적 규범에 따라 다양하다고 본다(같은 책: 255). 이때 그는 농촌 마을의 저수지나 관개수로처럼 실질적으로 소규모 공동체 성원들이 사용·향유하는 공유지의 관리와 처분에 대한 권리를, 해당 공동체 성원들에게 부여하고자 한다. 이는 합리적이고 분배정의 관점에서도 설득력이 있다고 보인다. 이 소규모 공유지가 역시 소규모인 사용자들에 의해 공동으로 관리되기 때문이다. 또한 저수지나 관개수로 같은 공유지의 관리에 따른 소득 증가분은 해당 공동체 성원들의 기여소득이기 때문이다.

물론 공유지는 이러한 소규모 지역적 공유지에 국한되지 않는다. 특정 토지나 토지에 귀속되는 천연자원처럼 보다 광범한 지역 또는 국가의 성원들 모두에게 속한다고 보는 것이 적절한 공유지가 있다. 과학기술이나 문화유산처럼 인류 전체 또는 특정 지역 성원 모두가 공동으로 물려받는 공유지가 있다. 또 '데이터'나 인터넷 플랫폼처럼 모두가 생산·재생산했기 때문에 모두에게 속하는 공유지가 있다. 이들은 다시 다음과 같은 두 유형으로 나눌 수 있다.

첫 번째는 도시의 공공 공간이나 고속도로 같은 기반시설처럼 공유지의 사용 자체가 향유 또는 혜택인 공유지다. 이러한 공유지는 모두가 잘 사용·향유하도록 민주주의에 기초하여 잘 관리하여야 할 것이다.

두 번째는 천연자원이나 '데이터'처럼 그것을 사용하여 부가 창출되는 공유지다. 이러한 유형의 공유지를 모두가 '공유'하기 위해서는 특히 다음의 두 과제가 해결될 필요가 있다. 첫 번째는 이 공유지를 어떻게 관리할 것인가라는 과제다. 두 번째는 공유지의 부를 어떻게 공유할 수 있는가라는 과제다. 앞 장에서 논의하였듯이, 두 번째 과제는 공유지 배당을 통해 해결될 수 있다. 또한 첫 번째 과제의 해결을 위해서는 무엇보다 현실정치에 대해 중립적·독립적이며 원칙상 민주적으로 관리되는 공유부 또는 공유자산 기금을 창설할 필요가 있다. 그리고 이 기금에서 기본소득과 관련된 업무를 전담할 필요가 있다. 그러나 공유지 관리와 공유지를 대상으로 하는 사업자체는, 미드가 시사하듯이, 정부든 사적 기업이든 가장 효율적으로 관리·경영할 수 있는 주체에게 위임하는 것이 바람직할 것이다. 이때 공유부 기금이 이 관리주체의 업무에 대해 감시·견제하는 기능을 하는 것도 바람직할 것이다.[183]

---

183 이에 대한 상세한 고찰을 위해서는 권정임/강남훈, 2018: 224 이하를 참조하라. 다른 한편 볼리어는 비교적 규모가 커서 국민 전체에게 속하는 공유지의 공유화를 위해서는, 그 공유지를 국가에 신탁하여 관리하게 하면서 그 공유지 소득을 기본소득으로 지급할 것을 제안한다 (Bollier, 2011: 32, 2015: 2017). 이런 측면에서 이 저서의 입장과 유사하다. 그렇지만 그는

이처럼 공유부를 기본소득을 통해 공유할 수 있다는 사실은 공유지의 공유화와 관련하여 현실적으로 가장 큰 난관이라고 할 수 있는 문제, 즉 오늘날 많은 공유지가 실정법상 사유화되어 있다는 데서 오는 난관을 해결할 수 있게 한다. 이들에게서 공유지의 독점적 사용에 대한 수수료, 곧 지대를 수수하여 이를 기본소득으로 나누어 줄 때, 공유부의 공유가 가능해지기 때문이다. 또한 이때 실정법적으로는 사유지인 이 원칙적인 공유지가 공유화 내지 재공유화되었다고 말할 수 있을 것이다.

미드(Meade, 1995: 62)나 판 빠레이스(Van Parijs/Vanderborght, 2017: 149)가 말했듯이, 대공황의 갑작스런 발생 같은 혁명적 상황이 아닌 한 이러한 공유화 과정은 점진적으로 진행되는 것이 바람직할 것이다. 그렇지 않으면 사회경제 전체에 대해 엄청난 충격과 혼란을 초래할 수 있기 때문이다.

그런데 공유지의 이러한 이중적 공유화 및 이에 기초한 기본소득의 도입을 주장하기에 앞서, 기본소득의 설계를 위해 고려해야 할 중요한 두 문제가 있다. 하나는 현존하는 복지제도와의 관계 문제다. 나머지 하나는 기본소득, 나아가 기본소득이 지급되는 경제의 지속가능성과 관련되는 문제다. 첫 번째 문제부터 고찰해 보자.

2. 기본소득과 사회보장제도

현재 대부분의 복지국가는 빈곤, 노령, 질병, 실업 같은 위험으로부터 국민을 보

───────────

이때 국민 전체에 속하며 기본소득에 연계되어야 할 공유지의 유형을 세분하고 있지 않다. 또한 그는 공유지 관리기구의 정치적 중립성과 독립성 문제, 경영과 기본소득의 관리를 분리하는 것의 중요성에 대해서도 간과한다.

호하기 위해 크게 두 유형의 사회보장제도를 실시하고 있다. 즉 한편에서는 피고용자와 고용자 또는 정부가 비용을 분담하는 사회보험제도를, 다른 한편에서는 소득이 충분하지 못한 가정을 대상으로 '필요의 원리'에 따라 설계된 조건부 최소소득 보장제도를 실시하고 있다. 후자는 일반세금을 재원으로 제공되며, 현금과 현물 및 사회서비스 형태로 제공되는 사회부조로 구체화된다.

그런데 분배정의에 따라 기본소득이 지급되면, 사회보장제도를 통해 예방하고자 하는 '위험'의 많은 부분이 선방되는 효과가 발생한다. 또한 사회보장제도를 통해 충족시키고자 하는 '필요'의 많은 부분이 충족되는 효과가 발생한다. 이런 측면에서 기본소득과 기존의 사회보장제도는 통폐합될 필요가 있다.

이러한 통폐합에서 우선순위는 기본소득에 놓아야 한다. 즉 기본소득의 지급을 전제로 기존의 사회보장제도가 기본소득을 보완하도록 조정되어야 한다. 무엇보다 기본소득이 분배정의로서 요청되기 때문이다. OECD 국가의 현재의 경제적 수준에서 분배정의에 따라 기본소득이 충분히 지급된다면, 연금보험이나 고용보험 같은 사회보험이나 '필요의 원리'에 따른 사회부조는 대부분 불필요해진다. 이런 측면에서 필요의 원리만이 아니라 보험의 원리 또한 넓은 의미에서는 분배 부정의를 교정하기 위한 '시정적 정의'를 실현하기 위한 제도의 하나로 분류할 수 있다.

그런데 앞에서 논의했듯이, 기본소득은 점진적인 공유화 과정에 따라 점진적으로 실현되는 것이 바람직하다. 이는 기본소득의 양이 특히 기본소득이 도입되는 초창기에 현재의 사회보장제도가 최저생활의 보장을 위해 지급하는 '최소소득' 보다 적을 가능성이 있음을 의미한다. 따라서 기본소득이 도입되는 초창기에는 기본소득의 부족함을 기존의 사회보장제도를 통해 보완해야 할 것이다(Van Parijs/Vanderborght, 2017: 215).

공유화가 진행되어 기본소득이 많아질수록, 기본소득은 사회보험과 사회부조를 대체해 갈 것이다. 기본소득이 현존하는 현금 형태의 사회부조, 곧 사회수당보다 많아진다면 후자는 해체되는 것이 합리적일 것이다. 사회보험의 경우,

스탠딩이 시사하듯이, 기본소득이 최저생활을 보장할 정도로 충분히 지급되더라도 우연적인 위험에 대비하는 사회보험과 개인의 의지에 따라 가입하는 사적 보험이 여전히 필요할 수도 있다(Standing, 2017: 335 이하).[184]

그런데 공유화의 진행에 따른 기본소득의 증대와 함께 교육·보육·돌봄·의료 등의 사회서비스는 더욱 강화될 필요가 있다. 기본소득과 관련하여 교육·보육·돌봄·의료 등의 서비스를 강화하는 방법은 두 가지다. 첫 번째는 양질의 서비스를 구매할 수 있도록 현금으로 지급되는 기본소득의 액수를 증대시키는 것이다. 이는 이들 서비스의 공급을 사실상 시장에 맡기는 것이다. 이처럼 이들 서비스를 더 이상 사회나 국가가 제공하지 않는다는 측면에서, 이는 사회서비스의 폐지라고도 할 수 있다. 두 번째는 이러한 유형의 서비스를 이전처럼 국가가 제공하면서 강화하는 것이다.

그런데 교육·보육·돌봄·의료 등과 같은 서비스는 사적 기관이나 시장이 아니라 국가 같은 공적 기관이 제공하는 것이 바람직하다. 이 경우 무엇보다 사적 기관의 '이윤'이 아니라 양질의 서비스 공급 자체가 목적이 되므로, 더 좋은 서비스가 제공될 수 있기 때문이다. 따라서 이러한 유형의 서비스를 강화하기 위해서는 두 번째 방식, 곧 공적 기관이 제공하는 사회서비스를 강화하는 방식이 바람직하다.

이처럼 두 번째 방식을 채택하는 경우, 그 재원이 공유지 또는 공유자산의 수익이라면, 이는 현물기본소득이 지급되는 것이라고 할 수 있다. 결국 기본소득이 도입·실현될 경우, 기존 사회보장제도 중에서 사회서비스는 현물기본소득으로 통합되어 더 강화되어 가야 한다.[185]

---

184 우리나라에서 기본소득과 사회보장제도를 통폐합하려는 기획에 대해서는 김교성 외, 2018 참조

185 1995년 『모두를 위한 기본소득』(*Basic Income for All*)에서 판 빠레이스는 '현물기본소득'이라는 범주를 사용한다. 이후 2016년 BIEN 대회에서 기본소득이 기존의 사회서비스를 해체하려는 시도라는 오해를 불러일으킬 수 있다는 이유로 '기본소득'을 아예 '현금기본소득'만으로

3. 기본소득과 경제적 지속가능성

5장 6절에서 살펴보았듯이 정치 공동체의 분배정의 원칙은 지속가능성 원칙에 의해 규제된다. 자원/소득의 정의로운 분배와 관련하여서는 특히 생태적 지속가능성과 경제적 지속가능성이 중요하다. 생태적 지속가능성에 의해 분배정의가 어떻게 규제되는지에 대해서는 이미 살펴보았다. 따라서 이 절에서는 경제적 지속가능성에 의해 분배정의가 어떻게 규제되는지에 대해 살펴보고자 한다. 특히 분배정의의 실현 과정으로서 공유지의 재공유화/공유화 과정이 경제적 지속가능성에 의해 어떻게 규제되는지에 대해 살펴보고자 한다. 이 과정에 기초한 기본소득의 지급이 노동유인의 감소 및 그에 따른 경제의 효율성과 생산성 저하를 초래하리라는 우려가 있기 때문이다. 그 결과 기본소득과 기본소득이

한정하자는 의견이 수용된다. 이럴 경우 기본소득은 사회서비스와 무관해지므로, 사회서비스를 대체하려 한다는 오해가 생겨나지 않게 된다는 것이다. 이에 따라 판 빠레이스는 2017년의 『기본소득』(*Basic Income*)에서 '현물기본소득'이라는 범주를 사용하지 않는다. 그렇지만 이전에 '현물기본소득'이라는 범주로 옹호했던 사회서비스들에 대해 공적으로 공급되어야 할 "현물 서비스"라고 부르면서, (현금)기본소득과 현물서비스의 양립을 강조한다(Van Parijs/Vanderborght, 2017: 13). 이러한 정황은 사실상 그가 '현물기본소득'을 여전히 지지한다는 것으로 해석된다.

이 저서에서는 공유부를 재원으로 보편적·무조건적 제공되며 개별적으로 향유되는 서비스와 재화는 '현물기본소득'으로 분류하는 것이 마땅하다고 본다. 현물 또는 현금이라는 형태와 무관하게 그 재원이 공유부이며 보편적·무조건적·개별적으로 향유되게 주어진다면, 이는 기본소득이라는 것이다. 이러한 입장은 현금기본소득의 지급과 함께 기존의 사회서비스를 해체하려는 것이 아니다. 사회서비스를 현물기본소득이라는 업그레이드된 형태로 오히려 강화하고자 하는 것이다. 이에 따르면 기본적인 교육과 보육, 돌봄, 의료서비스 등만이 아니라 생태개선에 따른 청정한 공기 등도 현물기본소득이다.

BIEN의 의견은 기본적으로 권유, 그것도 당시 상황이 반영된 권유일 뿐이다. BIEN은 전 세계의 기본소득 지지자들이 만나 협동하는 지구적 차원의 '플랫폼'이지 세계기본소득운동을 지휘·통제하며 위계적인 '중앙'이 아니다.

주어지는 사회 또한 경제적으로 지속불가능해지리라는 우려가 있기 때문이다. 이 문제에 대해 보다 상세하게 고찰해 보자.

실질절 자유와 실질적 평등을 추구하는 정치 공동체에서는 기본소득만이 아니라 개인의 순수한 노력에 따른 개별소득, 곧 기여에 따른 개별소득 역시 분배정의로서 요청된다. 이때 기본소득은 개인의 기여소득 수취 여부와 무관하게 모두에게 무조건적으로 주어진다. 따라서 기본소득을 지급할 때 초래될 수 있는 노동동기 감소효과는 소득이 특정 수준 이하인 가구에만 복지수당이 지급되는 선별적 복지에 비해 상대적으로 적다. 다른 한편 기본소득의 지급은 생계를 위해 원하지 않는 생업에 종사하게 하는 '강제'를 약화한다.[186] 이는 노동동기와 관련하여 다음의 두 가지 효과를 유발함으로써 효율성과 생산성을 상승시킬 수 있다.

첫째는 사람들이 대체로 원하는 일, 곧 원하는 생업노동이나 유용한 무급노동에 종사하게 되리라는 점이다. 이는 당연히 노동동기의 강화 및 이에 따른 효율성과 생산성의 증대로 이어질 것이다. 둘째는 사람들이 불쾌한 노동분야를 회피하게 되리라는 점이다. 이는 해당 분야의 노동조건의 개선이나 기계를 통한 대체를 유발할 것이다. 따라서 판 빠레이스와 판 더 빈의 말처럼, 해당 분야의 생산성은 오히려 증가할 수 있다(Van Parijs/Van der Veen, 1986: 170).

나아가 이 두 효과는 좋은 일자리의 창출 및 노동시간 감축과 관련하여서도 긍정적인 파생효과를 낳는다. 사람들이 원하는 노동이나 일에 종사하게 될 때, 자발적 실업은 다소 증가할 수 있다. 하지만 동시에 기본소득의 제공으로 인해 잔업의 필요성이 감소되어 일자리가 증가할 수 있다. 따라서 상대적으로 좋은 일자리들이 더 많이 창출될 수 있다. 그 결과 비정규직과 실업은 감소되고 평균노동시간은 단축될 수 있다(강남훈/곽노완/이수봉, 2009: 96).

---

186 이런 측면에서 기본소득은 에스핑-안더슨(G. Esping-Andersen)이 말한 '노동력의 탈상품화'를 위한 경제적 기초가 될 수 있다.

이러한 효과들은 공유지를 대상으로 진행되는 생산에서도 발생할 것이다. 그리고 공유지에서의 생산성의 증대는 기본소득의 증대로 이어질 것이다. 결국 기본소득에 기초하여 평균노동시간을 감축하면서도 효율성/생산성과 기본소득의 점진적인 상승을 유지하는 "선순환의 경제체제"를 실현할 수 있다(같은 책: 94). 그렇다고 이러한 선순환이 무한히 지속된다고 주장하는 것은 아니다. 이에 대해 살펴보자.

공유지의 재공유화/공유화 과정은 기본소득의 지급이 촉발하는 효율성과 생산성의 상승을 동반하면서 점진적으로 진행될 것이다. 그 결과 기본소득의 양도 점점 많아져 갈 것이다. 그러나 이러한 선순환은 기본소득의 양이 노동 동기를 거의 사라지게 할 정도로 증가해 갈 때, 멈추게 될 것이다. 기본소득의 양이 증가해 갈 때, 노동 동기는 대체로 약해져 간다. 기본소득이 증가해감으로써 원하는 것들을 점점 더 많이 획득할 수 있게 된다면, 자신의 일을 열정적으로 사랑하는 소수를 제외한 대부분의 사람들은 노동할 필요를 점점 덜 갖게 될 것이기 때문이다. 그 결과 점점 더 많은 사람들이 더 이상 노동하지 않게 된다면, 그 사회가 생산하는 부의 수준도 감소해 갈 것이다. 결국 기본소득이 소득의 획득을 위해 노동할 필요가 없을 정도로 너무 많이 지급되는 사회는 경제적으로 지속불가능해 질 것이다.

이는 경제적 지속가능성을 위해 기본소득의 적절한 수준이 있음을 함축한다. 또한 공유지의 재공유화/공유화 정도가 경제적으로 지속가능한 기본소득의 이 적절한 수준에 의해 규제됨을 의미한다. 달리 말해서 기본소득으로 대변되는 분배정의와 경제적 지속가능성으로 대변되는 효율성/생산성 간에 적절한 균형이 달성되는 재공유화/공유화의 지점이 있음을 의미한다.

그렇다면 기본소득, 나아가 전체 사회경제가 경제적으로 지속가능하기 위한 기본소득의 수준은 어떻게 결정되어야 할까? 공유지의 재공유화/공유화는 어느 수준까지 진행되어야 할까? 미드와 유사하게 경제적 지속가능성 또는 노동 동기와 효율성/생산성의 강화나 유지를 한편으로, 분배정의 또는 기본소득의 수준을 다른 편으로 하여 이 두 측면이 적절하게 균형을 이루는 재공유화/공유화의 최적 비율을 측량하고 이를 준수할 것을 요청해야 할까?

해밍가가 그의 사유실험을 통해 시사하듯이(Hamminga, 1995), 기본소득의 수준과 노동 동기 사이에는 일종의 사회경제적 자기조절기제가 작동할 것으로 추론된다. 앞에서 논의했듯이 공유지의 점진적 재공유화/공유화의 결과 기본소득의 양이 지나치게 많아지면, 노동 동기는 약화될 것이다. 그런데 이러한 노동 동기의 약화는 다시 공유지에서 산출되는 공유부의 감소, 따라서 기본소득의 감소를 초래할 것이다. 그 결과 전반적으로 소득이 감소하게 되어 사람들은 다시 노동 동기를 갖게 될 것이다. 정책을 통해 이러한 자기조절기제가 보다 순탄하게 작동하기를 바란다면, 예를 들어 기본소득의 수준이 지나치게 높아질 것으로 예상될 경우 공유부의 적정부분을 '투자'에 돌리거나 노동유인을 위한 '노동소득' 분으로 돌리는 정책을 시행할 수도 있을 것이다.

하지만 미드가 언급했듯이 사적 기업과 시장기구가 자원의 효율적 사용을 유도하기에 부적합한 기업은, 이러한 자기조절기제와 무관하게, 100% 공유화하는 것이 바람직할 것이다. 이때 거기서 산출되는 순수익은 현물형태로든 또는 현금형태로든 100% 기본소득으로 지급되어야 할 것이다.

노동동기와 기본소득의 수준 간의 관계를 직접 다루지는 않지만, 스탠딩 역시 기본소득 및 전체 사회경제의 지속가능성을 중요하게 본다고 판단된다. 그가 자본주의적인 경기변동을 고려하여 기본소득 모형을 설계하기 때문이다. 그는 기본소득 모형을 '매우 낮은 수준의 사회배당'과 경기변동에 효과적으로 대응하기 위한 '안정화 급여'라는 두 개의 층위로 설계한다(Standing, 2017: 335 이하). 그에 따르면 "일자리가 많아져 사람들이 더 높은 소득을 올릴 기회가 늘어날 경우 기본소득으로 지급되는 액수를 낮추는 것이 합리적이다." 반면 "불경기 때 높은 안정화 급여는 '기회소득'이 전반적으로 낮아지는 것을 보충할 수 있다"(같은 책: 127).

그렇지만 일자리가 많은 호황기 때에도 실업자, 불안정노동자 등이 있다는 사실을 고려할 때, 스탠딩의 모형은 부적절해 보인다. 4차 산업혁명의 진행과 함께 불안정 노동과 실업이 더욱 양산될 가능성도 있다. 나아가 기본소득이 지급되면, 자본주의적인 불황과 경제위기가 발생할 가능성이 약해진다. 따라서 기본소득이 지급될 때 경제적 지속가능성과 관련된 핵심 문제는 기본소득의 수준과 효율성/생산성 간의 적절한 균형을 달성하는 문제일 가능성이 크다. 이때 이 문제의 적절한 해결책은 위에서 언급한 해밍가의 자동조절기제 또는 이 기제에 기초한 정책이라고 할 수 있다.

결국 해밍가의 자동조절기제는 기본소득으로 대변되는 분배정의와 생산성/효율성 간에 발생할 수 있는 상충을 해결하는 기제라고 할 수 있다. 이때 미드가 우려했던 문제, 곧 재산의 사회적 소유의 확장이 개인의 안전과 독립성, 곧 자유를 축소할 가능성에 대해서는 크게 우려하지 않아도 될 것이다. 첫째, 공유지에 대한 '공유'를 법제화하여 공유지를 공유자산으로 전환할 경우, 이 공유자산에 대한 소유권, 곧 처분권과 사용권 및 수익권이 '모두'에게 귀속되기 때문이다. 따라서 기존 동구권의 '공적 소유'로 대변되던 관료독재의 가능성을 근본적으로 차단할 수 있기 때문이다. 앞에서 말한 미드의 우려는 그가 '공적 소유'와 구분되는 새로운 소유형태로서의 '공유'를 명확하게 인식하지 못 했다는 사실에 기인할 수도 있다. 둘째, 공유부와 기본소득을 관리하는 공유부 기금이 국가나 기업으로부터 독립적이며, 다수의 합의에 기초하여 통제되기 때문이다. 나아가 재공유화/공유화가 궁극적으로는 헌정적 규범의 준수를 전제로 다수가 동의하는 수준까지만 진행될 수 있기 때문이다.

다른 한편 공유화의 '정도'에 대한 이러한 전망은 이 저서에서 지지하는 기본소득의 크기가 '지속가능한 최대한의 기본소득'임을 의미한다. 이는 판 빠레이스가 이상적으로 간주하는 기본소득의 크기이기도 하다. 그렇지만 판 빠레이스에게서 기본소득의 크기는 생태적·경제적 지속가능성을 전제로 '최소극대화 원칙' 또는 '차등원칙'에 의해 결정된다. 반면 이 저서에서 기본소득의 크기는 분배정의 원칙에 따라 섀플리 가치 등을 통해 객관적으로 측량되는 기본소득의 크기와 생태적·경제적 지속가능성 간의 균형점에서 결정된다.

　지금까지 논의한 방식에 따라 공유지가 재공유화/공유화되고 기본소득과 각자의 노력에 따른 기여소득이 보장될 때, 근대 유럽에서 시작된 해방적 정치 공동체 기획의 근본가치, 곧 자유와 평등은 모두에 대해 지속가능하게 또한 실질적으로 보장될 것이다. 이런 측면에서 이 글에서 지지하는 분배정의와 기본소득 기획은 저 근대의 해방 기획을 계승하고 있다.

부록 플랫폼 자본주의 시대의 프레카리아트와 기본소득의 확대[187]
– 플랫폼 자본의 인클로저 vs. 플랫폼 공유지배당

1) 플랫폼 자본주의시대에 빼앗기는 계급

지구적인 차원에서 불안정노동이 일반화되기 시작한 것은 신자유주의가 정치 경제의 영역에서 지배력을 행사하기 시작한 80년대부터라 할 수 있다. 물론 한 국에서는 이보다 늦게 1997/8년 외환위기가 신자유주의와 불안정노동의 기폭 제가 되었다고 할 수 있다. 이때는 고용불안정성이 가장 이슈가 되었다. 정규직 의 해고가 일상화되고 비정규직과 파견노동이 양산되며 청년실업이 확대되기 시작한 것이다.

그런데 2010년대에 들어서면서 구글, 페이스북, 아마존, 우버, 네이버, 카 카오, 크라우드 앱, 주문형 앱 등 디지털플랫폼 기업들의 부상과 더불어 플랫폼 노동이 급속히 팽창하고 있다.[188] 플랫폼 노동의 주요형태는 크라우드 노동과 주문형 앱 노동이라 할 수 있다.

크라우드 노동이란 온라인 플랫폼을 통해 고객이 특정업무를 불특정다수 의 노동자들에게 공시하면 노동자가 일을 신청하여 완료하고 수수료를 받는 노 동을 말한다. 이 때 고객은 사용자가 아니라 이용자(user)로 불리며 업무 지시권 대신 업무완료 후 평가권을 갖는다. 그리고 플랫폼 자본도 업무지시를 수행하 지 않기에 크라우드 노동의 경우 사용자가 누구인지가 불분명하며 노동자도 특 정 사용자에게 경제적으로 종속되어 있지 않은 이른바 프리랜서이다. 크라우드

---

187 이 글은 『마르크스주의 연구』 제17권 제1호(2020년 봄)에 실린 곽노완의 논문을 수정·보완 한 것이다.

188 갤럽은 2018년 전체 노동자 중 온라인 플랫폼 노동자의 비율이 7.3%에 달한다고 추정했다(강 남훈, 2019: 129에서 재인용). 이 비율은 지금도 폭발적으로 증가하는 추세이다.

노동자는 고용관계나 소득의 불안정성에 그치지 않고, 4대 보험의 사각지대에 놓여 실업/질병/퇴직 시 삶 전체의 불안정성에 빠지게 된다(김교성 외, 2018: 106-108).

이처럼 4대 보험에서 배제되는 것은 주문형 앱 노동의 경우도 마찬가지다. 특히 우리나라의 경우 언어장벽으로 인해 지구적 범위에서 활성화된 크라우드 노동은 미미하지만 주문형 앱 노동의 경우 일찍부터 발달한 음식 배달문화 등으로 인해 매우 발달한 편이다. 크라우드 노동이 직접 대면 없이 디지털플랫폼을 통해서 행해지고 완결되는 데 비해, 주문형 앱 노동은 우버 택시, 카카오 드라이버, 배달의 민족, 대리 주부 서비스처럼 대면 접촉을 통해서 이루어진다. 특히 배달 앱 등에서 출퇴근시간과 근로시간에 대한 통제가 이루어지기도 한다. 따라서 근로관계의 종속성이 존재한다고도 볼 수 있다. 하지만 배달에 필요한 오토바이와 주유비용을 서비스 제공자가 부담하고, 보수가 실적에 비례하여 지급되는 자영업적 성격 때문에 노동자성을 인정받지 못하고 사회보장의 사각지대에 놓일 가능성이 크다. 특히 노동자성 인정에 인색한 우리나라의 경우 주문형 앱 노동자는 사회보장의 수혜를 받을 길이 요원하다(김교성 외, 2018: 109-110).[189] 이처럼 플랫폼노동은 우리나라에서 노동자성조차 인정받지 못하여 기존 비정규직 이상으로 불안정한 특성을 갖는다.

특히 우리나라의 경우 2018년 8월 기준으로 자영업자 중 소득 및 복지 안정성이 낮은, 고용원 없는 403만 명의 영세자영업자 및 사실상의 실업자 350만 명까지 불안정노동자에 포함하면 불안정노동자 수는 1,692만 명으로 확장경제활동인구[190] 2,976만 명의 56.85%에 달한다고 볼 수 있다(강남훈, 2019: 130-

---

189 영국 고용재판소의 경우 2016년에 우버 택시 운전자의 노동자성을 인정하고 우버 플랫폼의 사용자성을 인정하였다. 그러나 우리나라 서울행정법원은 배달 앱 기사의 노동자성을 인정하지 않았다(앞의 책: 109).

190 확장경제활동인구는 국내 통계에서 비경제활동인구로 분류되는 잠재경제활동인구를 경제활동인구에 더한 인구를 뜻한다. 또 잠재경제활동인구란 '잠재 취업자+잠재 구직자'를 뜻한

132). 그리고 정규직 중에서 안정적인 재벌기업이나 공공기관 노동자는 298만 명으로 확장경제활동인구의 10%에 불과하다(앞의 곳).

이러한 신자유주의 고용정책에 더해 디지털플랫폼 경제의 성장은 국내외적으로 고용관계와 사회보장의 불안정성뿐만 아니라 소득불평등도 구조화시키고 있다.[191] 구글 등 플랫폼 기업이 성장할수록 노동의 불안정성과 소득 불평등이 구조화되고 커지는 시대에 기존의 노동연계복지체계와 소득불평등 정책은 부정합을 낳고 있는 실정이다. 문재인 정부 들어서서 '소득주도성장'이라는 이름으로 최저임금 상향 등 '임금주도성장'을 강하게 추진하였으나 소득불평등 해소 및 소비증진을 통한 성장동력의 활성화라는 목표를 달성하기보다는, 고용감소 및 소비자물가급등에 따른 경기침체의 부작용이 더 크게 나타나는 것도 이처럼 실업과 불안정노동이 팽배한 디지털플랫폼 경제시대에 맞지 않는 부정합의 대표적인 사례라 할 수 있다. 임금주도성장론은 신자유주의의 대안으로 제시된 담론으로 '글로벌 케인스주의 뉴딜'이라고도 불린다(김교성 외, 2018: 72). 그러나 한국의 경우 노동소득분배율이 특히 낮고[192], 자영업자의 비중이 큰 경제구조라 최저임금상승을 통한 내수증진 효과는 미미할 수밖에 없다. 이처럼 내수증진 효과가 미미한 상황에서 최저임금상승은 알바나 임시직을 고용한 자영

다. 여기서 잠재 취업자는 4주간 구직 활동을 했으나 취업이 가능하지 않은 자이고, 잠재 구직자는 4주간 구직 활동을 하지 않았지만 취업을 희망하고 가능한 자다(강남훈, 앞의 책: 130-131).

191 이러한 소득 및 재산 또는 자산 양극화의 구조화는 우리나라뿐만 아니라 미국, 영국, 프랑스 등에서도 보편적으로 나타나고 있다. 미국, 영국, 프랑스의 피케티 지수(순자산의 가치/국민순생산)가 70년대 중반 이래 급상승하여 자산소득의 비율이 노동소득에 비해 급증하고 있다(강남훈, 2019: 116). 특히 미국의 경우 2013년 기준으로 상위 0.1%의 자산이 하위 90%의 자산과 비슷한 정도이다(앞의 책: 116-117).

192 우리나라의 노동소득분배율은 2017년 기준으로 정부부문과 감가상각을 제외한 국민소득(NI) 대비 63%로 미국, 영국, 독일, 일본 등 주요선진국에 비해 5%포인트 정도 낮은 편이다(한국은행, 2019: 43).

업의 비용상승요인으로 작용해 소비자물가를 앙등시켜 자영업의 매출뿐만 아니라 소비자들의 실소득을 감소시킴으로써, 고유의 고용감소 효과[193]와 함께 경기침체를 더욱 악화시키는 부작용을 낳았다. 자영업자의 임금지급부담을 덜어주기 위해 정부에서 임금보조금을 지급했으나, 신청의 복잡함과 매출 노출을 꺼리는 자영업자의 기피현상으로 사실상 자영업자는 비용증가와 매출감소로 최대의 피해를 보았다고 할 수 있다. 그리하여 최저임금의 혜택을 받은 200만 명 정도의 비정규직과 임시직에게 소득증대 효과가 있었음은 사실이나, 추가로 세금을 지출하면서도 그 이상으로 자영업자 및 소비자들의 소득을 감소시켜 총 GDP에 부정적인 효과를 낳았다. 이처럼 전통적인 케인스주의의 임금주도성장론 프레임은 전통적인 노동연계복지 프레임과 마찬가지로 오늘날의 질적으로 변화된 노동 및 경제 구조를 감안할 때 유효성을 상실했다고 할 수 있다. 높은 실업율과 최저임금이 적용되지 않거나 제한적으로만 적용된 플랫폼 노동이 급증하는 오늘날 국민들의 소득과 소비를 늘리기 위해서는, 과거 완전고용시대에 유효했던 임금주도성장 프레임이 아니라 노동과 무관하게 모든 국민의 실질소득을 증가시키는 기본소득, 무상교육, 아동수당 등 보편복지 프레임이 더 유효하다고 할 수 있다.

더구나 플랫폼 경제와 인공지능, 로봇이 비약적으로 진화하면서 노동과 소득 그리고 사회보장의 불안정성이 커지는 정도를 넘어서 이제는 리프킨(Rifkin)의 말대로 이른바 '노동의 종말'까지 우려되는 시대가 되었다. 그리하여 구글, 페이스북 등 지배적인 플랫폼 기업의 창업자들이 앞장서서 낡은 노동연계복지 프레임을, 보편적인 기본소득 프레임으로 전환해야 한다고 주장하는 시대가 되었다.[194] 앞으로의 문제는 노동의 불안정성을 넘어서서 노동의 종말과

---

193 임금주도성장론을 주장하는 측에서도 임금상승이 고용률에 부정적인 효과를 가져온다는 점을 인정하고 있다(Strom and Naastepad, 2013: 110-113).

194 미국에서는 테슬라의 CEO인 일론 머스크(Musk), 페이스북의 CEO인 저커버그(Jucker-

삶의 불안정성일 것이며, 기본소득은 불안정노동자만이 아니라 자본가를 포함한 대다수 사람들의 요구가 될 수밖에 없을 것으로 보인다.

그런데 이처럼 비정규직이 일반화되며 고용, 소득, 사회보장 3분야에서 불안정이 극대화된 플랫폼 노동이 급속히 팽창하고 나아가 온라인 플랫폼과 AI와 로봇으로 인해 그처럼 불안정한 노동마저 소멸하기 시작하는 단계가 실은 모든 사회성원들이 빅데이터와 네트워크 효과라는 부가가치를 생산하는 다른 종류의 플랫폼 노동을 하는 단계인 것은 아닐까? 노동에 대한 착취형태는 고용된 임금노동 착취, 프리랜서 플랫폼 노동 착취, 모두의 자유 플랫폼 노동 착취로 진화하고 있다. 그리고 이러한 노동 착취형태의 변화에 따라 빼앗기는 사람들의 형태도 단계적으로 변화해 왔다. 곧 플랫폼 자본주의는 노동을 극도로 불안정하게 만드는 데 그치지 않고 더 나아가 모든 사람들의 활동을 부가가치를 낳는 노동으로 전환시키고 있다. 따라서 노동의 피착취자는 누구이며 이들은 왜 착취당하는가라는 물음은 새로운 답변을 요구하고 있다. 곧 플랫폼 자본주의는 착취당하는 계급 개념의 재구성을 요구한다.

이러한 문제의식 아래 이 글은 2절에서 비정규직의 확대에서 출발한 프레카리아트의 개념을 플랫폼 자본주의 시대에 맞게 재구성하고, 3절에서는 플랫폼 노동의 개념을 자유노동으로까지 확장하며, 4절에서는 플랫폼 노동 중 자유노동이 낳는 초과이익으로까지 기본소득의 원천을 넓히며, 결론인 5절에서는 이러한 기본소득의 원천의 일부인 초과이익을 플랫폼 자본가, 플랫폼 고용노동자, 플랫폼 서비스공급자, 플랫폼 이용자 내지 전체 사회성원 사이에 공정하게 분배하는 원리를 제시할 것이다.

---

berg) 등 인공지능과 플랫폼 경제의 대표적인 주자들이 보편적인 기본소득을 주장하고 있다(Yang, 2018: 168).

2) 프롤레타리아트와 프레카리아트 개념의 재구성

착취당하는 계급이라 하면 우선 마르크스의 '프롤레타리아트' 개념이 떠오른다. 프롤레타리아트의 개념은 후기 마르크스에 의해 임금노동자계급의 의미로 사용된 이래[195], 오늘날까지 대부분의 저자들이 임금노동자계급이라는 의미로 쓰고 있다. 그리고 '불안정한'이란 뜻을 가진 Precarious와 프롤레타리아트(Proletariat)를 합성한 프레카리아트(Precariat)는 불안정노동자란 뜻으로 사용하고 있다(Standing, 2011: 10; 강남훈, 2019: 126).

그런데 마르크스는 프롤레타리아트 개념을 초기에는 무권리의 무산자라는 뜻으로 사용하였다(Marx, 1844: 390-391). 마르크스 시대에는 임노동자계급이 자본과 부동산을 소유하지 못한 무산자계급의 주요부분을 차지하고 있었고, 또 마르크스 스스로 사회성원들은 자본가계급과 노동자계급으로 양극화될 것이라고 전망했기에(Marx, 1848: 469), 임금노동자가 무산자의 대표성을 갖는다고 보아 임금노동자를 프롤레타리아트로 등치하는 것은 자연스러운 일이기도 하다.

그러나 이처럼 무산자와 임금노동자를 등치하는 마르크스의 프롤레타리아트 개념은 엄밀히 말하면 타당하지 않다. 왜냐하면 자본주의에서 자본가와 임금노동자 외에 마르크스 스스로 쁘띠부르주아지라고 불렀던 다양한 인구집단이 소멸·생성되면서도 끊임없이 확대재생산 되었으며 나아가 사회가 분화되면서 임금노동자 중에서도 주식자본 및 부동산 등 자산을 가진 사람들이 생겨났기 때문이다(곽노완, 2013b: 103). 이런 점을 감안할 때 프롤레타리아트 개념을 임금노동자계급과 동의어로 사용하면 무산자계급의 외연을 임금노동자계급으로 축소하거나 라이너스(Reiners)가 지칭한 대로 '노동물신주의(Arbeitsfetisch)'[196]에 빠질 수 있다. 예를 들어 미국과 한국의 임금노동자 중에서 주식자

---

195 마르크스는 후기저작인 『자본』 1권에서 "프롤레타리아는... 임금노동자를 뜻한다"(MEW 23: 642; 곽노완 2013b: 100에서 재인용)고 명시하고 있다.

196 '노동물신주의(Arbeitsfetisch)'는 생계노동과 (임금)노동자를 신성시하는 프레임을 지칭한

본과 부동산을 소유하면서 정치적으로 보수를 고수하며 경제적으로도 자본가의 이해를 대변하는 사람들의 존재는 우연이라기보다는 구조화된 것이라 할 수 있다. 따라서 노동물신주의 프레임대로 임금노동자계급은 잠재적으로 정치적인 진보세력이며 무산자를 대변한다는 가정은 단순화의 오류에 빠지는 것이며 일시적으로뿐만 아니라 원리적으로도 타당하지 않다. 더구나 이처럼 임금노동자로 축소된 프롤레타리아트 개념은 또 다른 난점을 갖는다. 곧 임금노동자의 피부양자를 노동자 계급이나 프롤레타리아트 계급 범주에 넣을 것인지 아니면 계급으로 포괄할 수 없는 인구집단으로 볼 것인지에 따라, 가부장적 가족주의 프레임에 매몰되거나 아니면 계급 범주를 무력화시키게 된다.

이러한 노동물신주의의 난점을 극복하려면, 프롤레타리아트 개념을 임금노동자계급이 아니라 초기 마르크스에 따라 무산자계급의 의미로 넓혀서 사용할 필요가 있다. 프롤레타리아트 계급을 무산자계급으로 이해한다면, 마르크스의 '지주-자본가-(쁘띠부르주아)-임금노동자' 계급 프레임으로 분류할 수 없었던 전업주부·학생·사회활동가·플랫폼노동자·노령빈곤층·기초생활보장수급자 등 그동안 계급의 범주에서 배제되었던 막대한 인구집단을 무산자계급의 범주로 포괄할 수 있다. 그리고 임금노동자의 무조건적 헤게모니를 주장하는 연대가 아니라, 임금노동자를 포함한 무산계급 모두가 평등하게 연대할 새로운 지

다(Reiners, 2019: 79ff.). 이러한 '노동물신주의'는, 마르크스가 『자본』 1권에서 정식화 한 자본주의적인 사고틀이면서 동시에 객관적 작동원리이기도 한 상품물신주의(Warenfetisch), 화폐물신주의(Geldfetisch), 자본물신주의(Kapitalfetisch) 개념을, 노동중심적인 사고틀에 적용한 것이라 할 수 있다. 라이너스의 경우 노동물신주의를 비판적으로 분석함에 반해, 사민주의와 현실 사회주의에서는 노동을 찬양하는 노동물신주의를 적극 긍정하고 있다(Kim, 2017: 353-354). 노동물신주의의 발생에 대한 상세한 분석은 Kim, 2017: 355-360를 참조하라.
초기 마르크스에 따라 '물신주의'를 객관적인 '현실을 왜곡한 주관적인 사고틀'로 한정하는 경향이 있는데, 이는 물신주의를 자본주의에 고유한 "사회적으로 타당한, 곧 객관적인 사고형식(gesellschaftlich gültige, also objektive Gedankenformen)"(Marx, 1890: 90)으로 정식화한 마르크스의 문제의식을 일면화한 것이다.

평을 열 수 있을 것이다.

　프롤레타리아트를 이처럼 무산자계급으로 이해한다면, 프레카리아트는 불안정노동자가 아니라 불안정무산자로 재정의 될 수 있다. 프레카리아트 불안정성의 핵심 이유는 고용이 불안정한 비정규직 때문이기보다는, 공유자산마저 수탈당한 무산자이기 때문이며 그 결과 소득과 사회보장에서 불안정한 상황에 놓이기 때문이라고 할 수 있다. 그리고 프레카리아트가 무산자가 된 이유는 자연과 선조들이 준 공유지(Commons)와 자신들이 만든 공유지와 자유노동을 유산자들 또는 유산자의 후견자인 정부에게 마르크스적인 의미에서 수탈(Expropriation)당하고 착취(Ausbeutung, Exploitation)당했기 때문이라고 할 수 있다. 마르크스는 자본주의적인 착취 개념을, 자본에 종속된 노동과정에서 노동력의 재생산을 위한 필요노동을 초과한 잉여노동(의 성과)의 빼앗음으로 곧 '착취도 = 잉여가치율 = 잉여노동/필요노동'으로 정식화했다(Marx, 1890: 226~232). 이에 비해 '수탈'의 개념은, 대체로 노동과정에서의 빼앗음을 뜻하는 '착취'와 달리 노동과정 밖에서의 빼앗음이라는 뜻으로 사용하고 있다(곽노완, 2010: 164). 그래서 마르크스의 용어법에 따를 때 공유지의 빼앗음은 수탈에 해당하고, 자유노동의 빼앗음은 착취에 해당한다고 볼 수도 있을 것이다. 그런데, 플랫폼 자유노동(활동)은 그것의 직접 생산물인 플랫폼 공유지(빅데이터)와 시공간적으로 구분하기도 힘들 뿐만 아니라 자유노동의 생산물인 빅데이터가 플랫폼 자본의 생산원료일 수도 있고, 또 최종생산물일 수도 있으며 생산원료인지 최종생산물인지 불분명할 수도 있다. 이런 점에서 플랫폼 공유지인 빅데이터의 인클로저와 이 빅데이터를 생산하는 자유노동의 인클로저를 어디까지가 수탈이고 어디까지가 착취인지 구분하기가 개념적으로조차 쉽지 않다. 이는 플랫폼에서 생산된 공유지(빅데이터)와 그 공유지를 생산하는 자유노동이 융합되어서라고 할 수 있다. 곧 플랫폼 자본주의의 지배적인 영역에서 수탈과 착취의 융합된 셈이다. 따라서 수탈과 착취의 시공간 구분이 적어도 급성장하는 플랫폼 자본의 영역에서

는 마르크스 시절과 달리 점점 희미해지고 있다고 할 수 있다.[197]

프레카리아트의 개념을 이처럼 공유자산을 수탈당하고 노동을 착취당하는 무산자계급으로 재정의 할 때, 프레카리아트는 공유자산을 재전유(Reappropration), 곧 되찾아 오는 데 이해관계를 함께 하는 계급이라 할 수 있다. 물론 무산자계급 중에서 비정규직노동자는 노동과정에서도 착취를 가장 많이 당하는 사람들이기에 찾아올 몫이 가장 많은 사람들이다. 그러나 노동력을 착취당하는 건 임금노동자들만이 아니다. 모든 무산자들이 수탈당할 뿐만 아니라 착취당하기도 한다. 이는 그들이 공동으로 생산한 빅데이터나 네트워크외부효과가 플랫폼 벡터 계급[198] 내지 기업에 의해 전유되어 빅데이터 가공과 광고수입으로 인한 초과이익을 낳기 때문이다. 기여에 따른 분배정의원칙에 따라 이 초과이익은 플랫폼에 참가한 모든 사람들이 자유/무료노동을 통해 함께 생산한 것이므로 이를 생산한 모든 사람들에게 귀속되어야 마땅하다. 그러나 플랫폼 벡터 기업이 이들 모두의 노동성과를 가로채어 초과이익을 전유하므로 이를 자유노동에 대한 착취로 볼 수 있다. 물론 이 착취된 초과이익을 이윤으로 볼 것인지 아니면 지대로 볼 것인지는 논쟁의 여지가 있다. 그러나 이 초과이익의 원천은 자본-임노동 관계 내부가 아니라 외부에서 제공된 것이며 자본의 특별잉여가치에 기초한 초과이윤과 달리 일시적이지 않고 지속적으로 구조화된 것이기에, 강남훈과 이항우의 주장대로 차액지대로 보는 것이 더 적합하다(이항우, 2017: 221: 강남훈, 2019: 112). 여하튼 무산자 중에 임금노동자가 아닌 사람들은 기존의 공유자산을 수탈당할 뿐만 아니라, 자유노동을 통해 생산한 공유자산을 착취당

197　마르크스 및 현대 마르크스주의의 착취와 수탈 개념의 구분에 대해서는 곽노완(2010:150–171 참조).

198　플랫폼 벡터 계급이란 이항우가 정식화 한 대로 플랫폼의 소유와 통제를 통해 새로운 지대수익을 얻는 계급을 뜻한다. 이에 비해 플랫폼 핵커(hacker) 계급은 하드웨어와 소프트웨어를 직접 생산하는 사람들과 데이터, 지식을 만들어내는 일반적인 사회인구 집단을 포괄한다(이항우, 2017: 12).

하기도 한다. 이처럼 프레카리아트는 공유자산을 수탈당하고 노동을 착취당하면서 삶의 안정성을 상실한 모든 사람들이라고 정식화할 수 있을 것이다.

3) 플랫폼 노동의 이중화

플랫폼 자본주의시대의 '프레카리아트'를 불안정노동자라기보다는 불안정무산자라고 정의하여도 임금노동자나 노동을 배제하는 것은 아니다. 자본주의는 태동기부터 노동 착취와 더불어 공유자산도 사적으로 인클로저 하는 체제이고 플랫폼 자본주의시대에도 이는 마찬가지다. 플랫폼 자본주의는, 플랫폼을 설립한 자본이 알고리즘을 통해 공유지(공유자산)인 빅데이터를 사적으로 인클로저 하여 수익을 사유화하는 것이 일반화된 자본주의의 최신 단계라 할 수 있다.

　이러한 플랫폼 자본주의는 정규직뿐만 아니라 비정규직 고용조차 기피하고, 이른바 플랫폼 노동을 일반화하고 있다. 앞에서 보았듯이 플랫폼 노동이라 하면, 크라우드 노동, 주문형 앱 노동 등을 지칭한다. 이러한 플랫폼 노동은 사용자가 없거나 불분명하다. 플랫폼 노동을 중개하는 플랫폼 자본도, 플랫폼 노동을 이용하는 이용자도 사용자가 아니다. 이런 점에서 플랫폼 노동은 프리랜서 노동이라 할 수 있다. 그것도 소득이 불안정하고 사회보장체계에서 배제된 프리랜서 노동 말이다. 그러므로 기존 노동조합이 플랫폼 노동자의 이해를 대변해야 한다는 스트렝만-쿤(Strengmann-Kuhn)의 주장은 무망해 보인다. 이것은 그의 우려대로 기존의 노동조합이 보수화되어서가 아니다(Strengmann-Kuhn, 2019: 40). 오히려 기존의 노동조합은 나름대로 사용자에 맞서 자신들에게 닥친 과제를 해결하느라 급급한 것이 당연하고, 플랫폼 노동자들은 사용자가 없어 기존 노동조합으로 조직하기에 적합하지 않을 뿐이다. 곧 기존의 노동조합을 비판하기보다는, 노동조합으로 조직하기에 부적합한 새로운 플랫폼 노동의 확산이 불가피함을 인정하고 플랫폼 공급자 조합 등 플랫폼 노동자에 적합한 새로운 조직형태를 설립할 필요가 있다. 이런 점에서 기존 노동조합의 책임과 정치적 역할을 확대하자는 스트렝만-쿤의 주장(Strengmann-Kuhn, 2019: 40)은 그가 넘어서려 했던 '노동물신주의'의 잔재로 보인다.

그런데 플랫폼 자본주의는 이러한 크라우드 노동이나 주문형 앱 노동 이외에, 아예 대가를 지불하지 않는 노동을 급속히 확산시키며 이미 인류의 대부분이 이러한 노동을 하도록 만들었다. 플랫폼 자유노동이 그것이다. 스마트폰을 통해 구글 앱을 이용하는 사람들은 자신의 이동데이터와 검색데이터를 구글에 제공한다. 그런데 이러한 데이터는 그 자체로 막대한 부가가치를 낳는 빅데이터의 일부를 이룬다. 이러한 빅데이터는 알고리즘을 통해서만 경제적 부가가치를 갖게 되는 것이 아니라 법적 규제만 없다면 그 자체로 판매될 수 있는 상품이다. 이런 점에서 "청중의 보는 행위나 플랫폼 이용 활동 자체가 가치를 생산하는 노동은 아니라는 사실을 함의한다"(최철웅, 2017: 66)는 최철웅의 주장은 새로운 자유노동의 가치를 간과하는 것으로 보인다. 그에 따르면,

"플랫폼 기업들은 단지 방대한 사용자를 모으는 것만으로는 아무런 수익도 창출하지 못한다. 그리고 원자재로서 이용자에 관한 데이터는 일종의 불변자본이라 할 수 있으며, 개발자들이 설계한 소프트웨어 알고리즘을 통해 서비스 상품으로 전환된다. 즉 이들 고용된 개발자들이 수행하는 고숙련의 노동이야말로 광고 플랫폼 기업의 가치 증식을 가능하게 하는 원천인 셈이다."(최철웅, 2017: 66)

위의 요지는 1) 플랫폼 이용자의 활동만으로는 가치를 증식할 수 없으며, 2) 고숙련 개발자들이 만들어 낸 알고리즘에 의해 수행되는 데이터의 저장과 추출 및 가공을 통해 상품으로 전환되기에, 3) 플랫폼 자본에 고용된 고숙련 개발 노동만이 가치 증식의 원천이라는 것이다. 그가 천명하듯이, 이러한 주장은 마르크스가 정식화 한 가치 및 잉여가치 법칙이 여전히 작동중임을 논증하려는

것이기도 하다(최철웅, 2017: 65). 이 주장을 단적으로 말하면 플랫폼 이용자의 활동 내지 자유노동은 가치를 증식하지 않는다는 것이다. 최철웅의 주장대로 플랫폼 기업들이 이용자를 모으는 것만으로는 아무런 수익이나 잉여가치를 창출하지 못한다. 그러나 이용자 없이, 플랫폼 자본만으로도 플랫폼 알고리즘이나 이를 개발하는 노동이 거기에 합체되어 있다 해도 아무런 잉여가치를 창출하지 못하기는 매한가지다. 노동만으로 또는 자본만으로는 자본주의적 잉여가치를 증식하지 못하는 것처럼 말이다. 그러므로 알고리즘 없이 이용자의 활동만으로 가치를 증식하지 못한다고 해서 이용자의 활동 곧 자유노동이 가치를 증식하지 못한다는 추론은 타당하지 않은 비약이다.

최철웅의 이러한 추론은, 노동과 비-노동의 경계를 허물면서 인간의 모든 활동이 착취당하는 노동이 되었으며 육체노동에 기반 한 마르크스의 가치법칙은 붕괴되었다고 보는 일부 자율주의의 주장으로부터 마르크스의 가치론을 지키기 위한 시도이기도 하다(최철웅, 2017: 65, 67). 물론 마르크스의 가치론이 물질노동 내지 육체노동을 특권화한다고 진단하는 일부 자율주의의 해석은, 예를 들어 마르크스 스스로 교사의 노동조차 이윤을 추구하는 자본에 의해 고용된 노동이라면 가치와 잉여가치를 증식하는 생산적 노동이라고 보는 데서 알 수 있듯이[199], 자본-임금노동 관계와 잉여가치 증식을 기준으로 한 마르크스의 자본주의 (잉여)가치론을 물질노동 내지 육체노동을 기준으로 한 몰역사적이고 속류적인 가치론으로 곡해한 것이다. 따라서 비물질노동의 비중이 증대되었다고 해서 마르크스의 가치론이 붕괴되었다는 일부 자율주의의 주장은 타당하지 않

---

199 "물질적인 생산영역 밖을 예로 들어보자. 교사는 어린이의 뇌를 가공하는데 그치지 않고 기업가의 부를 증대시키려 노동하는 한에서 생산적 노동자라 할 수 있다. 기업가가 자신의 자본을 소시지공장에 투자하는 대신 강의공장에 투자했다고 해서 이러한 사실이 달라지지는 않는다. 따라서 생산적 노동자의 개념은 결코 단순히 활동과 유용효과의 관계, 노동과 노동생산물과의 관계만이 아니라, 특정하게 사회적으로 성립된 생산관계 곧 노동자를 자본의 직접적인 가치증식의 수단으로 낙인찍는 생산관계까지도 포함한다."(Marx, 1890: 532).

다. 그렇다고 해서, 아마존웹서비스와 같은 클라우드 플랫폼이나 또는 다른 임대 플랫폼이 아무런 가치도 직접적으로 생산하지 않으며 다른 데서 생산된 잉여가치의 일부를 임대료, 수수료 등의 형태로 수취하는 이차적 착취 형태로서 잉여가치를 재분배할 뿐이며 비-자본주의적 영역에서 이윤을 얻는 것이라는 최철웅의 주장도 마르크스적인 관점에서 수긍하기 어려워 보인다. 왜냐하면 그의 주장에 따르면 아마존웹서비스같은 클라우드 플랫폼 자본에 고용된 임금노동자가 가치를 증식하지 않는다는 것인데 이는 마르크스의 생산적 노동 개념에 어긋나는 것으로 보이기 때문이다. 더 나아가 아마존웹서비스 이용자들의 사용후기 등 자유노동은 착취당하는 노동이 아니며 무상의 자연력처럼 가치화 과정에 포섭되지 않는 걸로 보는 최철웅의 주장도 마르크스의 관점에서 일관되지 않기 때문이다. 자발적이라고 해도 자유노동의 생산물인 데이터는 계곡의 맑은 물과 달리 자연으로부터 주어진 것이 아니며, 인간 노동의 생산물일 뿐만 아니라, 기술의 발전으로 인해 사용가치와 가치를 갖는 자본주의적인 상품이 될 수 있다. 마치 자유노동의 생산물이었던 그림이나 성악, 또는 기술이 언제부터인가 사용가치와 가치를 지니고 잉여가치를 낳는 자본주의적인 상품이 될 수 있었던 것처럼 말이다.

마르크스적인 관점에서도 빅데이터의 일부를 이루는 각개인의 이동정보나 자유노동의 산물로서 데이터는, 플랫폼 자본의 생산물일 때나 아니면 생산원료일 때를 불문하고 플랫폼 자본에게 가치를 증식시켜 준다고 볼 수 있다. 이런 점에서 데이터는 독일의 마르크스주의자 블라슈케(Blaschke)가 말한 대로 플랫폼 자본주의 시대의 보편적 생산물로서 공유지(Commons)이며, 자유노동은 잉여가치를 창출하는 비지불생산(unbezalte Produktion)이다. 그리고 다움(Daum)의 말대로 디지털플랫폼 자본은 자유노동 내지 이용자-노동까지 착취하는 새로운 자본형태라고 보는 것이 더욱 설득력이 있다(다움, 2019: 80).

이처럼 플랫폼 자본이 촉진하고 만들어 내는 플랫폼 노동은 공급자-노동과 이용자-노동으로 이중화된다. 따라서 플랫폼 노동을 크라우드 노동이나 앱 노동과 같은 공급자-노동으로 한정하는 것은 일면적이다. 이처럼 이중화되는 플랫폼 노동을 고려할 때, 프레카리아트는 앞에서 정식화한 대로 불안정무산자일 뿐만 아니라 동시에 임금노동자이든 아니면 플랫폼 노동자이든 노동착취를 당하는 불안정노동자이기도 하다. 그리고 플랫폼 자본은 자기가 고용한 임금노동뿐만 아니라, 자신의 자본 생산과정 외부 프리랜서의 공급자-노동 나아가 불특정 다수의 이용자-노동까지 착취하는 진화된 형태의 자본이라 할 수 있다.

4) 디지털플랫폼 공유지의 역설과 기본소득의 확대

공유지는 원리적으로 모두에게 평등한 접근이나 평등한 지분권을 보장하는 자산이지만, 그것을 가장 잘 사용할 입지나 조건에 있는 사람이나 단체에 의해 특권적으로 사유화된다. 곧 '인접효과'로 인해 공유지 인클로저가 필연적으로 발생한다.

예를 들어 어느 동네에 초중고등학교가 새로 들어서면 그 동네의 입지적 가치는 크게 상승한다. 그 동네 학생들은 안전하고 신속하게 또 교통비부담 없이 학교를 다닐 수 있기에, 많은 학부모들이 그 동네로 이주하고자하기 때문이다. 그러나 이 학교라는 공유지의 혜택은 그 동네 모든 주민들에게 평등하게 돌아가지 않는다. 그 동네 주택소유자들은 집값상승이나 임대료 상승으로 막대한 이익을 추가로 누리지만, 세입자들은 자녀들의 통학편의성이 높아지고 교통비가 절감되는 대신 전세나 월세가 상승하는 만큼 그 편의성 상승 및 교통비 절감의 대가를 부담해야 한다. 동네에 지하철역이 생기는 경우에도 마찬가지다.

더욱 심각한 경우는 주택과 건물 재건축이나 재개발의 경우에 나타난다. 우리나라 모든 땅은 용도 및 건물의 높이를 규제하는 층고제한이 정해져 있다. 그런데 도시의 층고제한은 단계적으로 상향되어 왔다. 이러한 층고제한 상향은 모두의 공유지인 공중(하늘)자산을 토지소유주에게 유무상으로 분배해 준 것이라 할 수 있다. 층고제한이 상향됨에 따라 지가가 상승하여 토지소유주들은 막대한 이익을 얻게 되며, 실제로 재건축이나 재개발을 통해 층고제한 높이까지 건물을 새로 지었을 경우 더 큰 초과이익을 얻는다. 이처럼 정부가 모두의 공유지를 빼앗아 토지 소유자들에게 갖다 주는 건 우리나라처럼 급격히 도시화가 진행된 나라에서 심각하게 일어난다. 더욱 심각한 건 이처럼 층고제한을 상향해 주는 과정에서 개발지의 일부를 공유지로 기부채납 받거나 재건축초과이익환수금, 공공기여금 등으로 환수한 개발이익을 그 단지 한가운데 학교나 공원을 만들어서 다시 그 땅 소유자들에게 더 큰 이익으로 되돌려준다는 점이다. 이처럼 학교, 공원 등 공유지의 확충과 더불어 부동산소유주에 의한 공유지 인클로저와 자산양극화가 확대되는 현상을 '공유지의 역설'이라고 부를 수 있다(곽노완, 2017a: 50-54).[200] 이러한 공유지의 역설과 양극화 현상은 디지털플랫폼이라는 새로운 공유지에서 더 증폭되어 나타난다. 이는 주목효과, 링크효과, 기록효과, 콘텐츠효과 등으로 구성되는 네트워크효과를 통해 공간적 제약 없이 가입자가 늘어날수록 플랫폼의 가치가 증폭되어 나타나기 때문이다(강남훈, 2019: 108-110). 곧 플랫폼의 가치가 높아질수록 그 플랫폼은 더 빠른 속도로 진화하

---

200 문재인 정부와 박원순 서울시장은 재건축과 재개발 인가를 제한함으로써 이러한 공유지의 역설에 빠지지 않으려는 정책을 시행중이다. 그러나 문재인 정부나 박원순 서울시장도 향후 환수된 개발이익이 잠실경기장 종합재개발 내지 도시재생처럼 부자동네나 부동산소유자들을 위해 재투자되어 다시금 공유지의 역설을 낳을 가능성에 대해서는 문제의식이 희미한 것으로 보인다. 공유지의 신설이 불가피하게 부동산소유주들의 자산가치를 급등시키는 역설을 극복하려면 플라톤의 분배정의 원칙대로 각자에게 각자의 것을 주면 된다. 여기서 분배정의 원칙은 공유지 개발이익의 현금환수액의 상당비율을 우선적으로 관할지역의 모든 거주자들에게 기본소득으로 분배하고, 나머지 비율은 2차적으로 판 빠레이스(Van Parijs)의 '비우월적 다양성(undominated diversity)'(Van Parijs, 1995: 82-84) 원칙대로 모두가 현 부동산제도로 불이익을 받는다고 인정할 수 있는 사람들 곧 무주택자에게 공공임대주택을 제공하는 것으로 구체화할 수 있다. 그리고 새로 공유지의 건축이 필요한 경우 그 재원은 모두에게 돌아갈 공유지 수익에서가 아니라 수혜자부담원칙에 따라 개발지역의 기부채납을 통해 해결하는 게 공정할 것이다.

여 가치가 증폭되고 이는 플랫폼 소유권자에게 전유된다. 구글, 페이스북, 아마존, 우버 등 플랫폼 벡터 계급(vectoral class) 내지 기업의 급속한 성장은 이런 원리에 따른 것이다.

이러한 공유지의 역설을 통해 디지털플랫폼은 비록 단기적으로는 가입자 모두의 후생을 증진시키지만, 그 수익의 일부까지 공유하지 않는다면 사회 전체적으로 그리고 장기적으로 극소수의 유산자계급과 압도적인 다수의 무산자계급이 대립하는 초양극화를 낳을 것이다. 왜냐하면 민주적인 통제가 없다면 디지털플랫폼이 진화함에 따라 임금을 받는 일자리는 불안정한 수준을 넘어서서 소멸되어갈 것이기 때문이다(Strengmann-Kuhn, 2019: 39-40).

다행히 스트렝만-쿤이 지적한 대로 디지털플랫폼의 진화는 기술적으로 생계노동을 감축하는 것이지 곧바로 일자리를 줄이는 것이 아니다. 그는 노동의 감축이 일자리의 감축이 아니라 노동시간의 감축으로 이어지고 모두의 생계노동을 줄이며 정치적 참여와 교육, 돌봄을 확대할 수 있다는 전망을 제시하고 있다. 그리고 기본소득이 이런 조건을 창출하는데 크게 기여할 것이라고 주장한다(Strengmann-Kuhn, 2019: 45). 그런데 기본소득은 이처럼 단지 소극적으로 사회의 극단적인 대립을 막거나, 아니면 노동 대신 안정되고 새로운 활동이 충만한 사회적 조건을 만들 필요 때문에 도래해야 할 것 이상이다.

오히려 디지털플랫폼과 인공지능의 가치에서 큰 부분을 차지하는 빅데이터는 자연적으로 주어지거나 조상으로부터 물려받은 공유지를 넘어서서, 프레카리아트를 포함하여 모두가 자유노동을 통해 함께 만드는 공유지이다. 프레카리아트는 자연과 조상으로부터 물려받은 공유지뿐만 아니라 자신들이 새롭게 만들었으나 수탈당하거나 착취당한 플랫폼 공유지를 되찾아 지금보다 더욱 적극적으로 활성화하고 공유할 필요가 있다. 디지털플랫폼은 프레카리아트의 네트워크능력을 비약적으로 향상시키고 기본소득의 재원을 확장하는 장이 될 수 있다. 계급대립을 해소하기 위해 기본소득이 필요한 것이 아니라, 프레카리아트가 자신이 만들어낸 기본소득의 재원을 정당하게 되찾아 옴으로써 계급대립이 해소되는 것이다. 프레카리아트가 노동물신주의 프레임에서 벗어나, 평등하게 연대하는 프레카리아트라는 불안정무산자계급으로 다시 선다면, 플랫폼자본주의 시대에 새로운 계급주체로 재구성될 것이다.

이처럼 디지털플랫폼에서 생성된 빅데이터 등을 공유화하여 기본소득의 재원을 확대하자는 방안에 근접한 시도는 2016년 스페인 바르셀로나 시정부의 기술주권 이니셔티브에서 볼 수 있다. 여기서는 모든 공공데이터를 '시 데이터 공유지(City Data Commons)'에 집적하여 '빅데이터 공유지'를 설정하고, 사기업이 빅데이터를 활용할 경우 수익에 대해 공유지분을 설정하여 이 수익으로부터 기본소득을 배당하고자 하였다. 이는 미드(Meade)의 국가공유지분권 모델을 플랫폼 자본주의에 맞서는 대안으로 부활시킨 것이기도 하다(금민, 2019: 5). 이러한 바르셀로나 시의 정책이 빅데이터만이 아니라 네트워크외부효과까지 감안하여 보다 포괄적인 공유권을 설정하는 방향으로 진화한다면, 플랫폼 자본주의를 대안적인 플랫폼 공유주의로 전환시킬 수 있을 것이다.

플랫폼 공유지배당으로서의 기본소득은 자유노동을 통한 기여에 따른 분배정의 차원에서 정당화할 수 있다. 곧 저커버그와 같은 플랫폼 기업의 설립자들이 주장하는 것처럼 플랫폼 자본주의 시대에 고용과 임금이 소멸되기 때문만이 아니라, 모든 사회성원들이 자유노동을 통해 플랫폼 기업에 초과이윤 내지 지대를 가져다주기에 이를 일정비율로 환수하거나 아니면 처음부터 공유의 플랫폼 기업을 설립하여 그 이익을 모두에게 기본소득으로 배당하여야 자유노동이 정의롭게 보상되는 것이다. 그러나 기본소득이 플랫폼 공유지배당으로 한정된다면, 이는 기본소득을 퇴행시키는 것이다. 오히려 자연적/역사적 공유지배당 형태로서 분배정의 차원의 기본소득에 플랫폼 공유지배당 형태의 기본소득이 추가되어 미래의 기본소득을 한 단계 더 확대하고 재구성하는 것이 기본소득의 진화 방안이 될 것이다.

5) 플랫폼 공유지수익의 공정한 배당(분배)을 위하여

인공지능은 사회성원들의 빅데이터와 알고리즘이 결합하여 만들어진다. 그리고 빅데이터 자체만으로도 수익이 생길 수 있으나, 빅데이터와 알고리즘이 결합하여 생산된 인공지능을 통해 더 막대한 수익이 창출된다. 이 중에서 총순수익에 대한 자유노동의 생산물인 데이터의 기여분이 플랫폼 공유지수익에 해당되고 이는 기여에 따른 분배정의원칙에 따라 모든 사회성원들에게 플랫폼 공유지배당으로 분배되어야 마땅하다. 물론 게시동영상, 이용자 후기 등 추가적인 광고수익 기여 몫에 대해서는 구독자 및 추천자 수 등에 따라 추가적인 보상이 주어져야 한다. 이는 개별적인 노동 기여 몫에 따른 차별적 보상이므로 기본소득이라기보다는 새로운 형태의 각자 노동 기여에 따른 보상이라고 할 수 있다. 현재 유튜버들이 받는 수익모델이 이와 유사한 형태이다. 단, 유튜브는 구독자의 자유노동에 대해서는 보상을 하지 않는 제한적 보상을 실행하고 있다.

이러한 개별적 자유노동에 대한 소액결제는 시장주의 보상방법이라 할 수 있다. 그런데 자유노동에 대한 시장주의 보상법은 이용자의 기여를 객관적이고 정당하게 평가하는가라는 문제와 이용자들의 모든 활동을 감시하는 시스템의 문제 등 결정적인 난점에서 자유롭지 못하다(이항우, 2017: 233). 따라서 기여의 차이를 객관적으로 평가하기 어려운 점과 자유노동의 공통적·사회적 측면을 감안한다면, 기여의 차이가 객관적으로 구별되기 어려운 자유노동 부분에 대해서는 플랫폼 공유지배당 형태의 가입자 기본소득이나 전국적 또는 지구적 기본소득이 추가적으로 지급되어야 마땅하다.[201] 이를 사회적·공통적 보상방법이

---

201 플랫폼 공유지배당은 가입자 기본소득, 일국적 기본소득, 지구적 기본소득의 형태 중의 한 형태를 취하게 될 것이다. 물론 가입자 기본소득은 경우에 따라 일국적 차원의 가입자에게 또는 지구적 차원의 가입자에게 지급될 수가 있다. 인구 중 가입률이 낮을수록 가입자 기본소득이 타당할 것이며, 가입률이 높을수록 이익을 조세 또는 공유지배당 형태로 환수하여 일국적 또는 지구적 기본소득으로 지급하는 것이 타당할 것이다. 그러나 조세의 경우 구글 등 글로벌

라 할 수 있다(이항우, 2017: 234). 단, 사유화되는 자유노동의 성과를 이항우(2017: 236)가 생각하듯이 과세를 통해 환수하기는 쉽지 않다. 왜냐하면 플랫폼 기업들의 조세회피 전략이 지구적 차원에서 고도화되어 있기 때문이다.

사적인 플랫폼 기업에 숨겨진 공유지수익으로서 자유노동의 생산물인 데이터에 대해 사회성원들이 얼마만큼의 플랫폼 공유지배당을 받아야 공정한가에 대해서는 강남훈이 제시한 대로 섀플리(Shapley) 가치에 따라 분배하는 게 노동에 대한 보상적 정의 기준을 충족하는 유력한 방법이다. 섀플리 가치는 기회균등이라는 조건 밑에서 효율적이면서 동시에 공정한 분배 몫을 계산하는 방법이다. 이 방법에 따라 기회균등의 조건 아래, 인공지능에 대한 데이터 1, 데이터 2, …, 데이터 N-1, 알고리즘 N의 기여분을 계산하면, 데이터를 제공하는 사람들이 많아질 때 제공자의 섀플리 가치 합이 인공지능 총가치의 1/2에 수렴한다(강남훈, 2019: 152-153). 곧 플랫폼 공유지배당의 총규모가 인공지능 기업 순수익(순부가가치)의 1/2에 수렴한다는 것이다. 이는 미드(Meade)가 제안한 50%의 기본소득과 동일한 결론이다(강남훈, 2016: 30-31; 강남훈, 2019: 153). 그런데, 강남훈의 이러한 인공지능게임 분석에서, 인공지능기업 임금노동자와 프리랜서 서비스공급자의 몫을 추가로 고려할 필요가 있다. 곧 데이터제공자(플랫폼 이용자), 플랫폼 임금노동자, 프리랜서 서비스공급자, 플랫폼 소유자로 더 분화된 섀플리가치를 추출할 필요가 있을 것으로 보인다. 이렇게 볼 때, 플랫폼 이용자 데이터의 섀플리가치는 경우에 따라 차별적으로 1/4~1/3로 수정되어야 할 것이다.

플레이어들의 조세회피로 실효성이 떨어지는 걸 감안할 때(Yang, 2018: 171), 개별 플랫폼별로 플랫폼 공유지배당 형태의 가입자 기본소득을 요구하는 운동이 효과적일 수도 있다. 각각의 플랫폼이 이러한 형태들 중 어떤 것을 채택할 지는 실행가능성까지 고려하여 결정할 필요가 있다. 다만 실행 가능한 범위 내에서 수혜자를 확장할수록 분배정의와 보상적 정의의 원칙에 합당할 것이다. '플랫폼 조합주의(platform cooperatives)' 운동 또는 '개방적 협력주의' 구상은(이광석, 2017: 46-47; Sudararajan, 2017: 196-197), 가입자 기본소득과 개별적 노동기여 보상을 포괄하는 형태라 할 수 있다(Sundararajan, 2017: 199).

물론 플랫폼 소유자가 모든 사회성원들이라면 섀플리가치는 플랫폼 기업의 임금노동자 및 서비스공급자의 몫을 공제한 2/4~2/3에 달할 것이다.

그러나 사유화된 플랫폼기업으로부터 이처럼 공정한 자유노동의 몫을 환수하는 것은 글로벌플레이어들의 조세회피가 용이해진 상황에서 쉽지 않은 과제를 제기한다. 일국적 과세체계로 글로벌플레이어들의 조세회피전략에 대응하기에는 한계가 있기 때문이다. 이런 경우, 지구/지역적 차원에서 이용자운동을 통해 플랫폼 기업들에게 가입자 기본소득을 요구하면서, 기존의 플랫폼 벡터기업과 경쟁하는 대안적 플랫폼 기업을 만드는 전략을 병행하는 것이 더 실효적일 수 있다. 이 대안적 플랫폼 기업 설립 운동은 현재 크라우드 펀딩을 통한 '플랫폼 조합주의' 운동의 형태로 전개되고 있다(Sundararajan, 2017: 196-197). 물론 이 운동은 더 진화하여 가입자 기본소득을 넘어서 총괄적인 플랫폼 공유지배당을 요구하는 운동과 결합될 필요가 있을 것이다.

더 근본적으로 알고리즘과 플랫폼 자체의 소유권이 사적인 자본이 아니라 사회성원 모두에게 속하는 공유기업에게 있다면, 자유노동에 대한 보상 및 피고용자 임금과 기타 비용을 차감한 플랫폼 공유기업의 순이익도 소유주인 사회성원들 모두에게 추가적인 기본소득 배당으로 지급될 수 있다. 그러므로 조합주의의 한계를 넘어서서 국가적, 지구적 차원에서 대안적인 공동소유의 플랫폼 기업의 설립을 촉진할 필요가 있다. 이러한 대안적인 공유 플랫폼 기업은 아래로부터의 공유 플랫폼 운동과 결합된 일국적/지구적 정부나 단체에 의해, 기존 플랫폼 벡터기업의 자유노동 인클로저를 넘어선 새로운 플랫폼 공유지배당을 실현하는 데까지 나아가야 할 것이다. 이는 앞서 정식화 한 새로운 지구/지역 프레카리아트의 과제이다. 이러한 플랫폼 공유지배당은 토지/생태/자본 공유지배당에 더해져 보편적 기본소득의 범위와 실현가능성을 배가시켜 줄 것이다. 플랫폼 자본주의는 새로운 프레카리아트 계급을 생산함으로써 기본소득의 필요성뿐만 아니라 실현가능성을 열어주는 모순적인 전장이라 할 수 있다.

맺음말

지금까지 분배정의 관점에서 기본소득을 연구하였다. 이를 통해 기본소득이 분배정의로서 요청됨을 보이고자 하였다.

Ⅰ부에서는 기본소득의 근거로 제시되는 가치나 이념을 중심으로 기존 기본소득론들을 유형화하고, 각 유형에 속하는 대표이론들을 선별하여 이들을 분배정의 관점에서 비판적으로 연구하였다. 동시에 대부분의 이론들이 공통적으로 공유지에 대한 모두의 평등한 권리에 기초하는 기본소득과 각자의 기여에 따른 기여소득을 명시적 또는 묵시적으로 분배정의로 제시함을 보였다.

Ⅱ부에서는 Ⅰ부에서의 연구를 배경으로 분배정의 및 그 원칙에 대한 연구를 본격적으로 전개하였다. Ⅱ부에서의 주요 연구결과를 요약함으로써 이 저서를 마무리하고자 한다.

Ⅱ부에서의 연구는 분배정의인 원칙과 분배정의가 아닌 원칙을 구분하는 기준에 대한 물음에서 출발하였다. 그 결과 특정 분배정의 원칙 또는 분배정의론은 무엇보다 정치 공동체의 근본가치나 이념 또는 헌정적(constitutional) 가치와 일관되어야 한다고 주장하였다. 그래야만 해당 공동체의 거의 모든 성원들에 의해 필수적인 효력을 지닌 분배정의론과 분배정의 원칙으로 인정받을 수 있기 때문이다. 물론 이 분배정의론과 원칙은 논리적으로 일관되고 강한 설득

력을 지녀야 할 것이다. 또한 해당 정치 공동체의 생태적·경제적 역량과 조건 내에서 실행 가능해야 할 것이다. 그렇다고 이러한 주장이 윤리적 상대주의를 함축하는 것은 아니다.

이러한 문제의식에 기초하여 II부의 첫 번째 장인 4장 '정치 공동체와 분배정의'에서는 현대 헌정 민주주의적인 정치 공동체의 이념적 기원을 찾는다. 이어서 17세기부터 진행된 근대 유럽의 계몽주의 해방 기획, 곧 '자유'와 '평등'이라는 근본가치에 기초하는 정치 공동체에 대한 기획을 이러한 현대 헌정 민주주의 정치 공동체의 이념적 기원으로 제시한다. 이에 따를 때 '정의' 및 분배정의'의 기준은 기본적으로 '자유'와 '평등'의 보장이 된다.

그렇지만 계몽주의적 해방 기획의 로크적인 전통은 무엇보다 '자유'와 '평등'을 단지 '형식적'으로만 보장한다는 한계를 드러낸다. 이에 대한 대안은 '자유'와 '평등'을 '실질적으로' 보장하고자 하는 시도다. 그 단서는 루소의 해방 기획에서 발견된다.

루소적인 전통은 다시 두 형태로 나뉜다. 첫 번째는 공유지의 공유에 기초하여 실질적 평등을 이룩하여 실질적 자유의 경제적 기초를 확보하고자 하는 형태다. 두 번째는 공유지에 대한 평등한 분할소유에 기초하는 전통이다. 두 번째 형태에 기초하는 분배정의론은 롤스와 드워킨 등이 대표하는 현대 자유주의적 평등주의 철학이 대변한다. 이 저서에서는 이 두 번째 형태 및 그 구체적 실현모형이라고 할 수 있는 재산소유 민주주의와 '기본재산'의 내재적 모순으로 무엇보다, 실질적 평등을 충분히, 나아가 지속적으로 보장하기 어렵다는 점을 제시하였다. 또한 '효율성' 측면에서도 첫 번째 형태가 더 우월함을 보였다.

두 번째 형태의 대안으로 첫 번째 형태, 곧 공유지의 공유에 기초하여 실질적 자유와 평등을 달성하고자 하는 형태가 연구되었다. 이는 I부에서 고찰하는 많은 기본소득론자들이 명시적 또는 묵시적으로 입각하는 형태이기도 하다. 이 저서에서는 이 첫 번째 형태에 기초할 때 '자유'와 '평등'을 실질적으로 보장하여 분배정의를 실질적으로 달성할 수 있음을 보이고자 하였다. 이러한 시도는 구체적으로는 현존하는 경제적 역량 및 생태적 제약을 전제로, '자유'와 '평등'에서 분배정의와 그 원칙들을 추론하는 형태로 전개되었다. 주로 5장에서 논의되었다.

논의의 편의를 위해 분배정의를 '좁은 의미'와 '통합적 의미'로 나누었다. 전자가 '자원/소득의 분배에서의 정의'라면, 후자는 전자가 정치적 권리/의무를 비롯한 정치 공동체의 규범체계와 통합된 형태에서의 분배정의다. 특별한 설명이 부가되지 않는 한 이 저서에서의 분배정의는 전자를 의미한다.

공유지란 자연이나 사회적·역사적·문화적 자원처럼 특정한 개인/집단이 생산하지 않았거나 그 생산과 재생산에 원칙상 모두가 기여하는 자원과 재화다. 이처럼 특정한 개인이나 집단만의 순수한 생산물이 아니라는 점에서, 공유지에 대해서는 원칙적으로 특정한 개인이나 집단이 배타적 소유를 주장할 수 없다. 그들만의 독점적인 사용과 향유 또한 주장될 수 없다. 그렇지만 '자유'와 '평등'에 기초하는 정치 공동체에서 모두는 자유와 평등, 특히 평등을 전제로 공유지의 사용·향유에 대한 평등하고 실질적인 기회를 가질 수 있다.

그런데 오스트롬이 연구했던 소규모 공유자원의 경우를 제외할 때, 공유지를 평등하게 사용·향유할 기회 및 이를 통한 수익 실현이 모두에게 실질적으로 평등하게 보장되기는 어렵다. 희소성 문제도 있고, 미래세대의 평등한 권리도 보장되어야 하며, 개인들의 재능이나 취향·소원 등이 다르기 때문이다. 나아가 많은 경우 공유지를 사용하기 위해 자본이 필요할 뿐만 아니라, 현실적으로 많은 공유지가 사실상 인클로저되어 사유화되어 있기 때문이다.

그러나 공유지의 평등한 사용·향유 기회를 실질적으로 평등하게 부여하기 어렵다는 이 문제는, 공유지를 독점적으로 사용하여 수익을 취득한 자가 그 수익의 일부를 공유지의 사용·향유에 대한 자신들의 권리를 사실상 양도한 나머지 성원에게 기본소득의 형태로 지불하면 해결된다. 이때 공유지를 실제로 사용하기를 원하거나 재능 있는 자가 사용하게 되어, 공유지 사용이 더 효율적이 된다는 이점도 따른다. 결국 기본소득은 좁은 의미의 분배정의 관점에서는 무엇보다 공유지에 대한 모두의 실질적·평등한 기회의 보장, 곧 공유지에 대한 평등한 공유권에 기초하여 분배정의로서 정당화된다. 그런데 이때 '자유'는 모두가 평등하게 공유지에 접근하기 위한 정치적 조건, 나아가 공유지에 대한 자신의 공유권을 양도하기 위한 정치적 조건이 된다. 분배정의의 통합적 관점에서 고찰할 때, 기본소득은 '평등'만이 아니라 '자유'에도 기초한다.

그런데 대부분의 공유지는 악화되거나 개선된다. 또한 빅 데이터처럼 모두의 직·간접적 기여를 통해 새로 생겨나기도 한다. 이런 측면에서 공유지의 생산과 재생산에 대한 모두의 직·간접적 기여는 분배정의 관점에서 공유지의 수익에 대한 평등한 분배, 곧 기본소득에 대한 권리의 또 다른 근거가 된다.

결국 자원/소득의 정의로운 분배라는 좁은 의미에서의 분배정의 관점에서, 기본소득은 공유지의 사용·향유에 대한 실질적으로 평등한 기회로서의 공유권과 공유지의 생산·재생산에 대한 직·간접적 기여에 근거하여 분배정의로서 정당화된다. 분배정의의 통합적 관점에서는 모두가 평등하게 공유지에 접근하기 위한 정치적 조건, 나아가 공유지에 대한 자신의 공유권을 양도하기 위한 정치적 조건으로서 '자유' 또한 분배정의로서 기본소득이 정당화되는 근거가 된다. 그러나 '자유'만으로는 기본소득에 대한 충분한 근거가 될 수 없다. '자유'에만 기초할 때, 특정한 자원/소득에 대한 권리가 정당화되지는 않기 때문이다. 분배정의 관점에서 기본소득의 두 번째 근거, 곧 '공유지의 생산과 재생산에 대한 각자의 기여'가 특권을 가진 다른 누군가의 기여가 아니라 각자의 기여로 인정받을 수 있는 정치적 조건 또한 '자유'다. 그러나 이 경우에도 '자유'에서 공유지 수익 또는 기본소득에 대한 권리가 직접적으로 도출되는 것은 아니다. 모두가 평등한 권리를 지닌 공유지 및 그 생산·재생산에 대한 직·간접적 기여가 전제되어야 하는 것이다.

다른 한편 기본소득의 지급을 통한 '실질적 평등'의 실현은 자유의 경제적 기초가 되어 '실질적 자유'를 가능하게 한다. 이는 실질적 자유지상주의적인 '실질적 자유', 곧 '원할 수 있는 것을 할 수 있는 자유'만이 아니라 '비지배 자유',

'소극적 자유', '적극적 자유'의 관점에서도 마찬가지다. 기본소득을 통해 모든 개인의 '안전'과 '독립성'이 강화되어 지배나 간섭으로부터 자유로울 뿐만 아니라, 자신의 삶과 공동체의 운명에 대한 의사결정력 또한 강화되기 때문이다.

다른 한편 자유롭고 평등한 정치 공동체에서는 각자의 순수한 기여에 따른 소득이 당사자에게 분배되는 것 또한 분배정의 관점에서 정당하다. 이때 이러한 '기여에 따른 분배'가 분배정의 원칙으로 성립하기 위해 '자유'는 정치적인 조건이 된다. 예를 들어 노예를 인정하는 정치공동체에서 노예의 순수한 기여는 그 주인의 몫이 되기 때문이다. 나아가 '자유에 따르는 특별한 책임'에 따라 이 공동체에서 '평등'은 '결과의 평등'이 아니라 '기회의 평등'을 의미한다. 이는 '기여에 따른 분배'가 분배정의 원칙이 되기 위해, '자유'만이 아니라 '기회의 평등', 정확하게 말해서, '기회의 실질적 평등' 또한 보장되어야 함을 의미한다. 이는 기본소득의 지급을 통해 충족된다. 이런 맥락에서 공유지에 대한 평등한 권리로서의 '분배정의'와 공유지에 대한 모두의 직·간접적 기여에 따른 '분배정의'는, 생업에서 각자의 기여에 따른 분배가 '분배정의'가 되기 위한 조건이기도 하다. 결국 자유롭고 평등한 정치 공동체에서 '각자의 순수한 기여에 따른 분배'로서의 분배정의 역시 분배정의의 통합적 관점에서는 '자유'와 '기회의 실질적 평등'으로서의 '평등'에 근거한다.

결국 이 저서에서는 현존하는 경제적 역량과 생태적 제약을 전제로, 근대 이후의 정치 공동체의 근본가치, 곧 자유와 평등, 물론 실질적 자유와 실질적 평등의 보장을 분배정의의 기준으로 제시하였다. 또한 이 기준에 따라 '각자의 순수한 기여에 따른 분배'와 기본소득을 정당화하는 두 원칙, 곧 '공유권에 따른 분배' 및 '공유지의 생산·재생산에 대한 기여에 따른 분배'를 분배정의 원칙으로 제시하였다.

이러한 분배정의에 따를 때 기본소득은 '자유에 따르는 특별한 책임'과 '기회의 실질적 평등'으로서의 '평등'을 준수한다. 그 결과 '상호성'을 위반하지 않는다. 나아가 공유지를 생산·재생산하는 모두의 직·간접적 기여에 따른 기본소득을 주장한다는 측면에서, '상호성' 원칙을 오히려 강화한다.

그런데 지금까지 논한 분배정의가 실현되기 위해서는 소유권, 특히 공유지에 대한 소유권이 법제화될 필요가 있다. 사유지에 대해서는 사적 소유권이 이미 잘 확립되어 있기 때문이다. 나아가 적절한 형태의 소유권의 부재로 인해 공유지에 대한 광범한 인클로저가 발생하기 때문이다. 따라서 이 저서에서는 공유지를 사용권과 처분권과 수익권을 모두가 1/n씩 갖는 '공유자산'으로 법제화할 것을 주장하였다.

이때 한편으로는 사용권은 임대가능하다는 전제 아래, 공유자산의 직접적인 사용자가 아닌 모두에 대해 '공유자산 수익의 배당', 곧 기본소득을 지급할 것을 주장하였다. 다른 한편 정치적으로 중립적이며 민주적으로 운영되는 '공유자산 기금'('공유부 기금')을 설립하여, 공유자산에 대한 일반적 관리와 기본소득의 지급에 전담할 것을 주장하였다.

그런데 6장에서 논의하고 있듯이, 이러한 기금의 설립과 기본소득의 도입을 위해서는 사유화된 공유지가 재공유화되고 새로 생겨나는 공유지가 공유화될 필요가 있다. 즉 이중적 공유화가 진행될 필요가 있다. 이때 공유화는 현실적으로는 공유지, 정확하게 말하자면 공유자산에 대한 배당을 통해 효율적으로 실현될 수 있다. 개별적 공유자산의 구체적인 운영과 관리는, 미드가 제안했듯이, 정부든 사적 기업이든 가장 효율적으로 관리·경영할 수 있는 주체에게 위임된다.

다른 한편 이 저서에서는 공유화의 '정도'(degree)가 해밍가(Hamminga)의 모형을 따라 기본소득의 수준과 노동 동기 간의 일종의 사회경제적 자기조절기제에 따라 조절되는 것이 바람직하다고 전망하였다. 즉 이를 통해 기본소득으로 대변되는 분배정의와 생산성/효율성 간에 발생할 수 있는 상충이 해결되고, 경제적 지속가능성이 담보될 것이라고 전망하였다. 아울러 미드가 우려했던 분배공정성 또는 평등과 개인의 안전과 독립성의 보장 또는 자유 간의 상충도 해결될 수 있을 것이라고 전망하였다.

다른 한편 공유화의 '정도'에 대한 이러한 전망은 이 저서에서 지지하는 기본소득의 크기가 '지속가능한 최대한의 기본소득'임을 의미한다. 이는 판 빠레이스가 이상적으로 간주하는 기본소득의 크기이기도 하다. 그렇지만 판 빠레이스에게서 기본소득의 크기는 생태적·경제적 지속가능성을 전제로 '최소극대화 원칙' 또는 '차등원칙'에 의해 결정된다. 반면 이 저서에서 기본소득의 크기는 분배정의 원칙에 따라 섀플리 가치 등을 통해 객관적으로 측량되는 기본소득의 크기와 생태적·경제적 지속가능성 간의 균형점에서 결정된다.

결국 이렇게 조절되는 기본소득이 지급될 때, '자유'와 '평등'은 모두에 대해 지속가능하게 또한 실질적으로 보장될 것이다. 이런 측면에서 이 저서에서 지지하는 분배정의와 기본소득 기획은 저 근대의 해방 기획을 계승·발전하고 있다.

참고문헌

강남훈(2012): 「생태세와 생태기본소득으로 원자력 발전에서 벗어나자」, 『더불어 행복한 민주공화국』(김상곤 편), 폴리테이아.

강남훈(2015): 「섀플리 가치와 공유경제에서의 기본소득」, 『마르크스주의 연구』 12권 2호.

강남훈(2016a): 「성남시 청년배당: 토론과 경험」, 『2016 비판과 대안을 위한 사회 복지학회 춘계학술대회』 2016년 6월 3일 발표논문.

강남훈(2016b): 「인공지능과 기본소득의 권리: 마르크스의 지대이론과 섀플리 가치 관점에서」, 『마르크스주의 연구』 43호.

강남훈(2019): 『기본소득의 경제학』, 박종철출판사.

강남훈/곽노완/이수봉(2009): 『즉각적이고 무조건적인 기본소득을 위하여!』, 민주노총.

곽노완(2009): 「신자유주의와 실질적 자유지상주의의 경제철학」, 『사회와 철학』 18호.

곽노완(2010a): 「글로컬 아고라와 기본소득」, 『글로벌 시대의 지속가능한 유토피아와 기본소득』, 기본소득 국제학술대회 조직 위원회 편, 기본소득 국제학술대회 자료집.

곽노완(2010b): 「글로컬 아고라와 기본소득」, 『마르크스주의 연구』 7권 1호.

곽노완(2011): 「기본소득은 착취인가 정의인가?」, 『마르크스주의 연구』 8권 2호.

곽노완(2013a): 「분배정의와 지속가능한 최대의 기본소득」, 『시대와 철학』 24권 2호.

곽노완(2013b): 「노동의 재구성과 기본소득」, 『마르크스주의 연구』 10권 제3호.

곽노완(2015a): 「좋은 삶과 기본소득 – 기본소득을 향한 드워킨 분배정의론의 재구성」, 『도시인문학연구』 7권 1호.

곽노완(2015b): 「실질적 자유지상주의 자유개념의 재구성」, 『철학연구』 135집.

곽노완(2011): 「기본소득은 착취인가 정의인가?」, 『마르크스주의 연구』 8권 2호.

곽노완(2016): 『도시정의론과 공유도시』, 라움.

곽노완(2018): 「지구기본소득과 지구공유지의 철학」, 『마르크스주의 연구』 15권 3호.

곽준혁(2010): 『경계와 편견을 넘어서. 우리시대 정치철학자들과의 대화』, 한길사, 2011.

권정임(2009): 「시스템 생태학에 대한 철학적 비판」, 『사회와 철학』 18호.

권정임(2012): 「생태적 재생산이론과 생태기본소득」, 『마르크스주의 연구』 9권 4호.

권정임(2013a): 「판 빠레이스의 초기기본소득론과 생태사회」, 『시대와 철학』 24권 1호.

권정임(2013b): 「판 빠레이스의 후기기본소득론과 생태적 지속가능성」, 『시대와 철학』 24권 3호.

권정임(2015): 「공유사회와 기본소득 – 미드의 아가토토피아 기획에 대한 비판과 변형」, 『시대와 철학』 26권 2호.

권정임(2016a): 「신공화주의 기본소득론의 비판과 변형」, 『시대와 철학』 27권 3호.

권정임(2016b): 「공유사회의 기본소득과 롤스의 정의의 두 원칙」, 『시대와 철학』 27권 4호.

권정임(2017): 「실질적 자유지상주의 분배정의의 세 원칙과 공유사회」, 『시대와 철학』 28권 1호.

권정임(2018): 「에너지 전환과 공유사회」, 『인문사회 21』 9권 5호, 2018.

권정임(2019): 「생태공유지의 정의론과 기본소득」, 『인문사회 21』 (아시아문화학술원 편) 10권 2호.

권정임/강남훈(2018): 「공유의 분배정의와 보편복지의 새로운 체제: 마이드너의 임노동자 기금안에 대한 비판과 변형」, 『사회경제평론』 57호.

권정임/강남훈(2019): 「정의로운 민주주의 – 판 빠레이스의 '정의로운 민주주의'에 대한 비판적 변형」, 『시대와 철학』 30권 1호.

권정임/곽노완(2019): 「판 빠레이스의 공유주의와 기본소득 재구성」, 『시대와 철학』 30권 2호.

김경희(2009): 『공화주의』, 책세상, 2011.

김경희/김동규(2006): 「역자서문」, 『공화주의』 Viroli, M. 저, 김경희/김동규 역, 인간사랑, 2006.

김교성/백승호/서정희/이승윤(2018): 『기본소득이 온다』, 사회평론아카데미, 2018.

김상민(2017): 「플랫폼 위에 놓인 자본주의 이후의 삶」, 『문화과학』 제92호.

김영선(2017): 「플랫폼 노동, 새로운 위험사회를 알리는 징후」, 『문화과학』 92호.

김정오 외(2011): 『자유주의의 가치들. 드워킨과의 대화』, 아카넷.

금민(2019): 「빅데이터 공동소유와 플랫폼 기업에 대한 공유지분권」(정치경제연구소 대안 발표 자료집, 2019. 5. 11).

녹색전환연구소(2016): 『청년들, 청년배당에 답하다!』 160928 청년배당토론회 자료집.

다움(2019):「예측 자본주의로 가는 길. 디지털 자본의 가치 창출에서 AI의 역할」,『디지털 전환과 포스트자본주의』, 조혜경 옮김, 한겨레신문사 3층 청암홀 발표 자료집, 2019. 5. 31.

목광수(2019):「롤즈의 정의론과 기본소득」,『철학연구』고려대학교 철학연구소 편 59집.

박정훈(2020):「이재명, 이번에 세계 최초 '데이터 배당' 시행」, 2020.02.21. 오마이 뉴스, http://m.ohmynews.com/NWS_Web/Mobile/at_pq.aspx?CNTN_CD=A0002614141

아리스토텔레스(2007):『니코마코스 윤리학』, 이창우/김재홍/강상진 역, 이제이북스

안현효(2010):「기본소득과 고진로 산업정책」,『1등만 기억하는 더러운 세상을 뒤집어라』, 매일노동뉴스

안효상(2014):「21세기 좌파의 도전: 공화주의라는 전망」,『월간좌파』2014년 1월.

염수균(2011):「로널드 드워킨의 평등론」,『자유주의의 가치들. 드워킨과의 대화』(김정오 외 지음), 아카넷.

이광석, 2017,「자본주의 종착역으로서 '플랫폼 자본주의'에 관한 비판적 소묘」,『문화과학』제92호.

이건민(2017):「필요의 원리, 응분의 원리, 시민권의 원리 그리고 청년기본소득」,『맑스코뮤날레』8차 자료집.

이국운(2010):『헌법』, 책세상.

이정우(2016):「케인즈주의와 복지: 베버리지와 케인스」,『복지와 사상』(김윤태 엮음), 한울.

이항우,『정동 자본주의와 자유노동의 보상』, 한울, 2017.

조현진,「호혜성에 근거한 기본소득 비판에 대한 반론과 한국 사회에서의 그 함축」,『통일인문학』62집, 2015.

최광은(2019):「재산 소유 민주주의와 기본소득의 결합 -롤스의 정의론 재해석을 통한 모색-」,『시대와 철학』30권 3호.

최철웅, 2017, 「플랫폼 자본주의의 정치경제학」,『문화과학』제92호.

추이즈위안(2014):『프티부르주아 사회주의 선언』, 김진공 역, 돌베개.

한국은행, 2019,『알기 쉬운 경제지표해설』, 한국은행.

Berlin, I. (1958): "Two Concepts of Liberty", in: *Liberty,* Hardy, H. ed., Oxford University Press, 2013.

Blaschke, R., 2019: "Grundeinkommen-Was ist das eigentlich? Und was ist ein emanzipatorisches Grundeinkommenskonzept?", in: *Digitalisieung? Grundeinkommen!,* W. Rätz et al. ed., mandelbaum.

Bollier, D.(2011): "The Growth of the Commons Paradigm", in: *Understanding Knowledge as Commons,* Hess/Ostrom, ed., the MIT Press.

Bollier, D.(2014): *Think like a Commoner*(『공유인으로 사고하라』, 배수현 옮김, 갈무리).

Busilacchi, Gianluca, 2006, "Zwei Probleme, ein Lösung: ein globales Grundeinkommen", M. Füllsack(Ed.). *Globale soziale Sicherheit: Grundeinkommen – weltweit?,* Avinus Verlag.

Casassas, D./De Wispelaere, J. (2012): "The Alaska Model", in: *Alaska's Permanent Fund Dividend,* Widerquist, K./Howard, M. W. (ed.), Palgrave Macmillan, 2012.

Cole, G. D. H. (1935): *Principles of Economic Planning,* The Macmillas Company of Canada.

Cole, G. D. H. (1944): *Money. It's Present and Future,* University Press Edinburgh.

Constant, B. (1819): *The Liberty of Ancients compared with that of Moderns,* Kindle Edition, 2013-04-18.

Dagger, R.(2006): "Neo-Republicanism and Civic Economy", 「신공화주의와 시민경제」, 『시민과 세계』 10호, 참여연대 참여사회연구소 편, 전정현 역).

De Briey, Laurent, 2011, "Cooperative justice and opportunity costs", *Arguing about justice,* A. Gosseries/Y. Vanderborght ed., Presses universitaires de Louvain.

Domènech, A./Raventós, D.(2007): Property and Republican Freedom: An Institutional Approach to Basic Income, in: Basic Income Studies, Vol.2, Issue2, December 2007.

Dworkin, R. (1983): Why liberals should care about equality?, in: New York Review of Books, February 3.

Dworkin, R. (2000): *Sovereign Virtue,* Harvard University Press.

Dworkin, R. (2002): Sovereign Virtue revisited, in: Ethics *113.*

Dworkin, R. (2004): Ronald Dworkin replies, in: *Dworkin and his Critics,* J. Burley(ed.), Blackwell Publishing.

Dworkin, R. (2006): *Is Democracy Possible Now?*, Princeton University Press.

Dworkin, R. (2011): *Justice for Hedgehogs,* The Belknap Press of Harvard University Press.

Elster, J.(1989): *Solomonic Judgement,* Cambridge University Press.

Fitzpatrick, T. (1999): *Freedom and Security - An Introduction to the Basic Income Debate,* Hampshire/New York.

Fitzpatrick, T. (2011): *Welfare Theory, an introduction to the theoretical debates in social policy,* Palgrave Macmillan.

Frankman, Myron J., (2006): "Ein weltweites Grundeinkommen - eine Parteinahme", M. Füllsack(Ed.). *Globale soziale Sicherheit: Grundeinkommen - weltweit?,* Avinus Verlag.

Freeman, S. (2007): *Rawls,* Routledge, 2007.

Füllsack, M. (2002): *Leben ohne zu arbeiten? Zur Sozialtheorie des Grundeinkommens,* Avinus Verlag.

Gärtner, E. / Schramm, E. (1990): "Ökologie", In: *Europäische Enzykopädie zu Philosophie und Wissenschaften,* Sandkühler, H.J. (Hg), Hamburg, Bd. 3, S. 600-608.

Hamminga, B. (1995): "Demoralizing the Labour Market: Could Jobs be like Cars and Concerts?, in: Journal of Political Philosophy, 3/1995.

Hayek, F. (1994): *The Road to Serfdom,* 『노예의 길』, 김이석 역, 자유기업원, 2018.

Haug, W. H.(1993): "Aufklärung", in: *Historisches-Kritisches Wörterbuch des Marxismus,* Haug, W. F. ed., Vol. 1, Argument-Verlag.

Held, D. (2006): *Models of Democracy,* 『민주주의의 모델들』, 박찬표 옮김, 후마니타

스, 2010.

Hess, Ch./Ostrom, E. (2011): "Introduction: An Overview of the Knowledge Commons", in: *Understanding Knowledge as a Commons,* Hess/Ostrm, ed., the MIT Press.

Howard, M. (2006): "Lässt sich ein Grundeinkommen mit offenen Grenzen vereinbaren?".

M. Füllsack ed. *Globale soziale Sicherheit: Grundeinkommen – weltweit?,* Avinus Verlag.

Kim, W., 2017: *Rekonstruktion des Marxschen Arbeitsparadigmas: Wesen, Gesellschaftsverhältnisse, Fetischismus,* Westfälisches Dampfboot.

Liessmann, K. P./Holzleitner, E. (2009): *Gerechtigkeit,* 『정의』, 서정일 역, 이론과 실천.

Locke, J. (1690): *Die zweite Abhandlung über die Regierung,* Suhrkamp 1967.

Locke, J. (1697): Plan zur Beseitigung der Arbeitslosigkeit, in: *Bürgerliche Gesellschaft und Staatsgewalt,* Sozialphilosophische Schriften, Leipzig, 1980.

Lovett, F./Pettit, P.(2009): "Neo-republicanism: a normative and institutional research program", in: Annual Review of Political Science 12.

Marx, Karl(1844): "Zur Kritik der Hegelschen Rechtsphilosophie. Einleitung", *MEW 1.* Dietz, 1988.

Marx, Karl(1848): *Manifest der Kommunistischen Partei, MEW 4,* Dietz, 1982.

Marx, Karl(1875): "Kritik des Gothaer Programms", *Marx Engels Werke 19,* Dietz, 1962.

Marx, Karl(1890): *Das Kapital.* Bd1(4. Aufl), *MEW 23,* Dietz, 1962.

Martí, I. L./Pettit, Ph.(2010): *A Political Philosophy in Public Life. Civic Republicanism in Zapateró's Spain,* Princeton University Press.

Meade, J. E. (1964): "Efficiency, Equality and the Ownership of Property", in: Meade, J. E., *Liberty, Equality and Efficiency,* New York University Press, 1993.

Meade, J. E. (1989): *Agathotopia: The Economics of Partnership*, Aberdeen University Press, 1989.

Meade, J. E. (1989 보완판): "*Agathotopia: The Economics of Partnership*", in: Meade, J. E., *Liberty, Equality and Efficiency*, New York University Press, 1993.

Meade, J. E. (1990a): "What can we learn from the Agathotopians?", in: *Basic Income. An Anthology of Contemporary Research,* Widerquist, K. et. al. ed., Wiley Blackwell, 2013.

Meade, J. E. (1990b): "Can we learn a 'Third Way' from the Agathotopians?", in: Meade, J. E., *Liberty, Equality and Efficiency*, New York University Press, 1993.

Meade, J. E. (1991a): "The Building of the New Europe", in: *Liberty, Equality and Efficiency*, Meade, J.E., New York University Press, 1993.

Meade, J. E. (1991b): "In Praise of Slowth: or the Agathotopian Treatment of the Environment as a Common National Asset", in: Meade, J.E., *Liberty, Equality and Efficiency*, New York University Press, 1993.

Meade, J. E. (1993a): *Liberty, Equality and Efficiency*, New York University Press, 1993.

Meade, J. E. (1993b): *Fifteen Propositions*, Twenties Century Press, 1993.

Meade, J. E. (1995): *Full Employment Regained? An Agathotopian Dream*, Cambridge University Press, 1995.

Mill, J. S. (1859): *On Liberty*, Dover Publications, Inc., 2002.

Mill, J. S. (1861): *Considerations on Representative Government,* 『대의정부론』, 서병훈역, 아카넷, 2012.

Mill, J. S. (1870): *Autobiography*, Oxford University Press, 1969.

Mill, J. S. (1871): *Principles of Political Economy*, Vol. 1, Bibliolife, LLC.

Miller, D. (1992): "Distributive Justice: What the People Think", in: Ethics Vol. 102, No. 3.

Monohan, S.(2015): 「토마스 페인, 한 혁명가의 삶과 사상」, 『녹색평론』 147호, 김종철

역, 2016.

Negri, A./Hardt, M. (2009): *Common Wealth*, 『공통체』, 정남영/윤광영 역, 사월의
책, 2014.

Nozick, R. (1974): *Anarchy, State, and Utopia*, 『아나키에서 유토피아로』, 남경희 역,
문학과 지성사, 1983.

Oechsle, M. (1988): *Der ökologische Naturalismus; zum Verhältnis von Natur
und Gesellschaft im ökologischen Diskurs*, Frankfurt/M., New York.

Ostrom, E. (1990): *Governing the Commons*, 『공유의 비극을 넘어』, 윤홍근/안도경
역, RH Korea Co., 2010).

Pettit, Ph. (1995): *The Common Mind*, Oxford University Press.

Pettit, Ph. (1997): *Republicanism. A Theory of Freedom and Government*, Ox-
ford University Press, 2010.

Pettit, Ph. (2001): "Deliberative democracy and the Discursive Dilemma", in:
Philosophical Issues, 11, Social, Political and Legal Philosophy.

Pettit, Ph. (2007): "A Republican Right to Basic Income", in: Widerquist, K./
Noguera, J. A. etc.(ed.), *Basic Income. An Anthology of Contempo-
rary Research*, Wiley Black Well, West Sussex, 2013.

Pettit, Ph. (2012): 「한국어판 머리말」, 『신공화주의. 비지배자유와 공화주의 정부』, 곽
준혁 역, 나남, 2012.

Piketty, Th. (2013): *Capital in the Twenty-First Century*, 『21세기 자본』, 장경덕 외
역, 이강국 감수, 이정우 해제, 글항아리, 2014.

Rainbolt, G. W. (2013): "Justice", in: *The International Encyclopedia of Ethic*, La-
follette, H. ed., vol. V, Blackwell Publishing Ltd.

Raventós, D.(2007): *Basic Income. The Material Conditions of Freedom*, Pluto
Press.

Raventós, D./Wark, J.(2015): "The Basic Income Debate: Political, Philosophical
and Economic Issues", 「기본소득논쟁: 정치적, 철학적 경제적 쟁점들」, 박
선미 역, in: http://basicincomekorea.org/bien_papers_o1/.

Raventós, D./Wark, J.(2016): "Basic Income, Basic Issues", 「기본소득, 기본적 쟁점」,

안효상 역), in: http://basicincomekorea.org/bien_papers_02_raven-tos_02/.

Rawls, John(1993): *Political Liberalism*, Columbia University Press, 2005.

Rawls, John(1999a): *A Theory of Justice*(revised edition), Harvard University Press, 1999.

Rawls, John(1999b): 『정의론』, 황경식 역, ㈜이학사, 2013.

Rawls, John(2001):*Justice as Fairness*, The Belknap Press of Harvard University Press, 2001.

Reiners, J. (2019): "Das Frankfurter Manifest – Rückgewinnung des Utopischen für die Linke", in: W. Rätz et al.ed., *Digitalisieung? Grundeinkommen!*, mandelbaum.

Robertson, J. (1996): "Towards a new social compact: Citizens's income and radical Tax Reform", in: Politcal Quaterly, Vol. 67, Issue 1.

Schalk, F. (1971): "Aufklärung", in: *Historisches Wörterbuch der Philosophie,* Ritter, J. ed. Vol.1, Basel/Stuttgart.

Shapley, L. S.(1953): "A Value of N Person Games", in: Annals of Mathematical Studies, XL.

Simon, H. (2001): "UBI and the Flat Tax", in: *What's Wrong with a Free Lunch?,* Van Parijs et. al., Beacon Press.

Standing, G. (2011): *The Precariat: The New Dangerous Class.* Bloomsbury.

Standing, G. (2017): *Basic INcoem. A Guide for the open minded,* 『기본소득. 일과 삶의 새로운 패러다임』, 안효상 역, ㈜ 창비.

Standing, G. (2019): *Basic Income as Commo Dividends: Piloting a Transformative Policy. A Report for the Shadow Chancellor of the Exchequer,* Progressive Economy Forum.

Tideman, Nicolaus/Vallentyne, Peter(2013): "Left-libertarianism and a Global Rent Payment", in: *Basic Income: An Anthology of Contemporary Research*, K. Widerquist et al. ed., West Sussex: Blackwell.

Strengmann-Kuhn, W. (2019): "Arbeit 4.0 und Grundeinkommen", in: *Digital-*

isieung? Grundeinkommen!, W. Rätz et al. ed.,Mandelbaum.

Storm, S. and Naastepad, C. W. M. (2013): "Wage-Led or Profit-Led Supply: Wages, Productivity And Investment", in: *Wage-Led Growth*, M. Lavoie and E. Stockhammer ed., ILO, Palgrave Macmillan.

Sundararajan, A. (2017), *The Sharing Economy*, MIT Press.

Van der Veen, R. J./Van Parijs, Ph. (1985): "Entitlement Theories of Justice: From Nozick to Roemer and Beyond", in: Economics and Philosophy vol. 1, Issue 01, April.

Van Donselaar, G. 2009. *The Right to Exploit : Parasitism, Scarcity, Basic Income*. Oxford Unversity Press.

Van Parijs, Ph./Van der Veen, R. J. (1986): "A Capitalist Road to Communism", *Marxism Recycled*, V, Parijs, Ph. ed., Cambridge University Press.

Van Parijs, Ph. (1995): *Real Freedom for All*, Carlendon Press, Oxford.

Van Parijs, Ph. (1997): "Reciprocity and the Justification of an Unconditional Basic Income: Reply to S. White", in: Political Studies 45(2).

Van Parijs, Ph. (2000): "A Basic Income for All", in: *What's Wrong With a Free Lunch?*, Cohen, J./Rogers, J.(ed.), Beacon Press, 2000.

Van Parijs, Ph. (2006): "Grundeinkommen als weltweites Projekt?", in: *Globale soziale Sicherheit: Grundeinkommen – weltweit?*, M. Füllsack ed., Avinus Verlag.

Van Parijs, Ph. (2010a): "Basic Income and Social Justice. Why Philosophers disagree", revised and unpublished.

Van Parijs, Ph. (2010b):「기본소득, 지구화와 이주」,『도시인문학연구』, 제2권 제1호.

Van Parijs, Ph./Vanderborght, Y. (2005): *Ein Grundeinkommen für alle?*, Campus Verlag.

Van Parijs, Ph./Vanderborght, Y. (2017): *Basic Income. A Radical Proposal for a Free Society and a Sane Economy*, Harvard University Press.

Yang, A. (2018): *The War on Normal People*, Hachette Books.

Zwolinski, M.(2011): "Classical Liberalism and the Basic Income", in: http://ssrn.

com/abstract=1674029.

Zwolinski, M.(2011): "Why did Hayek Support a Basic Income?", in: https://www.libertarianism.org/columns/why-did-hayek-support-basic-income.

Zwolinski, M.(2011): "The Pragmatic Libertarian Case for a Basic Income Guarantee", in: https://www.cato-unbound.org/2014/08/04/matt-zwolinski/pragmatic-libertarian-case-...